Freud no kibutz

pequena
biblioteca
invulgar

Blucher

Guido Liebermann

Freud no kibutz

Tradução
Paulo Sérgio de Souza Jr.

Freud no kibutz, Guido Liebermann
Título original: *La psychanalyse à l'épreuve du Kibboutz*, publicado originalmente em 2014
Série pequena biblioteca invulgar, coordenada por Paulo Sérgio de Souza Jr.

Publisher Edgard Blücher
Editor Eduardo Blücher
Coordenação editorial Jonatas Eliakim
Produção editorial Ariana Corrêa
Tradução Paulo Sérgio de Souza Jr.
Preparação de texto Ana Maria Fiorini
Diagramação Negrito Produção Editorial
Revisão de texto MPMB
Capa e projeto gráfico Leandro Cunha

Blucher

Rua Pedroso Alvarenga, 1245, 4° andar
04531-934 – São Paulo – SP – Brasil
Tel.: 55 11 3078-5366
contato@blucher.com.br
www.blucher.com.br

Segundo Novo Acordo Ortográfico, conforme 6. ed. do *Vocabulário Ortográfico da Língua Portuguesa*, Academia Brasileira de Letras, julho de 2021.

DADOS INTERNACIONAIS DE CATALOGAÇÃO NA PUBLICAÇÃO (CIP)
ANGÉLICA ILACQUA CRB-8/7057

Liebermann, Guido
Freud no kibutz / Guido Liebermann ; tradução de Paulo Sérgio de Souza Jr. – São Paulo : Blucher, 2023.
348 p. (Série pequena biblioteca invulgar)

ISBN 978-65-5506-325-7

1. Psicanálise. 2. Freud, Sigmund, 1856-1939. 3. Comunidades. I. Título. II. Paulo Sérgio de. III. Série

23-1132 CDD 150.195

Índice para catálogo sistemático:
1. Psicanálise

Apresentação da série pequena biblioteca invulgar

São muitos os escritos e autores excepcionais que, apesar de mencionados em obras amplamente divulgadas no Brasil, ainda não se encontram acessíveis aos leitores. Surgindo muitas vezes como referências em textos consagrados, é comum conhecermos pouco mais que seus nomes, títulos e esboços de ideias. A partir da psicanálise como eixo organizador, a **pequena biblioteca invulgar** coloca em circulação, para psicanalistas e estudiosos das humanidades em geral, autores e escritos como esses. A série abrange desde títulos pioneiros até trabalhos mais recentes que, por vezes ainda excêntricos ao nosso panorama editorial, ecoam em diversas áreas do saber e colocam em cena as relações do legado freudiano com outros campos que lhe são afeitos. Também abriga novas traduções de textos emblemáticos da teoria psicanalítica para o português brasileiro a fim de contribuir, ao seu modo, com a rede de referências fundamentais às reflexões que partem da psicanálise ou que, advindas de outras disciplinas, nela também encontram as suas reverberações.

Agradecimentos

Ao meu querido colega e tradutor Paulo Sérgio de Souza Jr., que, além de ter realizado a tradução de meus dois livros para o português, interveio diretamente e com esmero junto a editoras, pessoas e instituições brasileiras a fim de promover minha obra no país.

A Betty Fuks, por sua tão calorosa recepção no Rio de Janeiro, pelo interesse que manifesta por minha obra, bem como por sua intervenção junto a instituições da cidade para apresentar meu primeiro livro, *A psicanálise em Israel (1918-1948)*, em setembro de 2019.

A Marco Antonio Coutinho Jorge e aos colegas psicanalistas, pelo convite para palestrar no Corpo Freudiano.

Às autoridades da Universidade Veiga de Almeida – UVA, por terem me convidado para falar a respeito do meu livro no âmbito do III Simpósio Interdisciplinar do Programa de Pós-graduação em Psicanálise, Saúde e Sociedade, em setembro de 2019.

Ao rabino Nilton Bonder, por ter aberto para mim as portas do Centro Cultural "Midrash", por ele coordenado, a fim de que apresentasse meu primeiro livro aos membros da instituição.

A Alice Ferreira Leal, por sua amistosa e calorosa recepção em Salvador (BA), bem como por sua intervenção junto a instituições da cidade para apresentar meu livro.

A Larissa Ornellas e às autoridades da Universidade Católica de Salvador.

À direção do Hospital Geral Roberto Santos – HGRS, bem como à sua equipe e aos alunos, que tão bem me receberam.

A Annabelle Queiroz e Miguel Kertzman, pelo acolhimento caloroso na Sociedade Israelita da Bahia.

Às autoridades da Universidade de São Paulo, do Instituto Sedes Sapientiae e da Unibes, pela recepção; e com elas a Renata Udler Cronberg, Belinda Mandelbaum, Adela Stoppel, Renato Mezan, Mario Fuks (*in memoriam*), Christian Dunker e Rafael Alves Lima, por seus preciosos comentários, trocas e observações, quando da apresentação do meu livro nessas instituições.

Guido Liebermann

21 de dezembro de 2022

Conteúdo

Prólogo

Nasci na Argentina, mas vivo em Israel desde os 17 anos de idade, tendo passado doze anos na França. O kibutz está intimamente ligado à minha história; poderia até mesmo dizer que minha relação com Israel se confunde com a minha relação com o kibutz.

Aos 15 anos, me apaixonei perdidamente por uma jovem israelense que conheci no Chile, numa viagem ensejada por uma competição esportiva. De volta à Argentina, vi-me tomado por uma melancolia que se seguiu àquele amor adolescente contrariado; e, quando estava quase curado, minha família propôs que eu viajasse para Israel. Aos 16 anos — em 1977, portanto — fiz a minha primeira viagem para o país, na companhia de um grupo de adolescentes. Fiquei no kibutz Shamir, no norte da Galileia. Ele pertencia ao movimento Ha-Shomer Ha-Tza'ir e, em razão das circunstâncias, acabei trabalhando nos kibutzim desse movimento.

Na Argentina, politicamente eu me situava à esquerda, mas não era sionista — diferentemente dos meus companheiros de viagem — e não fazia parte do Ha-Shomer Ha-Tza'ir. Pelo contrário, ainda que admirasse Israel por tradição familiar, eu frequentava uma associação social e desportiva, judaica e burguesa — muito burguesa, aliás! A propósito, contrariamente à maioria dos meus colegas que faziam os seus estudos em escolas judaicas, eu não tinha a menor noção do hebraico moderno: mal conhecia de cor o hebraico bíblico que havia tido de recitar no dia do meu Bar-Mitzva.

O kibutz Shamir ficava no meio da subida do planalto de Golã, com vista para o vale da Alta Galileia, verde e farto em árvores frutíferas. De frente para o Shamir, na direção de Qiryat-Chemoná, do outro lado do vale, encontravam-se as primeiras comunidades agrícolas do movimento Ha-Shomer, às quais voltarei adiante: Ayélet Ha-Sháhar, Kfar Guiladi, Kfar Blum. Foi ali que Manya e Israel Shochat, Yosef Trumpeldor, Israel Giladi e Yosef Tabenkin viveram, trabalharam e formaram o movimento dos operários. Em frente ao Shamir, a vinte quilômetros, do outro lado do vale, erguem-se as montanhas que fazem fronteira com o Líbano a oeste. A nordeste, na direção de Beirute, erguem-se as montanhas do Líbano. Atrás do Shamir, o planalto de Golã e a Síria; e, rumo ao sul, o lago de Tiberíades e o mar da Galileia.

Eu me apaixonei por Israel. Sentia-me um pouco como aqueles jovens adolescentes do Ha-Shomer Ha-Tza'ir que haviam chegado em 1919 e que, instalados nessa região, à beira do lago, nesse lugar com ares bíblicos, também se apaixonaram pelo país. Escutava com avidez aqueles pioneiros contarem sobre a Bíblia — o Shamir ficava numa região onde, nos terrenos, se encontrava toda sorte de objetos arqueológicos de diferentes épocas: hebraica, grega, romana, bizantina, árabe... Um museu retraçava a história dos primeiros imigrantes, a sua chegada da Romênia — o kibutz havia sido fundado por militantes do Ha-Shomer Ha-Tza'ir vindos de lá.

Nosso guia, Nissim, um senhor muito simpático que tinha por volta de 75 anos — era um dos mais velhos — falava espanhol. Ele havia sido enviado para uma missão em Cuba! Eu não sabia, à época, que o meu próprio avô paterno, já falecido, se chamava Leon Nissim, e era originário de um vilarejo romeno — que então pertencia ao Império Austro-Húngaro. Histórias de significantes e identificações...

Meu segundo interlocutor, Uzi, coronel dos paraquedistas e instrutor, como Nissim, homem de bigode por volta dos seus 40-45 anos, nos contava os confrontos que ele próprio havia vivido no planalto de Golã. Ele nos fascinava, colocando-nos dentro dos postos avançados do Exército — era muito respeitado pelos militares da região. Ensinava-nos a geografia e nos inquiria depois: à noite, tínhamos de reconhecer a origem das luzinhas cintilantes do vale e das colinas, tal kibutz ou tal vilarejo, árabe, druso ou libanês... Eu não conseguia entender por que Uzi, um oficial de alta patente, um "herói", vinha se sentar conosco, comer e conversar; falava com a gente de igual para igual, com confiança, feito um pai, mimando e instruindo. Para mim, um militar, se me referisse à Argentina, só podia ser um bruto ignorante e arrogante, inspirando medo e terror. Ademais, Uzi não só era instruído como também trabalhava no plantio e lavava a louça na cozinha do kibutz, e fiava, como todo mundo! E ele era de esquerda! Exatamente como Nissim, que nos falava do socialismo e do marxismo, de sua estada em Cuba. Eu não podia acreditar.

Havia começado a aprender algumas palavras em hebraico e estava chocado com a camaradagem, a naturalidade, a simplicidade dos adolescentes do kibutz que vinham nos visitar, sobretudo… as garotas. Entre eles não havia pavoneamento ou neurosezinhas, nada daquilo com que estava acostumado na sociedade judia e não judia Argentina, pequeno-burguesa, machista e católica na qual eu havia crescido!

No ano seguinte, ao final do ensino médio, fui o único do grupo de adolescentes a emigrar para Israel. Em fevereiro de 1979, deixei definitivamente a Argentina dos militares e cheguei a Israel, onde, por dez meses, tive de estudar numa turma de hebraico — o que é obrigatório para os recém-chegados. Encontrava-me, então, no kibutz Gan Shmuel, um dos mais ricos e, sobretudo, mais belos de Israel; um dos bastiões do Ha-Shomer Ha-Tza'ir. Os membros linha-dura dessa organização eram, em sua maioria, originários da Tchecoslováquia e da Polônia. Foi, sem dúvida, um dos mais belos períodos da minha vida. No entanto, esse kibutz não era muito famoso pelo acolhimento dos jovens e novos imigrantes. Contrariamente ao Shamir, era um kibutz muito grande. Desde o início, no entanto, eu me senti como um peixe n'água, e ganhei a confiança e a estima daqueles shomrianos obstinados. Primeiro, porque eu trabalhava duro. Desde os 15 anos de idade, trabalhava das 4 da manhã até o meio-dia, mesmo no inverno, nas ruas de Buenos Aires. Meu pai, técnico agrícola, não havia feito faculdade e tinha me acostumado ao trabalho no campo e na indústria. Ora, para os membros do kibutz, o trabalho é uma religião, a medida de todo homem e o crivo com o qual se julga uma pessoa. Os latino-americanos, sobretudo os argentinos, possuíam má reputação nesse quesito, e eram logo rotulados — muitas vezes erradamente — como "preguiçosos", a ponto de ter sido criada uma palavra hebraica detestável para designá-los: *arguentinófet* [argentalha]. Sem comentários!

Confiavam em mim, passando-me tarefas e missões reservadas aos membros do kibutz. Diziam: "Porque você não é *arguentinófet*". Eu era bastante instruído nos domínios do marxismo e da psicanálise (sobretudo da psicanálise: tinha na gaveta, em espanhol, os incontornáveis fascículos enciclopédicos de Calvin Hall e Daniel Lagache, que conhecia quase de cor). Os adultos, e mesmo alguns dirigentes do kibutz, às vezes arrogantes, não podiam me dar lições, e de toda forma eu não deixava que o fizessem. Num primeiro momento, isso os irritou; depois, acabaram me respeitando. A propósito, fui selecionado para participar dos jogos olímpicos de verão em Moscou, em 1980, na categoria de luta, e isso me valeu o respeito de todos. O desempenho atlético também fazia parte dos ideais do kibutz.

A minha implicação no kibutz foi tamanha que — coroação suprema — tive acesso ao santuário: o harém! Saí com duas garotas do Instituto Educacional, o que certamente me rendeu alguma antipatia da parte de certos membros, pois era inconcebível que uma menina do kibutz, uma adolescente, fosse namorada de um aluno da turma de hebraico. Só houve um antes de mim, e ele ficou no kibutz e se casou. De novo, amores de juventude me ligavam a Israel e ao kibutz... Tornava a encontrar aquela relação feita de franqueza e amizade e aquele "ir direto ao ponto" que me encantaram na menina israelense que conheci no Chile.

Pouco antes de ir embora de Gan Shmuel, a diretoria me ofereceu a possibilidade de virar "aluno do kibutz", com a perspectiva de me tornar membro pleno. Isso significaria continuar os estudos em Jerusalém (com tudo pago); beneficiar-me de um quarto e de uma vida independentes no kibutz, para o qual eu voltaria aos finais de semana e feriados para trabalhar por algumas horas e gozar de minhas prerrogativas de estudante. Adorava a vida no kibutz; no entanto, não aceitei a proposta. Tinha a sensação de que, intelectual e profissionalmente, eu seria limitado. Preferi partir para a selva.

Antes de ir para a França, passei por dois outros kibutzim. Alguns veteranos se ressentiram comigo porque estava indo embora do país, sendo que, segundo os seus ideais sionistas, eu deveria ficar — se não no kibutz, ao menos em Israel. E esse amargor, sobretudo por parte dos sobreviventes dos campos de concentração, era reforçado pela convicção de que eu estava indo para um país hostil aos judeus: a França, onde acabara de ocorrer o tristemente célebre atentado da rua Copernic (3 de outubro de 1980). Mantive contato com vários membros do kibutz durante um período; depois, com o passar do tempo, os laços foram se enfraquecendo.

Foi no âmbito de minha pesquisa sobre a história da psicanálise em Israel que comecei a trabalhar acerca da relação do kibutz com a psicanálise. Existiam vários artigos sobre o assunto, e dentre eles o famoso livro de Bruno Bettelheim,[1] que tratava da psicologia das crianças de kibutz — obra escrita após a sua breve experiência num kibutz. Bettelheim havia recebido auxílio de pedagogos, apoiando-se também em artigos publicados em inglês (ele não falava hebraico), especialmente por Shmuel Golan.

Em 1999, Alex Liban, um psicólogo israelense, ele próprio membro de um kibutz, publicou na Alemanha uma tese sobre a psicanálise em Israel.[2] Apesar das importantes lacunas, os capítulos consagrados à psicanálise no kibutz são muito ricos e interessantes. Mais tarde, ele escreveu um artigo em inglês no qual retornou ao tema.[3] Na mesma época, Eran Rolnik redigia a sua tese sobre a psicanálise na Palestina e em Israel. Mas, no livro publicado em hebraico em 2006-2007 e em inglês em 2012, o capítulo sobre o kibutz não trazia elementos novos; ademais, os títulos dessas duas obras eram um tanto quanto insinuantes: "Édipo no kibutz".[4]

Ora, o fato é que o Édipo é muitíssimo criticado no kibutz. Ele é percebido como um sintoma da sociedade capitalista e

---

1 Bettelheim, B. (1971). *Les enfants du rêve: Une expérience d'éducation communautaire dans un kibboutz d'Israël*. Paris: Robert Laffont. (col. "Réponses")

2 Liban, A. (1999). *Freuds Einwanderung, nach Eretz Israel: Die Aufnahme der Psychoanalyse in Palästina (Eretz Israel)* [Tese de filosofia, Universidade Técnica de Berlim].

3 Liban, A., & Goldman, D. (2000). Freud comes to Palestine: A study of psychoanalysis in a cultural context. *The International Journal of Psychoanalysis, 81*(20), pp. 893-906.

4 Rolnik, E. J. (2012). *Freud in Zion: Psychoanalysis and the making of modern Jewish identity*. London: Karnac, p. 160.

burguesa, e não pensado como um fenômeno psíquico inerente ao homem, como Freud o descreve. Com o auxílio da decifração dos arquivos dos grandes pedagogos do kibutz, encontro-me em condições de mostrar, por exemplo, que Golan jamais "acreditou no Édipo". Além disso, paradoxalmente, o abundante material à minha disposição fez com que eu titubeasse quanto ao rumo a seguir: deveria terminar uma tese estritamente consagrada à relação entre a psicanálise e o kibutz, e depois escrever um livro mais geral sobre a psicanálise em Israel? Contudo, Élisabeth Roudinesco me dissuadiu disso, e com razão. Por muitos anos continuei acumulando material, de modo que minha tese acabou ficando com milhares de páginas. Modéstia à parte, trata-se do primeiro trabalho dessa amplitude exclusivamente dedicado a essa questão.

Contrariamente a outros aspectos da pesquisa sobre a psicanálise na Palestina, o material relativo ao kibutz está acessível: grande parte encontra-se reunida no Centro Guiv'át Haviva, na seção dos Arquivos do Ha-Shomer Ha-Tza'ir "Yad Ya'ari". Ali, tudo pode ser facilmente consultado, meticulosamente listado, e a equipe se mostra muito solícita. Os arquivos que dizem respeito a Shmuel Golan e à educação coletiva encontram-se conservados no kibutz Mishmar Ha-Émek, de onde tudo partiu e onde as arquivistas que conheci haviam, elas próprias, sido residentes do Instituto Educacional (Mossád Ha-Khinukhí), antes de se tornarem pedagogas do Instituto. Elas tinham vivido e trabalhado com Golan, Sohar, Poli, e eram inexauríveis; contavam anedotas, mitos e lendas, intrigas... Se, ao ler um documento, surgisse uma dúvida ou uma questão, eu logo repousava o lápis e me dirigia a Tirza

Ambar, que me respondia ou então telefonava e perguntava a um ou outro que interrompia o seu trabalho na fábrica ou na oficina para responder à pergunta, dissipar o mal-entendido ou oferecer um complemento. Esses veteranos se mostravam, e ainda se mostram, muito ávidos por compartilhar suas experiências e oferecer suas opiniões, às vezes com nostalgia, sobre o que viveram no início da implementação da educação coletiva. Foi assim que, consultando documentos de Shmuel Golan, Tirza me disse: "Pois vá lá falar diretamente com Yona [Yona Golan], você vai encontrá-la na oficina. Quer que eu ligue para ela?". E o encontro foi marcado, sem qualquer formalidade.

Outros encontros ocorreram; convites tão diretos quanto simples: "Venha, vamos conversar com um café e uns bolinhos". Às vezes, convidavam-me para compartilhar uma mesa no restaurante coletivo do kibutz, com outros antigos membros. As experiências e as anedotas saíam pelas beiradas. É claro que o fato de ter estado especialmente em Gan Shmuel facilitava as relações.

O encontro com Yona foi singular. Com 91 anos, estava extraordinariamente lúcida. Eu não estava diante da companheira de vida de Golan, apenas; eu já havia lido a correspondência entre eles, consciente da importância histórica desses documentos — uma cópia me havia sido dada no Guiv'át Haviva. Estava também encontrando uma militante e uma dirigente do Ha-Shomer Ha-Tza'ir, antiga deputada da Knesset, que havia sido responsável pelas relações entre essa organização e o partido comunista da Palestina e de Israel, e com a União Soviética; e que, junto a outros, havia estado na origem do centro cultural socialista Tzávta, em Tel Aviv, hoje muito conhecido.

Yona vivia numa casinha de três cômodos minúsculos, onde tinha vivido com o marido. Ocupava o tempo lendo, trabalhando um pouco na oficina e respondendo perguntas de visitantes curiosos, como eu, a respeito da história do marido, de sua personalidade, da sua relação com Sohar. Ela nuança: "De fato, essa obsessão pelo coletivo ocultava um forte desejo de individualismo — os jovens shomrianos vinham de uma sociedade europeia muito individualista!"; "Shmuel era um homem sensível, que certamente estava interessado pela psicanálise, mas a sua paixão era a educação". Foi por isso que não se interessou tanto quanto ela pela política, deixando a Meir Ya'ari esse domínio — que ela, evidentemente, conhecia muito bem.

O verdadeiro pensador da educação coletiva era Golan, mas, demasiado modesto, demasiado humilde, ele às vezes se deixava atropelar por Sohar, cuja personalidade era mais imponente. Yona se lembrava perfeitamente de Wulff, esse pioneiro da difusão da psicanálise na Palestina e em Israel,[5] pois os Wulff e os Golan eram amigos, e Wulff não perdia uma oportunidade de ir a Mishmar Ha-Émek para passar um final de semana — quando então Shmuel e Wulff se fechavam num dos pequenos cômodos (ela me mostrou qual) e falavam em particular sobre psicanálise e, muito evidentemente, sobre os

---

5 Cf. Liebermann, G. (2012/2023). *A psicanálise em Israel: Sobre as origens do movimento freudiano na Palestina britânica (1918-1948)* (2a ed., P. S. de Souza Jr., trad.). São Paulo: Annablume.

pacientes. Naquele mesmo cômodo pequeno, Shmuel recebia as pessoas que vinham se consultar com ele: não somente adolescentes — que ele atendia noutros lugares —, mas adultos que sabiam que ele tinha formação em psicanálise. Em resumo, ele fazia as vezes de psicanalista no kibutz.

Yona me contou também das visitas de Erik Erikson, amigo de Golan, que vinha para Israel ver a mãe em Haifa. E depois David Rappaport, Margaret Mead e Ilja Shalit, o secretário da Sociedade Psicanalítica instalada em Haifa. Ela se lembrava muito pouco de Friedjung, e só havia conhecido Max Eitingon de longe. Também conheci seu filho, Ran Golan, muito simpático, que evocou sobretudo a personalidade do pai.

Entrevistei diversos membros do kibutz. A maioria das informações se sobrepõem, às vezes com versões ou vivências diferentes. Não se pode dissimular o fato de que alguns antigos membros do kibutz e antigos residentes do Instituto Educacional em Mishmar Ha-Émek, ou noutros lugares, evocam muito negativamente essa experiência. Alguns projetam no kibutz os seus próprios demônios — o ódio em relação aos pais que os haviam abandonado no kibutz, por exemplo. Outros, que "odeiam o kibutz", continuam sendo muito apreciados pelos membros, que me pedem que lhes transmita estarem à espera de suas visitas e se espantam: "Como é possível que ele deteste o kibutz, sendo que foi um dos nossos e um militante fervoroso do grupo, da nossa ideologia?". Outros ainda relatam injustiças, ou como a homossexualidade era malvista: não oficialmente denunciada, mas difícil de viver numa sociedade de adolescentes em que os meninos deviam ser atléticos e trabalhadores aguerridos. Também me contaram a respeito da cólera e da frustração de verem recusado o acesso, por parte da comissão do kibutz, a um determinado ofício ou carreira: dançarino, músico, educadora de crianças pequenas, arquiteto... "Como queria me dedicar à dança, aos 18 anos de idade decidir ir embora do kibutz. Disseram-me adeus e boa sorte, secamente, e fui embora com a minha mochila, um par de sapatos e uma toalha", me confidenciou um célebre dançarino de balé instalado em Londres. Outro se tornou enfermeiro num hospital. Hoje, passados mais de setenta anos, esses antigos membros do grupo de adolescentes do Instituto Educacional de Mishmar Ha-Émek que deixaram o kibutz continuam a se reunir anualmente, conservando a amizade, cada qual com a sua própria versão da experiência: uns acusando outros de obscurecerem esse período de suas vidas ou, ao contrário, de embelezá-lo!

Há quem aprove o kibutz, mesmo que, por razões diversas, tenha precisado sair. E ainda que possam se mostrar críticos em relação a Golan e aos demais pedagogos de outros kibutzim quanto aos dormitórios e às duchas comuns, à rigidez e ao dogmatismo dos ideais do movimento, essas pessoas concordam em dizer que, apesar dos exageros, era algo que valia a pena ser vivido. E o kibutz, seus ideais, sua sociedade, seus êxitos de fato existiram e ainda existem, apesar da grave crise que, a partir dos anos 1980-1990, desencadeou a sua bancarrota ou a sua privatização — ameaçando aqueles que tentam sobreviver e preservar os ideais do movimento, em particular os membros dos kibutzim do Ha-Shomer Ha-Tza'ir.

PARTE I

Freud no kibutz

As pequenas comunas agrícolas

1881-1904: a primeira onda de imigração

A história das pequenas coletividades agrícolas, socialistas e judaicas, criadas na Palestina a partir de 1910, é um dos capítulos mais importantes e singulares da história de Israel. Ela começa na aurora do século XX e nasce de um estranho cruzamento das ideias marxistas da Europa Oriental e do movimento sionista, mais precisamente na Rússia, nos círculos judaicos e revolucionários. São esses militantes judeus socialistas e sionistas que, tendo deixado a Rússia no comecinho do século XX, iniciam o movimento socialista na Palestina e, em seguida, nos anos 1920, estarão na origem da fundação dos primeiros kibutzim.[1]

---

1 Laqueur, W. (1973). L'édification d'une nouvelle société et les progrès du sionisme de gauche. In W. Laqueur, *Histoire du sionisme* (Vol. 1, pp. 396-493). Paris: Gallimard.

A ideia de fundar na Palestina um Estado socialista não era inteiramente nova: ela se encontrava especialmente em Moshe Hess, companheiro de Karl Marx, que, contrariamente a este, não pensava que a revolução socialista também seria o fim do antissemitismo. Naquele momento, na Europa Ocidental, os judeus começavam a se beneficiar de alguns direitos e liberdades, outorgados no processo de emancipação iniciado por volta de 1850, e que também iria se estender, muito brevemente, à Rússia do czar Alexandre II — até o seu assassinato num atentado a bomba, cometido em abril de 1881 por um militante anarquista. Os regimes do czar Alexandre III e, depois, o de Nicolau II, que o sucede, inauguram um dos períodos mais sombrios da história dos judeus, com a imposição de restrições severas, o desencadeamento de pogroms e de perseguições que continuarão depois da Primeira Guerra Mundial.

Os judeus russos eram, na grande maioria, muito pobres. Não podiam exercer livremente nem o comércio, nem as profissões liberais, tampouco ocupar cargos públicos. Não podiam estudar. Geralmente, eram proibidos de sair do próprio vilarejo ou do próprio burgo e não possuíam o direito de se mudar para as cidades grandes do Império. Eles conheciam a miséria, a opressão e a humilhação. Um número bem grande de judeus russos se identificou com a causa do proletariado e abraçou com fervor as ideias de Marx, de Proudhon ou de Kropótkin. Encontravam-se, assim, na linha de frente dos movimentos revolucionários.

A primeira onda de imigrantes judeus na Palestina (1881-1904) era composta por homens que buscavam escapar das perseguições antissemitas na Europa Central e Oriental, e que não provinham das camadas revolucionárias.

O próprio Theodor Herzl, fundador do sionismo político, desconhecia que imigrantes judeus russos já se haviam instalado na Palestina no momento em que tentava organizar o movimento sionista internacional. Ele também desconhecia que, depois de Moshe Hess e Leon Pinsker, o dirigente socialista russo Nachman Syrkin havia convocado, em 1895 — logo, um ano antes da publicação de *Estado judeu* —, a criação de um Estado judaico, socialista e laico na Palestina. As ideias socialistas e marxistas não faziam parte do projeto sionista concebido por Herzl e pelos dirigentes liberais da Organização Sionista Mundial — criada em 1897, depois do primeiro congresso sionista, que ocorrera naquele mesmo ano na Basileia. E quando, no fim do século XIX e início do XX, um número muito grande de judeus russos havia ganhado as costas da América, é com esses judeus russos (em sua maioria socialistas) que os sucessores de Herzl (falecido em 1904) irão contar para ocupar e trabalhar as terras que eles haviam comprado durante o regime otomano ou após a Declaração Balfour e a ocupação da Palestina pelos britânicos em 1917.

Esses marxistas judeus, que militavam em organizações revolucionárias na Rússia, percebiam que não podiam se integrar completamente ao movimento dos trabalhadores do país; eles não faziam parte da classe operária nem do proletariado rural, e não eram considerados proletários de verdade por seus camaradas de movimento. Tinham, então, de confrontar cotidianamente o antissemitismo em seu próprio vilarejo, no interior da escola, no trabalho e até nos movimentos em que militavam. Os grandes líderes socialistas da época, cientes do antissemitismo no seio do movimento dos trabalhadores, tendiam a considerar esse problema como secundário em relação às outras preocupações dos trabalhadores. Eles sustentavam que o antissemitismo iria desaparecer com a revolução. O rebentamento dos pogroms de Kishinev e de Homel em 1903, porém, e outras violentas manifestações antissemitas reforçaram a convicção de um grande número de judeus socialistas de que só na Palestina é que eles poderiam criar as condições necessárias para o advento da revolução socialista.

Na Rússia, em 1906, Ber Borochov e Nachman Syrkin, entre outros, fundam um partido trabalhista socialista, democrático, judaico e independente, o Po'aléi Tzíon (Os Trabalhadores de Sião), e abrem o caminho para o advento de uma pátria socialista na Palestina. O Po'aléi Tzíon torna-se então o primeiro partido socialista e sionista de massa, membro da Segunda Internacional, fazendo a síntese das concepções marxistas e da ideia do retorno do povo judeu à terra de seus ancestrais. Seu sionismo, socialista, é bem diferente do que é pregado pelos partidários de Herzl, pelos burgueses da Organização Sionista Mundial e pelos imigrantes da primeira onda de imigrantes já instalados na Palestina.

O Po'aléi Tzíon se torna muito rapidamente alvo de violentas críticas e de ataques oriundos do campo marxista revolucionário, depois da revolução russa malsucedida de 1905, a começar pelos dirigentes do Bund, partido judaico socialista, fundado na Lituânia, que acusa os sionistas de colocar lenha na fogueira dos antissemitas e se deixar levar por ideias utópicas. Se a revolução socialista ainda não se havia produzido em sociedades industriais da Europa Ocidental e da Rússia, como conceber que ela possa ter ocorrido num Império Otomano feudal e atrasado? Por outro lado, o Bund acusa os militantes sionistas socialistas de jogar o jogo dos rabinos, dos burgueses da Organização Sionista Mundial, dos Rothschild, e de "desviar a atenção das massas para perigosas utopias".[2] De sua parte, os dirigentes do Po'aléi Tzíon culpam os membros do Bund de minorar o antissemitismo nas massas e nos partidos, e de escamotear a questão da identidade nacional. Eles também defendem a ideia de que a imigração de trabalhadores judeus para a Palestina iria chamar a atenção dos judeus empresários, e que uma nova classe proletária, na vanguarda da revolução, iria se constituir na Palestina.

1905-1914: a segunda onda de imigração e a ideia do novo judeu

A guerra russo-japonesa de 1904-1905 e a malsucedida revolução socialista russa de 1905 fazem com que um grande número de judeus socialistas imigre para a Palestina. Cerca de 40 mil imigrantes chegam ao país entre 1904 e 1914. A maioria deles havia recebido, na Europa Central e Oriental (Rússia, Polônia, Galícia austro-húngara), uma educação judaica tradicional. Era uma onda de imigração sociologicamente muito heterogênea, contendo médicos, engenheiros, professores, jornalistas, escritores, artistas, cientistas...

2 Laqueur, W. (1973). *Histoire du sionisme* (Vol. 1). Paris: Gallimard, pp. 400-401.

São os operários judeus vindos da Rússia e da Polônia que darão à luz importantes formações políticas do mundo trabalhista na Palestina, depois em Israel, ao se instalarem nas cidades, mas sobretudo nas regiões agrícolas no norte do país. Entre eles havia militantes do Po'aléi Tzíon, bem como de outros movimentos socialistas não marxistas da Rússia, especialmente o Ha-Po'el Ha-Tza'ir (O Jovem Trabalhador), cujo líder era o célebre Aaron David Gordon. Sob a direção de Yosef Vitkin, que havia organizado na Rússia a Federação dos Jovens Trabalhadores (Histadrút Ha-Po'alím Ha-Tzeiyrím), o Ha-Po'el Ha-Tza'ir — assim como o Po'aléi Tzíon — clamava por uma revolução socialista na Palestina, mas sem que tivesse forjado uma doutrina clara a respeito. Esses pragmáticos não alegavam ser um corpo ideológico preciso, mas consideravam o trabalho manual como um "novo valor moral do povo judeu", "o remédio para todos os males da existência de que padeciam os judeus da Diáspora" (Gordon). Do seu lado, Yosef Aharonowitch, Yosef Sprinzak, Berl Katznelson, Yitzhak Tabenkin, David Remez e o escritor Chaim Brenner farão do trabalho braçal, com o retorno à terra, o emblema de seu movimento.

Desde a chegada na Palestina, em 1905, os jovens militantes do Po'aléi Tzíon e os do Ha-Po'el Ha-Tza'ir fundam formações políticas independentes, mas partilham a ideia da necessidade de se proletarizar. Seu *slogan*, "Conquista do trabalho" (Kibúsh 'Avodá), mostra a vontade que eles têm de se organizar e de se apropriar da ferramenta de trabalho.

Esses socialistas da segunda onda de imigração entraram em conflito com os seus predecessores, que o espírito pioneiro dos primeiros anos (por volta de 1881) havia abandonado. A maioria dos pioneiros da primeira onda tinha renunciado ao trabalho manual, ao trabalho com a terra, preferindo delegar essa tarefa aos operários árabes, mais experientes que eles, constituindo uma mão de obra mais barata e também menos inclinados a contestar a autoridade dos empregadores e a fazer greve. Os socialistas da segunda onda de imigração denunciavam o "emburguesamento" desses novos pequenos empreendedores e pequenos funcionários públicos.

Os trabalhadores agrícolas da segunda onda decidem então criar o seu primeiro sindicato, a Organização dos Trabalhadores da Galileia e da Judeia, em 1909 (Histadrút Po'ale Ha-Galíl ve-Ha-Yehudá); a sua própria Associação Mutualista de Assistência Médica, em 1911 (Kupát Holím); e a sua própria Cooperativa de Compra, em 1916 (Mashbír). Sob a égide de Berl Katznelson, são criadas "bibliotecas para trabalhadores", com uma vasta literatura em hebraico, russo, polonês, iídiche, grego, e obras de autores diversos — como Dostoiévski, Brenner, Kropótkin, Marx, Lênin... São organizados encontros nos quais, em uma ambiência romântica e revolucionária, tocam violino e piano, declamam poesia, especialmente poesia local — a de Rachel, elevada ao estatuto de poetisa nacional e emblema da segunda onda de imigração.

Os trabalhadores socialistas fundam também os seus próprios jornais em língua hebraica: *Ha-Akhdút* (Po'aléi Tzíon), em 1910; *Davár* (fundado por Berl Katznelson), em 1925; e sobretudo o *Ha-Po'el Ha-Tza'ir*, em 1908, um jornal que atribuía um lugar muito importante à cultura, que dará a conhecer a obra de Freud e a psicanálise.[3]

A língua hebraica se torna a língua oficial dos trabalhadores judeus da Palestina, particularmente depois de 1920, isto é, depois das tentativas fracassadas dos trabalhadores judeus de associar as populações árabes num movimento de trabalhadores ampliado. Cursos de hebraico são organizados para os novos trabalhadores vindos da Europa, e aqueles que já haviam aprendido a nova língua dos trabalhadores podiam ser multados caso falassem iídiche. Pois os imigrantes da segunda onda de imigração eram obcecados com a ideia de se forjar uma nova identidade judaica, nas antípodas da identidade do judeu humilhado da Diáspora.

Esses homens e mulheres socialistas, tendo conhecido o antissemitismo, a discriminação e a humilhação, haviam chegado pobres à Palestina. Não tinham nada a perder e, com as suas mãos — à custa de sua saúde e, por vezes, da própria vida —, tornaram férteis os charcos, os desertos e os solos rochosos. Eles são conhecidos na história do sionismo pelo nome de *Khalutzím*, os pioneiros, os representantes do novo judeu.

---

3 Liebermann, G. (2012/2023). *A psicanálise em Israel: Sobre as origens do movimento freudiano na Palestina britânica (1918-1948)* (2a ed., P. S. de Souza Jr., trad.). São Paulo: Annablume.

Na época das comunas

Cheias de ideias e de entusiasmo revolucionários, mas desprovidas no plano financeiro, as pequenas comunas agrícolas socialistas têm de aceitar, contra as suas convicções, o apoio da Organização Sionista Mundial — que lhes concede lotes de terra nos quais se instalar. Comunas e cooperativas agrícolas são criadas, primeiro nas terras compradas pela Jewish Colonisation Association (Associação Judaica de Colonização – ICA); depois, pelo escritório da Organização Sionista Mundial em Jafa, aberto por Arthur Ruppin em 1908. A partir de 1905, estabelecem-se em Petah Tikva e em Rehovot, no centro do país, e nas terras de Delaika, à beira do lago de Tiberíades.

Se as primeiras tentativas de criar pequenas coletividades agrícolas foram precárias e se revelaram um fracasso no plano econômico, no plano ideológico, em contrapartida, a ideia de criar na Palestina comunas de trabalhadores fundamentadas em valores socialistas e humanistas se vai impor. É assim que, em 1908, um grupo de militantes socialistas vindos da comuna dos trabalhadores de Petah Tikva decide partir para o norte e se instalar nas terras desocupadas de Delaika que a ICA havia adquirido em 1905. Era um pequeno grupo de militantes socialistas oriundos da cidade de Romny, na Ucrânia. Administrada pelos capatazes da ICA, num clima de tensão, os trabalhadores da fazenda organizam, em 1909, pela primeira vez, uma greve em protesto contra os funcionários do estabelecimento. Não obstante, simultaneamente por causa do fracasso econômico da empreitada, da incompatibilidade com as exigências dos arrendadores da ICA, mas também das divergências ideológicas entre os trabalhadores da fazenda, pequenos grupos de jovens pioneiros se destacam dessa comuna para fundar outras, na Alta e na Baixa Galileia — comunas de trabalhadores autônomos funcionando segundo um programa socialista.

Esses membros se distinguem de outros grupos de trabalhadores por seu indefectível apego aos valores do socialismo revolucionário. Em terras inabitáveis do norte, instalam novas comunas, constroem moradias, tornam o solo explorável, depois, a fim de não se deixar pegar pelo sedentarismo, cedem progressivamente as suas moradias e terras a recém-chegados; instalam-se noutros lugares, às vezes em terras compradas com seus próprios recursos, e fundam novas comunas de trabalhadores, dentre as quais a mais célebre será Degânia, fundada em 1910 e conhecida como a experiência fundadora e o modelo das que viriam a seguir.

Romantismo e exotismo revolucionário: o movimento Ha-Shomer

Além das doenças e das condições climáticas que dificultavam a vida dos trabalhadores judeus, as suas moradias precárias (barracões, casebres de barro ou barracas em mau estado) eram vítimas de ataques de assaltantes árabes beduínos. Ora, numa Palestina otomana em decadência, com uma administração totalmente corrompida, ou mesmo inexistente, os trabalhadores judeus não tinham outra escolha a não ser garantir sua autodefesa. Em 1909, forma-se a primeira organização de defesa judaica conhecida com o nome de Ha-Shomer, e a maioria de seus membros se reencontraria, em 1920, no exército semiclandestino de autodefesa judaica (Haganá), que, após a fundação do Estado de Israel, se tornará Tzáhal. A missão desses homens consistia em defender e proteger os estabelecimentos agrícolas e os interesses dos judeus do país. Ademais, eram fervorosos revolucionários apegados ao trabalho com a terra. Com suas famílias (mulheres e crianças), à imagem dos cossacos na Polônia e dos personagens saídos de um romance de Tolstói, percorriam o país a cavalo, particularmente a Galileia, a fim de garantir a proteção dos judeus da Palestina.

Organizavam-se em pequenas comunas nômades, compartilhavam as refeições, as roupas e os uniformes, as oficinas e as ferramentas de trabalho; recebiam as mesmas porções de comida e as mesmas quantias em dinheiro extra: recusavam-se a aceitar créditos bancários, considerando a prática contrária aos princípios do marxismo. Tiveram de enfrentar a malária — que, na época, vinha causando estragos — e a falta de assistência médica. Eram pobres, muito pobres, e andavam descalços. Sua comuna era chamada de "comuna dos descalços". Os membros do Ha-Shomer conservavam uma convicção inabalável; eles queriam, a todo custo, se tornar figuras heroicas, encarnar o judeu do tempo dos profetas. Eram os marxistas mais estranhos e mais exóticos que se poderiam encontrar nos anais do movimento dos trabalhadores.

O Ha-Shomer era um grupo seletivo e elitista. Seus membros organizavam cerimônias de entronização dos recém-chegados; haviam forjado um vocabulário e rituais próprios, e eram ciosos de seus segredos. Seus ideais e projetos tinham como foco o valor moral do trabalho e as prescrições do socialismo revolucionário. Eles se vestiam da mesma maneira que as populações árabes locais, ao mesmo tempo para encarnar a imagem do judeu heroico da Bíblia e para não se mostrar, perante os árabes, como "judeus europeus humilhados". Aliás, eles haviam pego dos beduínos alguns costumes que, de acordo com os membros do Ha-Shomer, eram vestígios da antiga cultura das tribos de Israel: o retorno à vida na natureza, o ofício do pastoreio, danças em que empunhavam suas espadas à luz de fogueiras em noites estreladas… As mulheres comprometidas com o Ha-Shomer encontravam as mulheres beduínas, que lhes ensinavam os seus truques: cozinha, fabricação de queijos e cremes fermentados, herbalismo…

Esses pioneiros sonhavam com uma vida nova e livre, radicalmente diferente daquela que haviam levado na Diáspora. Depois de um período de nomadismo radical, em 1913, auxiliados por subvenções concedidas pela ICA e pela Caixa dos Trabalhadores de Eretz-Israel (criada pelos militantes do Po'aléi Tzíon), os membros do Ha-Shomer irão se instalar primeiro nas terras de Tel Adash, situadas a alguns quilômetros da cidade de Afula; depois na Galileia do Norte, na fronteira com o Líbano, para ali fundar outras comunas que se tornaram célebres: Guiv'át Ha-Shomrím, Ayélet Ha-Sháhar e Tel Hai. Em 1918, Guiv'át Ha-Shomrím será rebatizada como Kfar Guiladi, em homenagem a Israel Giladi, um dos líderes espirituais do movimento, falecido naquele ano. Com a comuna de Degânia, situada cerca de vinte quilômetros ao sul, Kfar Guiladi irá se tornar um dos bastiões do movimento dos trabalhadores da Palestina oriundos do Po'aléi Tzíon, que, sob a égide de Yitzhak Tabenkin, será a base do movimento União dos Pioneiros (Me'ukhád).

O Ha-Shomer diante das pioneiras

Para os homens do Ha-Shomer, não era fácil encontrar mulheres que os acompanhassem nessa vida nômade e difícil. Eles não acreditavam que a judia tradicional fosse capaz de trabalhar na lavoura. Esperavam que uma mulher se calasse e se dedicasse ao trabalho manual. Essa misoginia dos homens do Ha-Shomer encontra viva resistência das mulheres do movimento que defendem os seus direitos e organizam o movimento feminista na Palestina. Manya Shochat conduziu a revolta das mulheres contra o machismo dos homens do Ha-Shomer. Ela contestava especialmente o direito dos homens de guardar segredo quanto às atividades e decisões no interior do movimento, e reclamava o direito das mulheres de participar das assembleias. Conclamava as pioneiras à luta para trabalhar na lavoura; para se ocupar, da mesma forma que os homens, das diversas tarefas agrícolas; para montar a cavalo, carregar o fuzil e participar da defesa do Yishúv, isto é, do conjunto dos judeus presentes na Palestina antes da criação de Israel. No entanto, a peleja das mulheres para adquirir igualdade de direitos foi difícil e dolorosa. Elas não só tiveram de enfrentar o descontentamento dos homens do Ha-Shomer como também sofreram as piores difamações dos rabinos do Yishúv, que as acusavam de sair de seu papel natural.

Junto com Manya Shochat, Hana Maizel também desempenhou um papel considerável na emancipação e na organização das mulheres operárias da Palestina. Em 1911, ela cria em Ben Shemen a primeira "fazenda para trabalhadoras" destinada a formar as mulheres no trabalho agrícola, na organização racional das tarefas de cozinha, limpeza, lavanderia e higiene. Depois, funda um movimento independente de mulheres operárias da Palestina e organiza, em 1914, em Merchavia, a primeira convenção de mulheres operárias do país, da qual participaram 209 pioneiras.

Formadas e preparadas em atividades manuais até então reservadas aos homens, as socialistas reclamam o direito de trabalhar na agricultura, mas suas reivindicações são recebidas com desconfiança. A mais de uma será recusado o acesso às coletividades agrícolas socialistas. No entanto, ao longo da Primeira Guerra Mundial, serão essas mesmas pioneiras socialistas que desempenharão um papel crucial na manutenção das coletividades agrícolas, substituindo — no trabalho com a lavoura e a oficina — os homens que partiram para a guerra, os exilados ou falecidos; ocupando-se dos operários e dos imigrantes famintos e sem-teto; acolhendo e organizando a assistência e a educação das crianças órfãs e dos refugiados desvalidos.

Degânia: da comuna à primeira coletividade socialista

Em seguida ao conflito que havia eclodido em 1909 entre os trabalhadores da fazenda Kinneret e os capatazes da ICA, os socialistas da segunda onda julgam necessário criar comunas agrícolas que funcionem com toda autonomia, para escapar da Organização Sionista Mundial. Em 1910, um contingente de trabalhadores composto de dez homens e duas mulheres, em sua maioria oriundos do grupo que provinha de Romny, na Ucrânia, seguindo os preceitos de Trumpeldor e Zvi Schatz, partem para se instalar nas terras de Um-Juni, onde o Jordão nasce. Tendo à sua frente Jossef Bussel e sua esposa Hayuta, ambos vindos para a Palestina em 1908, fundam Degânia, a primeira coletividade socialista de trabalhadores autônomos (*kvutzá*). Degânia, que se tornará rapidamente o modelo para outras coletividades, é conhecida na história do sionismo como "a mãe das experiências pioneiras" das futuras coletividades na Palestina britânica e Israel. Elas logo serão reunidas por membros do Ha-Shomer, trabalhadores de Sejera e de Migdal, e, em 1912, pelo próprio Yosef Trumpeldor.

Nas assembleias de Degânia, são vigorosas as discussões relativas às novas modalidades de funcionamento dessas novas coletividades socialistas: sobre a gestão, o planejamento e o cultivo das terras, o material de trabalho, a distribuição dos bens e salários, a gestão das lojas comuns de roupas, alimentos... Pela primeira vez, discute-se também a organização da família e a educação coletiva das futuras crianças. São estabelecidas linhas de ação, regras de vida comum, concernindo até mesmo às relações íntimas. Os preceitos, votados pela maioria dos membros participantes das assembleias, deveriam estar à altura da tarefa.

Os pioneiros de Degânia chegam à conclusão de que, naquela situação, após o conflito com seus antigos empregadores de Kinneret e sua relativa emancipação dos liberais da Organização Sionista Mundial (Jewish Colonisation Association – ICA), a ideia de conceber um "proletariado agrícola" nos moldes russos já não era atual. Tendo conseguido criar novas comunas que funcionavam com toda autonomia, geridas pelos próprios trabalhadores, e suprimir a classe dos funcionários públicos, eles se tornaram, por sua vez, os próprios "patronos". Também decidem pôr fim ao "nomadismo dos trabalhadores" pregado pelo Ha-Shomer. Era preciso, dali em diante, criar coletividades permanentes nos moldes de Degânia, geridas pelos trabalhadores, ao mesmo tempo assegurando que os membros não se emburguesassem.

Jossef Bussel, um dos líderes do grupo, tem de enfrentar as tensões e as divergências ideológicas que surgem inevitavelmente em Degânia. Bussel e seus camaradas chegam à conclusão de que a experiência de Degânia só resistirá se conseguirem formar um grupo unido pela solidariedade, pela "intimidade revolucionária", isto é, por uma comunhão de ideias. Será preciso, então, selecionar as pessoas, restringir o número de membros de uma mesma coletividade a quarenta, isto é, uma dezena de famílias, depois nomear cada uma delas para um cargo de direção.

A família em questão

Os membros de Degânia se indagam sobre o que devem ser as relações amorosas e conjugais entre os trabalhadores e no seio da família proletária. Para tanto, será preciso romper com o conservadorismo da vida judia tradicionalista da Diáspora e se livrar das teorias do amor burguês. São sobretudo as mulheres do Ha-Shomer que desenvolvem a ideia de "amor revolucionário" e a dos novos laços necessários entre camaradas homens e camaradas mulheres, que não são impostos pelo imperativo paterno no âmbito da sociedade burguesa que tem lugar nos salões da aristocracia ou nos preceitos da religião judaica. Dali em diante, o desejo da mulher será levado em conta; ela já não será apenas o adereço do homem e da família. A tensão erótica entre os trabalhadores se expressa nas trocas de olhares, por meio das palavras de amor escritas em sua língua materna (o russo, o polonês e o iídiche), desafiando assim a interdição de falar noutra língua que não o hebraico — e é em total clandestinidade que transmitiam palavras uns aos outros, pelas gretas das paredes de madeira de seus dormitórios ou com a cumplicidade de um dos camaradas seus.

Como conceber o amor, as relações entre garotos e garotas, o casal, a parentalidade: questões embaraçosas para aqueles jovens que sonhavam com o amor revolucionário, em sua maioria oriundos de famílias religiosas e tradicionalistas das comunidades judaicas da Europa Oriental e Ocidental. Como criar, na Palestina, uma sociedade livre e sem entraves, longe dos rabinos, dos pequenos burgueses que regulavam as questões civis numa Palestina otomana medieval, e isso quando a instituição do casamento era considerada contrária aos objetivos revolucionários pelos pioneiros e pioneiras socialistas? Quando ficavam sabendo que dois deles se haviam casado escondido diante de um rabino, sem ter recebido previamente o consentimento do grupo, os culpados eram severamente chamados à ordem e punidos. O delito se tornava objeto de um parecer por escrito, que era transmitido à direção da Organização dos Trabalhadores.

Dali em diante, tudo deveria responder a programas que tivessem sido aceitos pelos membros da organização, inclusive a concepção das crianças. Fica decretado que as pioneiras não devem ter filhos, não antes de alguns anos. Naquele período crítico, o nascimento de crianças era uma ameaça para o futuro do projeto. O nascimento do primeiro bebê acarretou uma verdadeira crise ideológica no seio do grupo.

A ausência de crianças entre os trabalhadores do norte da Palestina era tão impressionante que, de acordo com o testemunho de Zahava Uri,[4] quando o escritor Shalom Asch foi visitar as pequenas comunas de Merchavia, Degânia, Migdal e Kinneret, tomou nota em iídiche, enfurecido: "Por que vocês estão fazendo de Eretz Israel um asilo de loucos? Em todos esses lugares que visitei, não escutei uma vez sequer os gritos de uma criança! Como isso é possível?".

No entanto, os pioneiros de Degânia não haviam negligenciado a importância das crianças na nova sociedade que

---

4 Testemunho de Yitzhak Tabenkin em: Tzur, M., Zevulum, T., & Porat, H. (Org.). (1981). *Kan 'al pnei ha-adamá [The beginning of the Kibbutz]*. Israel: Hotzaat Ha--Kibbutz Há-Meuhad ve-Sifriát Po'alím, p. 77.

queriam construir. No início da experiência, contudo, estavam preocupados primeiro com a sobrevivência, e totalmente desvalidos diante da questão dos bebês, de seus cuidados e da educação das crianças; eles estavam muitíssimo confusos e se perguntavam se a presença de crianças em suas coletividades era verdadeiramente compatível com a vida comum que haviam imaginado. Faltava lugar para eles próprios, dormiam em dormitórios coletivos, viviam em condições extremamente rudimentares.

Yizthak Tabenkin, que irá se tornar o líder do movimento kibutziano unificado, lembra que nos primeiros anos as pioneiras não tinham a menor ideia de qual era a função de uma mãe, nem do cuidado e da educação das crianças.[5]

As primeiras mães estiveram muito desamparadas. No entanto, algo era claro para todos, desde o princípio: se, por um lado, era justamente a mãe que, com o seu amor, devia se encarregar dos primeiros cuidados da criança; por outro, era responsabilidade da coletividade garantir a esta alimentação, roupas, assistência médica e educação. Pois, contrariamente ao modelo da sociedade burguesa, as crianças não eram "propriedade privada" dos pais. Eram destinadas a se tornar filhos dos trabalhadores de todo o país, os novos filhos do Povo judeu, nascidos em Eretz Israel. As primeiras crianças, nascidas em 1911 em Degânia e em Kinneret, eram filhas das mulheres e dos homens do Ha-Shomer, que levavam os seus

5 Testemunho de Yitzhak Tabenkin em: Tzur, M., Zevulum, T., & Porat, H. (Org.). (1981). *Kan 'al pnei ha-adamá [The beginning of the Kibbutz]*. Israel: Hotzaat Ha--Kibbutz Há-Meuhad ve-Sifriát Po'alím, p. 77.

bebês de um lado para o outro, causando-lhes sofrimentos inúteis. Pioneiras socialistas se perguntavam se tudo aquilo não passava de uma loucura coletiva, e se interrogavam sobre o futuro da experiência. De fato, como conciliar o estatuto de plenas trabalhadoras e a maternidade? Em 1910 e 1911, elas não dispunham de solução. Por fim, Hayuta Bussel, a esposa de Jossef, e Miriam Beretz, em Degânia, em coordenação com as mulheres de Kfar Guiladi, organizaram-se para conceber modalidades de assistência para bebês e crianças, sem minar seus ideais: em nome da libertação da mulher, permitir que as mães continuassem a trabalhar, livrá-las da dependência dos homens e dos filhos. Foi assim que nasceu a ideia de cuidados coletivos, que vão preceder o conceito de "educação coletiva", elaborado alguns anos mais tarde pelos militantes do Ha-Shomer Ha-Tza'ir, e que irá se tornar o modelo de educação aplicado na maioria das comunas agrícolas da Palestina britânica e, depois, de Israel. É com um pequeno grupo de quatro crianças nascidas em Degânia, ou nos arredores, que Hayuta Bussel os organiza, permitindo que as mães continuassem a trabalhar com os homens.

À noite, as crianças dormiam no quarto dos pais, ao passo que durante o dia eram reunidas num dormitório coletivo, sob a supervisão de uma das membras, encarregada de cuidar das crianças. Mas, inexistindo acompanhamento médico, a mortalidade infantil era significativa, apesar dos esforços para assepsiar o ambiente. Ademais, faltava tudo: roupas, alimentação adequada, alimentos de substituição quando a mãe não podia amamentar. Nesse caso, outras supervisoras eram solicitadas. Os brinquedos tinham de ser compartilhados por todas as crianças: a menor parcela de propriedade privada estava fora de questão! Os presentes eram proibidos.

Entre 1914 e 1918, durante a Primeira Guerra Mundial, as questões atinentes aos cuidados e à educação evoluem. A Palestina, sob controle otomano, é atormentada pela fome, pela desolação e pelo horror. As mulheres desempenham um papel crucial: elas trabalham na lavoura, vão atrás de alimento, acolhem outras mulheres judias, viúvas e refugiadas vindas de outras regiões do país, e se encarregam das crianças judias órfãs. Em Kfar Guiladi, as mulheres do Ha-Shomer criam, assim, uma casa de acolhimento que recebe órfãos de guerra, filhos de trabalhadores e de refugiados. Essa experiência alimenta suas reflexões sobre a organização dos cuidados coletivos.

Em 1918, as mulheres socialistas decidem se reunir em Sharona a fim de discutir as modalidades de uma política de cuidados para os bebês e de educação coletiva para todas as coletividades do país. Em Kfar Guiladi e em Ein Harod, por exemplo, já se tenta instaurar dormitórios coletivos, onde as crianças passarão a noite longe dos pais. Com a Revolução de Outubro, os pedagogos socialistas vislumbram, também eles, fazer com que as crianças durmam separadas dos pais. Mas a passagem do quarto parental ao quarto coletivo mal preparado foi dificílima, sendo então abandonada. Os membros do Ha-Shomer Ha-Tza'ir são os que irão mais longe em suas experiências educativas inspiradas na psicologia freudiana, criando com sucesso o dormitório coletivo.

Para a instrução escolar dos filhos dos trabalhadores, foi fundada em 1921, em Kfar Guiladi, a primeira escola para crianças. A segunda abre suas portas em 1924 em Ein Harod; e a terceira, em 1926, em Degânia, paralelamente a uma outra experiência educativa original realizada no kibutz Beit Alfa, entre 1924 e 1929, e que iremos evocar no capítulo seguinte.

Das pequenas comunas agrícolas aos kibutzim

O fim da Primeira Guerra Mundial, a Revolução de Outubro na Rússia, a ocupação da Palestina pelos britânicos e a Declaração Balfour — que concede ao povo judeu o direito de criar, na Palestina, um lar nacional — vão dar um considerável impulso a esses movimentos.

Gostaria de lembrar brevemente a reorganização dessas pequenas comunas agrícolas, sua transformação em coletividades agrícolas que funcionam conforme princípios ideológicos, econômicos, sociológicos e políticos definidos. Após o fim da Grande Guerra, no Estado de direito estabelecido na Palestina pelos britânicos, e com o amparo financeiro da Organização Sionista Mundial — doravante encarregada, pelo governo britânico, de gerir as questões dos judeus da Palestina —, outras coletividades agrícolas são criadas em todo o país nos moldes de Degânia, e se lançam no trabalho intensivo e racionalizado da agricultura (plantações de oliveiras, azeite, banana e cítricos destinados à exportação).

Seus membros compram máquinas agrícolas que melhoram o rendimento; são inaugurados centros de cultura, salas de teatro e de cinema, estações de rádio. Alguns de seus membros fundadores vão para a cidade reforçar a influência de seus movimentos, que se tornaram partidos políticos de pleno direito na Palestina britânica. Os dirigentes do Po'aléi Tzíon — que, em seguida, irá se dividir em ala esquerda e ala direita —, os do Ha-Po'el Ha-Tza'ir (O Jovem Trabalhador) e da Akhdút Ha-'Avodá (União do Trabalho) — com Chaim Arlosoroff, Berl Katznelson e David Ben-Gurion, em especial — fundam, em 1920, a Organização dos Trabalhadores da Palestina (Histadrút), que terá uma influência considerável.

Com a terceira onda de imigração (1919-1923) chega um número importante de jovens originários das províncias da Galícia austro-húngara, fortemente impregnados de ideais sionistas e socialistas, especialmente os do Ha-Shomer Ha-Tza'ir. Eles vão criar o primeiro kibutz (Beit Alfa) de acordo com os seus ideais. Fundarão, em 1927, o Kibutz Artzí, potente organização reunindo os membros associados ao Ha-Shomer Ha-Tza'ir.

Com o passar dos anos afluem para o país, vindos de todos os continentes, diversos imigrantes militantes de diferentes movimentos de juventude sionistas — com todas as tendências políticas misturadas — para fundar as suas próprias coletividades agrícolas. Entre outros: os jovens do movimento pioneiro (He-Khalutz), que, depois da Rússia, chegarão da Alemanha, de Tchecoslováquia e da Romênia, desempenhando um papel crucial nas coletividades agrícolas do Gdud Ha-'Avodá; os jovens do movimento operário (Werkleute), na Alemanha, muito influenciados por Martin Buber e próximos do Ha-Shomer Ha-Tza'ir, que fundarão o kibutz Hazoré'a, perto de Mishmar Ha-Émek; os jovens do Gordonia (de Aaron David Gordon), dissidentes do Ha-Shomer Ha-Tza'ir em 1924; jovens da associação Maccabi. Mas também movimentos de juventude ligados aos partidos políticos como o Ha-Po'el Ha-Tza'ir; os do Nó'ar Ha'ovéd (Os Jovens Trabalhadores), movimento fundado em Tel Aviv em 1925; ou ainda os do kibutz Ha-Datí (Kibutz Religioso), criado em 1934 por judeus religiosos originários especialmente da Alemanha e da Polônia. Três grandes movimentos de coletividades agrícolas dominarão, durante longos anos, a cena política do país: o Kibutz Ha-Meukhád, sionista ativista socialista; o Khéver Ha-Kvutzót (Ha-Khéver); e a Federação dos Kibutzim do Ha-Shomer Ha-Tza'ir (Kibutz Artzí), que se distinguirá especialmente por sua ostensiva adesão ao marxismo oficial da União Soviética, por sua obstinação por fazer nascer, em Eretz Israel, o novo judeu, e pela integração da doutrina freudiana.

O Ha-Shomer Ha-Tza'ir

As origens do Ha-Shomer Ha-Tza'ir

Movimento de juventude judaica fundado na Galícia Oriental por um grupo de adolescentes poloneses em 1911, enquanto o sionismo está a todo vapor na Europa Central, o Ha-Shomer Ha-Tza'ir se difunde rapidamente no mundo inteiro e se implanta na Palestina com uma particularidade: desde a sua chegada em 1919, politiza-se até constituir um partido e se tornar a terceira força da esquerda. Seus membros serão os artífices de uma nova forma de organização social, econômica e ideológica, embasada em valores coletivos, hoje conhecida pelo nome de "kibutz".

Esses jovens intelectuais galicianos forjam para si, durante a Grande Guerra, uma ideologia sionista e socialista original, pois, em vez de colocar à frente valores políticos, como faziam os outros movimentos, partem de valores estritamente educacionais, éticos, intelectuais e espirituais. Não aderem, então, nem ao sionismo oficial da Organização Sionista Mundial, tampouco à Internacional Socialista, nem ao marxismo ortodoxo.

Num primeiro momento, o Ha-Shomer Ha-Tza'ir se desenvolve na Palestina na mais absoluta autonomia, preocupado com a sua diferença e se distinguindo das outras correntes sionistas, com a convicção de que a transformação do homem e da sociedade passará não pelo estabelecimento de uma "ditadura do proletariado" ou uma revolução política e social, mas, antes de qualquer coisa, por um profundo remanejamento da subjetividade do ser humano, especialmente dos judeus. E quando, a partir de 1925, o Ha-Shomer Ha-Tza'ir se junta, como outros movimentos, ao marxismo, nem por isso renuncia ao seu projeto inicial de dar à luz na Palestina indivíduos novos, ao mesmo tempo grandes trabalhadores e eruditos, livres, realizados e revolucionários.

Essa transformação subjetiva, os militantes do Ha-Shomer Ha-Tza'ir primeiro procuram realizar no seio de seu grupo. Para forjar sua "tipologia", de acordo com o termo empregado por Elkana Margalith ou Matityahu Mintz, inspiram-se essencialmente em Martin Buber e Gustav Wyneken, Hans Blüher, Siegfried Bernfeld, Gustav Landauer, Aaron David Gordon, mas também Nietzsche e Freud. Os textos freudianos estarão no alicerce do edifício ideológico erigido por seus dirigentes. Meir Ya'ari será o seu primeiro incentivador. A partir de 1929, os pedagogos desse movimento dirigem-se aos psicanalistas europeus para lhes pedir que contribuam com o projeto, considerando que apenas uma "formação psicanalítica" poderia ajudá-los a efetuar suas audaciosas experiências educacionais.

Aos olhos dos pedagogos Zvi Sohar e Shmuel Golan, dois dirigentes do Kibutz Artzí (a Federação dos Kibutzim do Ha-Shomer Ha-Tza'ir), a única disciplina que lhes permitiria implementar a "educação coletiva" no Kibutz era a psicanálise.

Do fim do século XIX até a eclosão da Primeira Guerra Mundial, inúmeros movimentos de juventude sionistas foram criados na Galícia austro-húngara, por judeus galicianos originários da Polônia, Ucrânia, Boêmia, Hungria e Romênia, entusiasmados pelas ideias novas de Theodor Herzl. Estudantes ou jovens intelectuais, em sua maioria, eles se tornarão fervorosos fomentadores do sionismo, tanto em seus países de origem como fora.

Qual era a situação naquela época? Quando, em 1867, a coroa dos Habsburgos concedeu aos judeus o direito de comercializar livremente, de ter acesso à universidade e de participar da vida pública, um grande número de judeus deixou os burgos do Império Austro-Húngaro, onde há tempos estavam confinados, para se instalar nas cidades grandes da Galícia.[1] Todavia, o decreto imperial não pôs fim ao antissemitismo, particularmente virulento nessa região do Império, muito mais que noutras províncias, noutras cidades grandes ou na capital.

A Tze'irei Tzíon (Jovens de Sião) será uma das mais importantes organizações de estudantes judeus criadas para combater o antissemitismo no início do século XX na Galí-

---

1 Margalith, E. (1971). *Hashomer Hatzair: From youth community to revolutionary Marxism (1913-1936)* (5a ed.). Tel Aviv: Hakibbutz Hameuchad/Tel Aviv University, p. 19.

cia. Essa organização sionista — que, desde 1903, atrai uma grande parcela da comunidade judia urbana da região, especialmente a da capital, Lemberg — reuniu essencialmente jovens intelectuais e estudantes desejosos por se engajar na Organização Sionista Mundial e participar, com Ahad Ha'am, da promoção dos novos valores do judaísmo. Nos ginásios, nas universidades, nas pequenas localidades, no Império Austro-Húngaro, mas também no exterior, a Tze'irei Tzíon organiza conferências e debates que não deixarão de "fascinar e convencer mais de um jovem judeu a fazer as malas e partir para Eretz Israel";[2] e serão vários os que partirão para a Palestina antes da Primeira Guerra Mundial, com a segunda onda de imigração. Contudo, no próprio seio dessa organização, um determinado número de adolescentes estima que ela possua um interesse demasiadamente exclusivo pelas atividades intelectuais, e que, carecendo de pragmatismo, não teria como fazer advir um novo judeu. Entrando em dissidência em 1908, eles se reúnem em pequenos grupos independentes de cinco ou seis, no máximo, para desenvolver outras atividades: ao trabalho de reflexão, igualmente intenso, acrescentam diversas atividades físicas.

A partir de 1911, sob a liderança de Zvi Steiner, adolescentes que frequentam os ginásios da Galícia polonesa adotam os princípios do escotismo polonês — ele próprio inspirado no escotismo inglês, então muito em voga na Europa. As ativida-

---

2 É o que Yitzhak Kumer fará, o herói do célebre romance de Shmuel Yosef Agnon, *Tmol Shilshom* (Tel Aviv: Schocken, 1946). Em francês: (1996). *Le Chien Balak: Hier et avanthier* (R. Leblanc & A. Zaoui, trad.). Paris: Albin Michel.

des intelectuais e o exercício físico são praticados com o maior respeito pelos ideais de fraternidade e solidariedade, na observância estrita das regras e dos princípios do escotismo. No ano seguinte, esse grupo decide se denominar Ha-Shomer (O Guardião),[3] segundo o nome do grupo de autodefesa criado pelos trabalhadores da segunda onda de imigração em 1909, que evocamos no capítulo anterior.

Eles fazem suas reuniões em plena natureza, longe das cidades, dos lugares tradicionais de ensino e dos meios demasiado intelectuais. Sua língua não é nem o alemão da burguesia liberal dos grandes centros urbanos, nem o iídiche dos judeus religiosos de seus países ou dos *shtétlekh*[4] da Ucrânia. Embora muitas vezes esses idiomas fizessem parte de suas bagagens linguísticas, são falantes maternos do polonês, e são em sua maioria muito profundamente apegados à cultura da Polônia, ao que forjou a história desse país, à sua literatura nacionalista. Leem com paixão as obras dos escritores poloneses no exílio: Adam Mickiewicz, Juliusz Słowacki ou Zygmunt Krasiński, que exaltam em seus romances os valores do país, cultivam a emoção, o misticismo, o heroísmo, a nostalgia, num amor

3 Margalith, E. (1971). *Hashomer Hatzair: From youth community to revolutionary Marxism (1913-1936)* (5a ed.). Tel Aviv: Hakibbutz Hameuchad/Tel Aviv University, p. 34. Sobre a história desse movimento, cf. também a coletânea de artigos publicados por Meir Ya'ari: Zayit, D., & Shamir, J. (Org.) (1992). *Diukanó shel manhíg ke-adám tzayir: Meir Ya'ari, pirkei khayím 1897-1929 [A portrait of the leader as a young man Meir Yaari. 1897-1929]*. Tel Aviv: Sifriát Po'alím, p. 16.

4 Em iídiche: שטעטלעך. No singular, שטעטל (*shtetl*): "povoado/cidadela". O termo designa povoados ou bairros de cidades com uma grande população judia, especialmente na Europa Oriental e na Europa Central, antes do Holocausto [N.T.].

quase extático pela pátria.[5] Esses liceais não concebem outro futuro a não ser emigrar para a Palestina e participar da reedificação de Eretz Israel. Nessa ótica, estudam a história e a geografia da Palestina, cultivam os valores da cultura hebraica, aprofundam o conhecimento do hebraico, que eles todos logo dominarão perfeitamente.

Aos poucos, esses adolescentes do Ha-Shomer também vão se organizando em brigadas (*gdudím*), grupos (*kvutzót*) e células (*kením*), dirigidos e animados por líderes (*madrikhím*), num sistema hierárquico que, para ser reformulado em termos sionistas, se inspira muito nos escotismos britânico e polonês. Quando a Guerra eclode, esse grupo de jovens autodidatas, elitistas e solipsistas, ainda membros do Tze'irei Tzíon, clama que apenas a via da educação da juventude permitirá o acesso ao advento do "novo judeu". É durante o exílio em Viena que esses jovens, que faziam dessa convicção a palavra de ordem de sua ideologia, irão se dividir. Então batizarão o seu movimento — que se tornou completamente independente do Tze'irei Tzíon no decorrer do ano de 1919 — de "Ha-Shomer Ha-Tza'ir" (O Jovem Guardião).[6] E o Ha-Shomer Ha-Tza'ir infestará o mundo inteiro. Na Palestina, fazendo-se mensageiro da obra de Freud, esse movimento se tornará uma das mais importantes formações políticas da esquerda.

---

5 Margalith, E. (1969). Social and intellectual origins of the Hashomer Hatzair youth movement, 1913-20. *Journal of Contemporary History*, *4*(2), p. 39.

6 Margalith, E. (1971). *Hashomer Hatzair: From youth community to revolutionary Marxism (1913-1936)* (5a ed.). Tel Aviv: Hakibbutz Hameuchad/Tel Aviv University, p. 39.

1914-1918: as fontes vienenses da ideologia do Ha-Shomer Ha-Tza'ir

Em setembro 1914, o Exército russo atravessa as montanhas da Galícia Oriental, ocupa a "Pequena Rússia" (atual Ucrânia), avança até a Cracóvia e conquista grande parte da província da Galícia e algumas cidades e vilarejos da província da Bucovina — ele só baterá em retirada no mês de julho de 1917, repelido pelos exércitos austríaco e alemão. Fugindo da invasão russa, 400 mil judeus da Galícia Oriental exilam-se na Morávia, na Boêmia, e sobretudo na capital austríaca. Os dirigentes do Tze'irei Tzíon e os do Ha-Shomer fazem parte dos 175 mil que se refugiam em Viena. Ao passo que, na mais total indiferença da comunidade judia local, vários deles afundam em depressão, angústia e desespero, o encontro com dirigentes de outros movimentos de juventude judeus, austríacos e alemães permite-lhes reaver a esperança e continuar com o seu objetivo. Gustav Wyneken, Martin Buber e Siegfried Bernfeld serão as suas primeiras referências.

Martin Buber traz a força do misticismo judaico e uma fé indestrutível na ressurreição do povo judeu: no espírito do hassidismo — que ele havia reabilitado, ao mesmo tempo que rejeitava radicalmente os aspectos estritamente religiosos —, os cânticos e danças são introduzidos nas práticas escotistas instauradas na Polônia. Buber aviva a convicção de que o povo judeu foi designado para realizar a missão messiânica que, de acordo com o texto bíblico, lhe fora atribuída na época dos profetas.[7] Schopenhauer, Vaihinger, Nietzsche, lidos com o mesmo entusiasmo, confortam esses exilados vienenses em sua doutrina, que conjuga heroísmo, perfeccionismo e triunfalismo.

Por outro lado, eles se iniciam bastante cedo no socialismo com Aaron David Gordon, o principal ideólogo do Ha-Po'el Ha-Tza'ir, refugiado em Viena porque compelido a deixar a Palestina otomana. Leem também os textos de Gustav Landauer, outro dirigente socialista judeo-alemão importante, e os de Marx. Contudo, ainda banhados de espiritualismo bíblico, rejeitam o "materialismo histórico", convencidos de que "a verdadeira revolução do homem deve passar pela revolução individual, por meio da educação da juventude, e não pela militância, o proselitismo político e o assujeitamento das massas". Interessam-se por Karl Krauss, Richard Beer-Hofmann, Arthur Schnitzler, Friedrich Heer, Otto Weininger e Alfred Adler. E descobrem Sigmund Freud,[8] devorando o seu *Totem e tabu* — que irá se tornar uma de suas referências principais.

Eles querem forjar uma geração de novos judeus e, por meio deles, uma humanidade nova. Os empréstimos conceituais — inúmeros, díspares — sempre terão em vista enriquecer o movimento e não afetarão o seu sentimento de pertença.

---

7 Margalith, E. (1971). *Hashomer Hatzair: From youth community to revolutionary Marxism (1913-1936)* (5a ed.). Tel Aviv: Hakibbutz Hameuchad/Tel Aviv University, p. 27.

8 Sobre as referências intelectuais do Ha-Shomer Ha-Tza'ir, cf. o artigo de Elkana Margalith: Margalith, E. (1969). Social and intellectual origins of the Hashomer Hatzair youth movement, 1913-20. *Journal of Contemporary History, 4*(2), pp. 25-46.

Os anos de aprendizagem, a estrita observância de uma disciplina, de preceitos morais, tudo isso criará laços extremamente fortes e duradouros.[9] Aliás, ciosos de suas especificidades e diferenças, não cessarão de ostentar o seu elitismo. Desde a sua chegada à Palestina, serão alvos do riso dos trabalhadores e dirigentes russos do Po'aléi Tzíon e da Akhdút Ha-'Avodá.[10]

Em Eretz Israel, inventarão outros códigos e símbolos, transpondo para a cultura hebraica o que haviam tomado emprestado dos movimentos de juventude europeus; eles continuarão a falar um idioma particular, hebraico com laivos de jargão, como haviam decidido praticar na Galícia desde 1911. A primazia atribuída de imediato à reflexão, à introspecção e à espontaneidade irá levá-los a cultivar a autocrítica.

Gustav Wyneken: a educação livre

Gustav Wyneken faz parte desses grandes dirigentes dos movimentos de juventude alemães que, no início do século XX, defenderam a ideia de que a adolescência, longe de se reduzir a um "período de preparo para a idade e a vida adulta", é um período crucial: é nesse período da vida que o ser humano

---

9 Margalith, E. (1971). *Hashomer Hatzair: From youth community to revolutionary Marxism (1913-1936)* (5a ed.). Tel Aviv: Hakibbutz Hameuchad/Tel Aviv University, p. 47.

10 Margalith, E. (1971). *Hashomer Hatzair: From youth community to revolutionary Marxism (1913-1936)* (5a ed.). Tel Aviv: Hakibbutz Hameuchad/Tel Aviv University, p. 79.

tem acesso ao "despertar do espírito" e à consciência de seu próprio valor. Segundo Shlomo Yitzhaki, Wyneken, provavelmente marcado pela leitura de Hegel, está convencido da "superioridade moral da juventude" e se preocupa em forjar uma nova "cultura da juventude".[11] Wyneken sustenta que o adolescente aspira à sua própria reforma, tanto no plano físico como no espiritual, e à realização de si; que ele "luta pelo aperfeiçoamento e para a elevação do espírito do homem. São os jovens, e somente os jovens, que, libertos dos entraves da sociedade autoritária dos adultos e da família filistina, poderão realizar essa tarefa".[12]

Foi ele quem primeiro inspirou as concepções dos ideólogos e dirigentes do Ha-Shomer Ha-Tza'ir em matéria de educação, em particular para a "educação coletiva no kibutz":[13] eles retomam a sua proposta de "comunidades escolares autônomas livres". Nesse projeto, que ele havia elaborado diante da revolta dos jovens contra o autoritarismo parental, contra os valores da sociedade burguesa e contra a família filistina, Wyneken prega a livre expressão dos jovens, a espontaneidade e uma educação livre. Em Wickersdorf, a escola livre que ele funda em 1906, Gustav Wyneken combate vigorosamente a educação oficial autoritária, herdeira do poder bismarckiano;

---

11 Margalith, E. (1971). *Hashomer Hatzair: From youth community to revolutionary Marxism (1913-1936)* (5a ed.). Tel Aviv: Hakibbutz Hameuchad/Tel Aviv University, p. 47.

12 Wyneken, G. (1913). *Schule und Jugendkultur*. Jena: Dietrich Verlag, citado por Yitzhaki, S. (1976, out.). Al Gustav Wyneken. *Ha-Khinúkh Ha-Meshutáf*, (90), p. 48.

13 Yitzhaki, S. (1976, out.). Al Gustav Wyneken. *Ha-Khinúkh Ha-Meshutáf*, (90), p. 39.

não haverá nem currículo padrão nem instrutores: são profissionais, artesãos, engenheiros de diferentes organizações de ofício que vão instruir os adolescentes, que decidem sozinhos aquilo que desejam estudar.[14]

Wyneken também considera que o "despertar para a espiritualidade" passa por uma relação privilegiada com alguém mais velho: uma criança ou um adolescente precisam se identificar com um líder que eles queiram admirar, do qual queiram se fazer discípulos, cujo caminho queiram seguir fielmente. E essa "relação entre o jovem e o líder constitui o mais alto grau de educação ao qual o ser humano pode ter acesso".[15] As agremiações de juventudes judaicas nascidas na Europa nos anos 1910-1913 tomam para si essa concepção do líder: figura carismática, capaz de ganhar a simpatia de seus discípulos desenvolvendo a autocrítica e a livre discussão.[16] Meir Ya'ari e o Ha-Shomer Ha-Tza'ir neles se inspirarão amplamente para elaborar a sua própria teoria sobre a juventude e a educação.[17] No seio de outros movimentos de juventude sionistas, como Gordonia, na Galícia e na Polônia; ou Blau und Weiss, na Ale-

14 Cf., em particular, Yitzhaki, S. (1976, out.). Al Gustav Wyneken. *Ha-Khinúkh Ha-Meshutáf*, (90), pp. 47-55.

15 Wyneken, G. (1913). *Schule und Jugendkultur*. Jena: Dietrich Verlag, citado por Yitzhaki, S. (1976, out.). Al Gustav Wyneken. *Ha-Khinúkh Ha-Meshutáf*, (90), p. 48.

16 Wyneken, G. (1913). *Schule und Jugendkultur*. Jena: Dietrich Verlag, citado por Yitzhaki, S. (1976, out.). Al Gustav Wyneken. *Ha-Khinúkh Ha-Meshutáf*, (90), p. 48.

17 A propósito dos movimentos de juventude na Alemanha, cf. também Laqueur, W. (1962). *Young Germany: A history of the German youth mouvement*. New York: Basic Books. Em alemão: Laqueur, W. (1978). *Die deutsche Jugendbewegung: Eine historische Studie*. Köln: Verlag Wissenschaft und Politik/Berend von Nottbeck.

manha, não se falará em *Führer*,[18] mas em condutor, líder (*manhíg*) ou guia, acompanhante (*madríkh*).[19]

Foi por causa de sua curta duração que essa influência, bem mais importante do que geralmente se acredita,[20] foi subestimada? É verdade que, a partir de 1918, no congresso de Tarnawa Wyżna, na Polônia, os dirigentes do Ha-Shomer Ha-Tza'ir decidiram romper com Wyneken, que lhes parecia "impregnado demais com um romantismo alemão, demasiado meditativo, versado demais no sentimentalismo e na passividade, e também demasiado experimental", "mórbido" e "solipsista", isto é, totalmente contrário ao heroísmo e ao idealismo que eles queriam promover.

O Pássaro Migrador (Wandervogel)

Do início do século até o fim dos anos 1920, Viena e Berlim foram locais de grande efervescência e de debates animadíssimos acerca do papel da sexualidade e do erotismo na constituição e no funcionamento psíquicos do ser humano. Esses debates conheceram um fulgor extraordinário naquela época. Quer o seu rigor científico tenha sido reconhecido, quer ainda pareçam muitíssimo capciosas, ou mesmo descabidas ou

---

18 Do alemão, "dirigente" [N.T.].

19 Yitzhaki, S. (1976, out.). Al Gustav Wyneken. *Ha-Khinúkh Ha-Meshutáf*, (90), p. 48.

20 Somente no artigo de Schlomo Yitzhaki esse ponto é trazido à tona: Yitzhaki, S. (1976, out.). Al Gustav Wyneken. *Ha-Khinúkh Ha-Meshutáf*, (90), pp. 47-55.

delirantes, as teorias elaboradas durante esses anos exerceram uma influência considerável. O *corpus* ideológico dos movimentos de juventude da Áustria ou da Alemanha compreendia necessariamente um capítulo sexual ou erótico. Sigmund Freud, Krafft-Ebbing, Havelock Ellis, Wilhelm Fliess, Magnus Hirschfeld, August Forel, Otto Weininger, Max Marcuse, Gustav Wyneken, Hans Blüher, Max Hodann, Martin Buber, Lou Andreas-Salomé, Meir Ya'ari e muitos outros fazem parte da longa lista dos que se debruçaram sobre a questão da sexualidade no sentido mais amplo do termo.

A teoria do Eros que o líder de juventudes alemãs Hans Blüher elabora para explanar os mecanismos psicossociológicos em jogo nas comunidades masculinas é retomada por vários outros movimentos de juventude contemporâneos, tanto pelos dirigentes do Ha-Shomer Ha-Tza'ir — com Meir Ya'ari à frente — como pelas juventudes hitleristas. O Wandervogel, com efeito, derivou muito rapidamente de um antissemitismo "banal" a uma ideologia próxima do totalitarismo nazista.

O Wandervogel, movimento de jovens burgueses, pode ser considerado um dos precursores das juventudes nazistas. Muito popular e muito poderoso na Alemanha e nos países germanófonos, foi constituído de ligas, bastante comparáveis a patrulhas de escoteiros, que pregavam a camaradagem, os encontros no campo, longe da cidade e da escola tradicional, as quais constituíam o objeto das suas mais vivas críticas. Inspirando-se no que Wyneken havia aventado sobre a importância de uma relação privilegiada entre um adolescente e um líder, os seus ideólogos fornecem um matiz particular a essa noção: considerado um representante do povo-nação, o *Führer* que cada grupo escolhe para si dispõe de um poder ilimitado e absoluto; os adolescentes lhe obedecem cegamente.[21] Seus dirigentes logo afirmam a superioridade do homem sobre a mulher; depois, a superioridade do povo alemão sobre todos os outros povos, e da raça ariana sobre todas as outras raças. Os judeus, considerados demasiado românticos, demasiado inclinados à intelectualização e excessivamente afeminados, são excluídos, assim como as mulheres.

É em 1904, no Ginásio Steglitz em Berlim, que, não sem perturbar os meios da educação, o Wandervogel é fundado por Karl Fischer, o qual, tão carismático quanto autocrata, torna-se o seu líder. Em 1910, uma cisão dentro do movimento, sem dúvida ligada às suas repetidas tentativas de conciliação com outros movimentos de juventude alemães, constrangem-no a deixar o seu posto para Hans Blüher, então com 18 anos de idade. Blüher coloca em cena um personagem chamado Willie Jansen, proprietário de terras, homossexual, enquanto se desenrola o processo do príncipe de Eulenburg, político e diplomata eminente, membro do governo, julgado por suspeita de homossexualidade. A exclusão de Willie Jansen do movimento, por causa da homofobia cada vez mais virulenta na Alemanha, impele Blüher a se interessar pelos fenômenos ligados à homossexualidade no seio dos grupos de homens.

No primeiro tomo de seu livro, *Die Rolle der Erotik in der männlichen Gesellschaft* [*O papel do erotismo na sociedade*

21 Ver, abaixo, os nossos comentários a propósito de Hans Blüher e do movimento Wandervogel.

masculina],[22] que ele publica em 1917, Blüher interpreta os grandes acontecimentos históricos, como a queda do Império Romano ou o acontecimento do sionismo, à luz de sua teoria do Eros. Eis o seu comentário sobre os judeus: "Com os judeus é o seguinte: eles sofrem de um déficit de aliança masculina, ao mesmo tempo que de uma hipertrofia familiar. São assoberbados pela vida em família e pelo parentesco. Mas, no que concerne aos homens entre si, aplica-se a sentença: *Judaeus Judaeo lupus* [O judeu é o lobo do judeu]".[23]

Erotismo e homossexualidade masculina em Freud e em Blüher

Freud não se enganou: ele reconheceu imediatamente nas teorias de Blüher sobre a homossexualidade os piores bafios sexistas e antissemitas, e delas logo fez uma viva crítica. John Neubauer publicou um comentário muitíssimo interessante da correspondência de Blüher com Freud, conservada na Biblioteca do Congresso, em Washington,[24] e cujo objeto principal é a homossexualidade masculina. Em 1912, pouco depois da publicação do "Caso Schreber" — que coloca em evidência

22 Blüher, H. (1921). *Die Rolle der Erotik in der männlichen Gesellschaft: Eine Theorie der menschlichen Staatsbildung nach Wesen und Wert* (Vol. 1: *Der Typus inversus*; Vol. 2: *Familie und Männerbund*). Eugen Diederichs.

23 É o que se pode ler numa nota de rodapé do seu livro (p. 170).

24 Neubauer, J. (1996, fev.). Sigmund Freud und Hans Blüher in bisher unveröffentlichten Briefen. *Psyche*, *50*(2), 123-148.

o papel de uma homossexualidade recalcada na constituição de um delírio paranoico —,[25] Blüher, que se havia tornado líder do Wandervogel, envia a Freud um artigo que acabara de redigir, por sugestão de Kroeber, "*Niels Lyhne* von J. P. Jakobsen und das Problem der Bisexualität" ["O problema da bissexualidade no romance *Niels Lyhne*, de J. P. Jakobsen"], no qual se reconhecem as teses desse médico higienista e as de Magnus Hirschfeld, o célebre defensor dos direitos dos homossexuais. Freud o publica na *Imago*.[26]

Ali Blüher se atém muito particularmente a um tipo específico de homossexualidade, que ele denomina *Verfolgungstyp*,[27] caracterizada pela projeção, por um homem, nos outros membros masculinos do grupo, das suas próprias tendências homossexuais latentes. Ele privilegia esse processo na medida em que contribui para o reforço da camaradagem e da coesão do "bando de homens". Apresenta-o como uma forma de reação neurótica natural. Seria um mecanismo de defesa, no sentido psicanalítico do termo, mobilizado para evitar o desencadeamento dos sentimentos de perseguição no seio do grupo. Freud parece concordar com Blüher quanto à importância da homossexualidade masculina latente nos grupos de homens — e em toda a sociedade — e quanto à contribuição

25 Freud, S. (1911). Psychoanalytische Bemerkungen über einen autobiographisch beschriebenen Fall von Paranoia (*Dementia paranoides*). *Jahrbuch für psychoanalytische und psychopathologische Forschung*, *3*(1), pp. 9-68.

26 Blüher, H. (1912). *Niels Lyhne* von J. P. Jakobsen und das Problem der Bisexualität. *Imago*, *1*(4), pp. 386-400.

27 Do alemão, "tipo persecutório" [N.T.].

da homossexualidade masculina, na Grécia Antiga, no desenvolvimento da humanidade. Blüher precisa que esse tipo de homossexualidade masculina só se encontra nos homens heroicos, seres "sadios" e "superiores", e seria perpetuado em seu estado original, desde o alvorecer da humanidade.

Freud refuta radicalmente essa demonstração de uma homossexualidade de exceção, que caracterizaria os líderes do Wandervogel. Blüher persistirá defendendo a sua descoberta, e acusará Freud de uma obstinação em não aceitar essa "evidência". Irritado com o tom arrogante de suas cartas, com as posições excludentes que passaria a ostentar abertamente dali em diante,[28] Freud denuncia de forma ainda mais violenta as concepções "psico-higienistas" de Kroeber e a sua propagação por Blüher.

Se os membros do Ha-Shomer Ha-Tza'ir não rejeitam completamente todos os ensinamentos de Blüher e do Wandervogel sobre o erotismo e o papel da homossexualidade masculina no seio do grupo, é nas teorias sexuais de Freud que se apoiam para embasar as suas concepções do funcionamento do grupo e do judeu ideal. Quanto a Blüher, ele irá se tornar, quando da vitória do nazismo, membro do Instituto Göring de Psicoterapia, sendo autorizado a clinicar mesmo sem ser médico — algo excepcional.

---

28 Cf. especialmente: *Die Rolle der Erotik in der männlichen Gesellschaft*, publicado em 1917. Mais tardiamente (1922), na *Secessio Judaica*, ele irá declarar que o pensamento de Freud e a sua psicanálise não passam de um produto da "decadência judia". Cf. Neubauer, J. (1996, fev.). Sigmund Freud und Hans Blüher in bisher unveröffentlichten Briefen. *Psyche*, *50*(2), p. 130, e acima.

Siegfried Bernfeld, um mentor para o Ha-Shomer Ha-Tza'ir

Siegfried Bernfeld trilhou novos caminhos dentro do freudismo no campo da pedagogia da esquerda na Palestina, e contribuiu diretamente para a formação psicanalítica de vários de seus discípulos, que, por sua vez, transmitiram os seus ensinamentos e os de Freud para o campo da educação, da pedagogia e da psicologia infantil.

Nascido em Lemberg, na Galícia, no ano de 1892, numa família judia de negociantes têxteis instalada no subúrbio de Viena, é na Universidade de Viena que Bernfeld estuda pedagogia, psicologia e matemática[29] — disciplinas que, mais tarde, ele considerará à luz da teoria freudiana. Seu nome é associado à história do sionismo e à da educação nova na Palestina e em Israel, ainda que ele nunca tenha ido para lá.

Nos anos de 1920, isto é, justamente na época em que a Palestina começa a descobrir a obra de Freud pela imprensa diária e pela literatura especializada, Grete Obernik e, sobretudo, David Idelsohn contribuem grandemente, junto com seu mentor, para a implantação do freudismo na Palestina.[30] As concepções de Bernfeld sobre educação, e os avanços freudia-

---

29 Paret, P. (1992). Sisyphos und sein Autor: Eine Einführung. In K. Fallend & J. Reichmayr (Org.). *Siegfried Bernfeld oder die Grenzen der Psychoanalyse* (p. 16). Frankfurt am Main: Klostermann, p. 16.

30 Cf. Liebermann, G. (2012/2023). *A psicanálise em Israel: sobre as origens do movimento freudiano na Palestina britânica (1918-1948)* (2a ed., P. S. de Souza Jr., trad.). São Paulo: Annablume.

nos que elas encerram, serão difundidos pelos dirigentes e pedagogos do Ha-Shomer Ha-Tza'ir. Como tantos outros jovens judeus na época, Bernfeld havia sido seduzido por Wyneken, que conhece em 1913. Será um de seus discípulos mais fiéis, e o seu principal representante na Áustria.

Nesse mesmo ano de 1913, com Georges Barbizon (Georg Gretor) — um parisiense de origem húngara então residindo em Berlim — e Walter Benjamin, Siegfried Bernfeld funda a revista *Início* (*Anfang*), periódico que aborda temas relativos à educação, economia e política. Trata-se de difundir suas ideias na Áustria e na Alemanha, e, além disso, influenciar a opinião pública e o curso dos acontecimentos nesses dois países. Bernfeld também se constitui porta-voz de Wyneken. O sucesso dessa revista, proporcional ao entusiasmo de seus fundadores, leva muito rapidamente à criação de um movimento de juventude de mesmo nome. Bernfeld, já reconhecido como um dos dirigentes carismáticos e representativos das juventudes austríacas, também o dirige.[31] Esse movimento constitui um dos melhores recursos para os milhares de jovens na Áustria e na Alemanha quando as hostilidades eclodem em 1914. A revista logo conta com cerca de 3 mil assinantes, que, em sua maioria, militam nos movimentos socialistas da Áustria ou da Alemanha, fazendo parte da vanguarda intelectual desses dois países — e, entre eles, encontram-se representantes do movimento psicanalítico.

---

31 Fallend, K. (1992). Von der Jugendbewegung zur Psychoanalyse. In K. Fallend & J. Reichmayr (Org.). *Siegfried Bernfeld oder die Grenzen der Psychoanalyse* (pp. 48-69). Frankfurt am Main: Klostermann.

Em seguida, tendo se afastado tanto de Wyneken como do Wandervogel, Bernfeld se volta para outros parceiros, entrando em contato especialmente com o Grüner Wandervogel (Wandervogel Verde), um grupo austríaco, dissidente do Wandervogel alemão, que não excluía nem judeus, nem mulheres — a irmã de Bernfeld estava entre os seus dirigentes —, e que defendia a ideia de criar uma "comunidade rural de jovens". Assim, ele faz com que o movimento saia de sua estrutura original, transformando os clubes, "onde os jovens se reuniam unicamente para encontrar uma coesão com suas fantasias e preencher, assim, o que lhes faltava na realidade", em estruturas politizadas, abertas a outras organizações de juventude e estudantis. Essa política de abertura aumenta mais a sua popularidade no seio do movimento e dos movimentos de língua alemã, especialmente das juventudes judaicas e sionistas na Alemanha e na Áustria.

Bernfeld possui todos os elementos necessários para desenvolver sua "utopia sionista": o nacionalismo e o romantismo dos jovens sionistas galicianos refugiados em Viena durante a guerra, a revista e o movimento "Início", o nascimento de concepções pedagógicas novas, e sua leitura de Freud. Encontramos todos esses elementos em *Das jüdische Volk und seine Jugend* [*O povo judeu e sua juventude*], obra publicada em 1919 que rapidamente se torna uma das principais referências dos ideólogos e pedagogos do Ha-Shomer Ha-Tza'ir.

Siegfried Bernfeld e seu encontro com o Ha-Shomer Ha-Tza'ir

Durante a Primeira Guerra Mundial, Bernfeld havia sido um dos raros judeus assimilacionistas a se interessar pelo destino dos militantes dos movimentos de juventude da Galícia, dos quais ele também era originário, e dos militantes dos partidos políticos da Palestina exilados em Viena; também foi um dos únicos a participar de suas assembleias. Os militantes irão se lembrar da maneira como esse eminente intelectual se dirigiu a eles, jovens galicianos, "de igual para igual".[32] Foi graças aos seus laços particulares mantidos com os pioneiros socialistas da Palestina, expulsos do país pelo regime otomano e refugiados em Viena, que os dirigentes do Ha-Shomer haviam conhecido militantes dos movimentos de esquerda da Palestina, do Po'aléi Tzíon e do Akhdút Ha-'Avodá, e estabelecido, como Bernfeld, laços privilegiados com os dirigentes do Ha-Po'el Ha-Tza'ir.

Esses shomrianos são profundamente marcados, então, pelas declarações dos pioneiros socialistas, que não cessam de afirmar que um dia retornarão à Palestina para construir a pátria judia e socialista. Eles ficam fascinados pelo espírito combativo e pela sua determinação; pela exaltação com a qual se engajam no trabalho físico, nas comunidades agrícolas independentes que fundaram no norte da Palestina, já

---

32 Mintz, M. (1995). *Hiblei ha-ne'urím: Ha-Tnu'at ha-shomrít 1911-1921 [Pangs of youth. 'Hashomer Hazair' 1911-1921]*. Yerushaláyim: Hassifria Haziyonit Publishing House of the World Zionist Organization, p. 60.

muitíssimo conhecidas. Contudo, ainda impregnados com o intelectualismo do Tze'irei Tzíon, não estão inteiramente convencidos quanto ao embasamento de uma emigração maciça para a Palestina, como os pioneiros socialistas a promovem.

Bernfeld abre-lhes as portas de outros círculos da sociedade e da cultura ocidental;[33] é também sob o seu impulso que os dirigentes do Ha-Shomer Ha-Tza'ir se empenham em vivas polêmicas com os dirigentes de outros movimentos de juventude judaicos alemães, do Blau und Weiss e do Maccabi em particular, acusando esses liberais de permanecer apegados aos valores da sociedade burguesa da geração mais velha. As relações privilegiadas que Bernfeld instaura com eles revelam-se tão construtivas para eles quanto para ele próprio:[34] é se inspirando em sua ideologia escotista, impregnada de sionismo e de cultura hebraica, que ele instaura no Kinderheim Baumgarten, em agosto de 1919, o uso da língua hebraica, uma hierarquia estrita no seio dos grupos de crianças, códigos de boa conduta, assim como diversos emblemas e signos de reconhecimento.

Com a força de sua experiência com os movimentos de juventude — tendo adquirido uma sólida formação nos campos da pedagogia, da psicologia e da sociologia — e tornando-se

---

33 Hoffer, W. (1965). Siegfried Bernfeld and 'Jerubaal'. *Leo Baeck Year Book, 10*(1), pp. 153-154.

34 A propósito das relações de Bernfeld com os dirigentes do Ha-Shomer Ha-Tza'ir em Viena, cf. Mintz, M. (1995). *Hiblei ha-ne'urím: Ha-Tnu'at ha-shomrít 1911-1921 [Pangs of youth. 'Hashomer Hazair' 1911-1921]*. Yerushaláyim: Hassifria Haziyonit Publishing House of the World Zionist Organization, especialmente os Capítulos III e XIV, pp. 255-259.

sionista no decorrer da Primeira Guerra Mundial — ficando convencido, portanto, do direito do povo judeu a encontrar sua terra ancestral —, Bernfeld abre em Viena, no fim do ano de 1917, as portas do Jüdische Pädagogikum, uma instituição destinada a formar, nos valores da nova cultura hebraica, do socialismo e do sionismo, pedagogos judeus para irem à Palestina aplicar as suas doutrinas educacionais — adaptadas às necessidades de um lar nacional judaico, que, segundo ele, tinha de ser socialista. A partir de 1917, o Jüdische Pädagogikum é frequentado pelos dirigentes do Ha-Shomer Ha-Tza'ir;[35] Elyahu Rappaport, em especial, irá se formar ali. O Pädagogikum tem como "missão 'pioneira'"[36] transformar radicalmente, por meio de um processo educacional, o jovem judeu religioso ou burguês da Diáspora num jovem e valente revolucionário interessado pela edificação da Palestina socialista.[37]

---

35 Reshef, S. (1985). *Kinukh khadash be-Eretz Israel 1915-1929 [Progressive education in Eretz Israel (Palestine) 1915-1929]*. Tel Aviv: Sifriát Po'alím, pp. 135-136. Cf. também: Zayit, D., & Shamir, J. (Org.) (1992). *Diukanó shel manhíg ke-adám tzayir: Meir Ya'ari, pirkei khayím 1897-1929 [A portrait of the leader as a young man. Meir Yaari. 1897-1929]*. Tel Aviv: Sifriát Po'alím, p. 348.

36 Yitzhaki, S. (1977). Al Siegfried Bernfeld. *Ha-Khinúkh Ha-Meshutáf*, (94), pp. 56-57.

37 "O Paedagogium [Pädagogikum] em Viena foi uma das experiências mais interessantes e completamente novas que teve como objeto a formação dos professores modernos para as disciplinas judaicas, que combinariam um conhecimento profundo do judaísmo em todos os seus aspectos com uma abordagem moderna, inspirada na abordagem bernfeldiana da educação e da juventude em geral. Foi a ideia original de Siegfried Bernfeld, que, neste assunto como em outros, colaborou de perto com homens como Abraham Sonne e Adolf Böhm". Hoffer, W. (1965). Siegfried Bernfeld and 'Jerubaal'. *Leo Baeck Year Book*, *10*(1), p. 158.

Depois da declaração de Lord Balfour, esse projeto só pode encontrar um enorme sucesso junto às juventudes sionistas e socialistas refugiadas em Viena, mas também junto aos intelectuais sionistas da Europa Central e Oriental, prontos para partir para a Palestina a fim de participar da construção do lar nacional judaico. Convencido da necessidade de educar as crianças judias refugiadas nos valores da cultura hebraica e do socialismo, Bernfeld considera ser preciso, em primeiro lugar, oferecer aos pedagogos uma formação adaptada. Ali, ele próprio leciona psicologia da criança e do adolescente. Theodor Reik, outro discípulo de Freud, mantém um ciclo de conferências intitulado "Aprender com os povos primitivos".[38] Grete Obernik, principal assistente de Bernfeld,[39] se encarrega do ensino de hebraico.[40] Também participarão do currículo do Jüdische Pädagogikum intelectuais sionistas de toda parte: o professor de pedagogia Edmond Jerusalem, filho do célebre psicólogo; Martin Buber; Richard Beer-Hofmann; Robert Weltsch; Abraham Schwadron; Georges Halpern; Markus Reiner, e muitos outros, próximos do Ha-Po'el Ha-Tza'ir, ministram conferências e mantêm seminários.[41]

---

38 The YIVO Institute for Jewish Research, Acervo Bernfeld, série 4/25/152965.

39 Hoffer, W. (1965). Siegfried Bernfeld and 'Jerubaal'. *Leo Baeck Year Book*, *10*(1), p. 158.

40 The YIVO Institute for Jewish Research, Acervo Bernfeld, série 4/22/153003.

41 Para mais informações, cf. os Arquivos do The YIVO Institute for Jewish Research, em Nova York: Acervo Bernfeld, séries 4/22/153003, 4/22/15296 e 6/22/155942.

O povo judeu e sua juventude

Escrito durante a Guerra, *Das jüdische Volk und seine Jugend* [*O povo judeu e sua juventude*][42] se torna uma das principais referências dos líderes do Ha-Shomer Ha-Tza'ir na concepção dos seus kibutzim na Palestina. Mais uma vez, foi Bernfeld quem fez com que eles descobrissem a psicanálise. Bernfeld expõe ali sua "utopia sionista" e suas novas concepções para um sistema educacional na nova Palestina, judia e socialista. "A juventude judia deve se preparar para deixar a Europa a fim de ganhar a Palestina, onde se erguerá, em Tzíon, [...] uma sociedade 'pioneira'", uma sociedade fundada nos valores coletivos. A chegada dos britânicos na Palestina ao final do ano de 1917 não terá — ao menos num primeiro momento — os efeitos esperados por Bernfeld e pelos sionistas de esquerda. Ele propunha, para instituir e organizar a nova sociedade socialista na Palestina, um programa muito completo: em toda cidade de tamanho médio, casas de repouso adaptadas acolheriam as mulheres que o desejassem, a partir do quinto mês de gravidez e depois do parto. Desde a mais tenra infância, as crianças cresceriam numa "sociedade autônoma", na zona rural, em meio a paisagens verdejantes, jardins, árvores frutíferas, flores, cercadas por animais. Elas disporiam de quadras para jogo, salão de festas, sala de música e biblioteca. Na

42 Bernfeld, S. (1919). *Das jüdische Volk und seine Jugend.* Wien-Berlin-Leipzig: R. Löwit. O texto será publicado em hebraico trinta anos depois: Bernfeld, S. (1948). *Ha'am ve-ha-nóar* (Z. Sohar, posf.; E. Kornfeld, trad.). Palestina: Sifriát Po'alím/Shbilei Ha-Khinúkh.

sociedade pioneira, as crianças e os adolescentes gozariam de uma "educação livre", que lhes permitiria escolher os seus estudos e decidir sua duração. A eles seria proposto estudar as mais diversas disciplinas: história, geografia, folclore, mineralogia, biologia, cultura judia. Para estabelecer currículos sob medida, institutos de pesquisa em ciências da educação, livres e independentes, seriam fundados e geridos por "pedólogos", especialistas em "pedologia", isto é, em pedagogia e em psicologia infantil.

Bernfeld não cessa de se referir aos grandes pedagogos de seu tempo: Gustav Wyneken, mas também Maria Montessori, Berthold Otto, Stanley Hall,[43] a quem dedica *Das jüdische Volk und seine Jugend*. Ele também enfatiza a psicanálise, escrevendo já nas primeiras páginas:

> A pedagogia está longe de poder compreender e explicar os comportamentos e os problemas trazidos pelas crianças "desviantes", "débeis" ou "preguiçosas". Em resumo, por todas essas crianças que não têm lugar na sociedade, e a respeito das quais diferentes estudos mostram que, em sua maioria, sofrem de problemas afetivos que podem ser tratados por um método psicológico específico: o de um cientista judeu, Sigmund Freud. Graças aos seus escritos, ele ficou célebre mundo afora e obteve o reconhecimento da comunidade internacional, e isso justo no momento em que a so-

43 Bernfeld, S. (1919). *Das jüdische Volk und seine Jugend*. Wien-Berlin-Leipzig: R. Löwit, p. 7. Cf. também: Hoffer, W. (1965). Siegfried Bernfeld and 'Jerubaal'. *Leo Baeck Year Book*, *10*(1), pp. 160-161.

> ciedade coletiva em Eretz Israel atravessa um período crucial e decisivo para o seu futuro. As suas descobertas são objeto de nossa admiração. Seu método amadureceu com o tempo. Ele carrega amor e humanidade, é por isso que a pedagogia vê nele um recurso privilegiado. A psicanálise permite diagnosticar perturbações do espírito bem precisas. Por conseguinte, todo educador que trabalha com crianças deve conhecer bem esse método e bem dominá-lo: ela permite que a criança se beneficie de um tratamento psicológico adequado.[44]

Grete Obernik, David Idelsohn, Yehuda Ron-Polani, Shmuel Golan e Zvi Sohar: todos os pedagogos da esquerda sionista na Palestina chegarão à psicanálise graças a Siegfried Bernfeld. E muitos outros, sem serem adeptos nem de um sistema educacional como esse, nem de um sionismo de esquerda, serão sensíveis às concepções propagadas por Bernfeld.

O Kinderheim Baumgarten e a psicanálise na educação coletiva

Pouco depois da publicação de *Das jüdische Volk und seine Jugend*, Bernfeld coloca em ação as suas concepções de educação coletiva. Ele inaugura, assim, o Kinderheim Baumgarten na cidade de Viena. Essa instituição é destinada a acolher crianças judias órfãs de guerra. É a primeira experiência de

---

44 Bernfeld, S. (1948). *Ha'am ve-ha-nóar* (Z. Sohar, posf.; E. Kornfeld, trad.). Palestina: Sifriát Po'alím/Shbilei Ha-Khinúkh, p. 102.

educação coletiva em que a psicanálise tem um apelo maior, e é ela que vai, essencialmente, servir de modelo e inspirar os pedagogos do Ha-Shomer Ha-Tza'ir — especialmente por meio do sistema de educação imaginado na Sociedade das Crianças, no kibutz Beit Alfa.[45]

O pessoal que trabalha ao lado de Bernfeld no Baumgarten é essencialmente composto de pedagogos formados no Jüdische Pädagogikum. Grete Obernik, em particular, ali atua — por pouco tempo, já que logo irá emigrar para a Palestina. Membros do Ha-Shomer Ha-Tza'ir também participam dessa experiência, assim como Willi Hoffer, um militante do movimento de juventudes judaicas liberais Blau und Weiss, na Tchecoslováquia, e um dos principais colaboradores de Bernfeld — interessando-se, como ele, pela educação nova na Palestina e pela psicanálise —, ele fundará uma revista pedagógica em língua hebraica com David Idelsohn e Yehuda Ron-Polani, e será uma das grandes figuras do mundo psicanalítico.

No antigo hospital militar desativado de Viena, Bernfeld viabiliza dormitórios para as crianças, uma cozinha, um refeitório, salas reservadas para leitura, quadras para esporte, ou ainda salões para debates.[46] Ele procura, antes de tudo, que as crianças possam adquirir certa autonomia. Propõe, mesmo às menores, que participem da elaboração do programa de ensino, escolham as matérias que desejam estudar, partici-

---

45 Bernfeld, S. (1948). *Ha'am ve-ha-nó'ar* (Z. Sohar, posf.; E. Kornfeld, trad.). Palestina: Sifriát Po'alím/Shbilei Ha-Khinúkh, p. 134.

46 Koch, A. (1974). *Siegfried Bernfelds Kinderheim Baumgarten: Voraussetzungen jüdischer Erziehung um 1920* [Tese de doutorado em filosofia, Universidade de Hamburgo], p. 125.

pem da organização das atividades da instituição e das tarefas cotidianas (gestão da cozinha, limpeza dos espaços, uso do dinheiro, organização das atividades de lazer), e contribuam para a manutenção da ordem. Quer nas atividades escolares ou na vida cotidiana, no seio da instituição ou fora dela, as crianças estão sempre acompanhadas por pedagogos devidamente formados — modelos de identificação para as crianças, e não representantes de uma autoridade à qual elas devem se submeter incondicionalmente.[47]

A questão da língua era tanto crucial quanto complicada, e Bernfeld lhe atribui uma atenção totalmente particular.[48] As crianças polonesas, por exemplo, recusando-se a falar o polonês — que consideravam ser a língua dos pogromistas —, falavam iídiche, a língua de seus pais,[49] por sua vez, o iídiche era considerado por Bernfeld e pelos militantes sionistas de esquerda — principalmente pelos membros do Ha-Shomer Ha--Tza'ir — a língua do gueto. O hebraico será a "língua oficial" do Baumgarten: fala-se hebraico com as crianças e o estudo da língua hebraica ocupa um lugar importante no ensino e na vida cotidiana da instituição. De igual maneira, celebram-se

---

47 Yitzhaki, S. (1977). Al Siegfried Bernfeld. *Ha-Khinúkh Ha-Meshutáf*, (94), 56.

48 Cf. Bernfeld, S. (1922/2011). Über Geheimsprachen und Geheimschriften bei Kindern und Jugendlichen [Línguas e códigos secretos entre crianças e adolescentes]; Die Sprachentwicklung der jiddischen und hebraïschen Kinder [O desenvolvimento da língua entre crianças iídiches e hebraicas]. In U. Herrmann (Org.). *Jugendbewegung – Jugendforschung* (*Werke*, Vol. 2, pp. 460-461, 466-468). Gießen: Psychosozial-Verlag.

49 Koch, A. (1974). *Siegfried Bernfelds Kinderheim Baumgarten: Voraussetzungen jüdischer Erziehung um 1920* [Tese de doutorado em filosofia, Universidade de Hamburgo], p. 173.

ali as festas judaicas, numa atmosfera entusiasmada e calorosa, e evocam-se com frequência a Palestina, sua geografia, sua história e os tempos imemoriais em que o povo judeu habitava aquela terra. Ensina-se às crianças o amor aos símbolos e emblemas, tomado emprestado por Bernfeld do movimento Ha-Shomer Ha-Tza'ir. Em resumo, a vida cotidiana e o futuro dos jovens residentes do Baumgarten voltam-se para uma única direção: a Palestina.

Tendo conhecido a guerra, os pogroms e o mais completo abandono antes de chegarem ao Baumgarten, a maioria dessas crianças sofre de sérias perturbações psicológicas e gravíssimas dificuldades de adaptação à vida em sociedade. O que interessa a Bernfeld não é tanto "educar" essas crianças, no sentido tradicional do termo, ou "normalizá-las", quanto compreender os processos inconscientes que determinam os seus comportamentos patológicos e associais, e poder assim propor a elas uma via que lhes permita viver com os outros em sociedade. Como escreverá Shlomo Yitzhaki, um pedagogo do Ha-Shomer Ha-Tza'ir que irá se formar em psicanálise no Instituto de Jerusalém nos anos de 1940,

> a preocupação de Bernfeld não era tanto ensinar, mas trabalhar com a criança para o desabrochamento de seu Eu, e para lutar contra as tendências inconscientes que levam a criança à regressão. Segundo Bernfeld, o verdadeiro educador é aquele que acompanha a criança na descoberta de seu inconsciente.[50]

---

50 Yitzhaki, S. (1977). Al Siegfried Bernfeld. *Ha-Khinúkh Ha-Meshutáf*, (94), p. 57.

Esse texto, hoje esquecido, foi por muito tempo uma das principais referências em matéria de psicologia e pedagogia das crianças órfãs. Essa (primeira) tentativa de explicar, à luz da teoria psicanalítica, uma experiência de educação coletiva constituirá a base dos projetos educacionais dos pedagogos da esquerda na Palestina, e especialmente os do Ha-Shomer Ha-Tza'ir nos kibutzim, onde as crianças crescerão longe dos pais. Um pedagogo que venha a ter conhecimento das concepções pedagógicas de Bernfeld, que leia o seu texto sobre o Kinderheim Baumgarten, não poderá de forma alguma ignorar a importância da psicanálise no campo da educação.[51] O fechamento da instituição, em abril de 1920, não os impedirá em nada de dar continuidade, com Bernfeld,[52] a um trabalho de teorização dessa primeira experiência de educação coletiva.

A partir de 1930, os seminários psicanalíticos para a formação de pedagogos organizados por Bernfeld no Instituto Psicanalítico de Berlim dirigem-se especificamente àqueles que têm o encargo de efetuar a educação coletiva nos kibutzim; e sejam quais forem as lacunas que não vão cessar de se

---

51 "Teríamos ficado totalmente no escuro, portanto, caso *não tivéssemos tido um guia em psicologia freudiana* — a única a tratar séria e empiricamente a doutrina da pulsão e dos afetos — que ao menos nos fornecesse lampejos aqui e acolá [...]. Extraídos de realidades bem diferentes, os ensinamentos da psicanálise se provaram tão maravilhosos perante os fatos que nos foram confrontados, que até mesmo os céticos ou opositores entre nós chegaram a um entendimento irrefutável: *nenhuma educação nova é possível sem que se construa sobre os alicerces da psicologia freudiana*". Bernfeld, S. (1921). *Kinderheim Baumgarten: Bericht über einen ernsthaften Versuch mit neuer Erziehung*. Jüdischer Verlag, p. 73, grifo meu.

52 Bernfeld, S. (Org.). (1922). *Vom Gemeinschaftsleben der Jugend. Beiträge zur Jugendforschung*. Internationaler Psychoanalytischer Verlag.

abrir entre o psicanalista e um determinado número desses pedagogos shomrianos,[53] ele vai continuar sendo uma das principais referências dos pedagogos socialistas da Palestina, especialmente do Ha-Shomer Ha-Tza'ir.

A publicação de *Sisyphos oder die Grenzen der Erziehung* [*Sísifo ou os limites da educação*],[54] em 1925, afasta de Bernfeld um determinado número de pedagogos dirigentes do Ha-Shomer Ha-Tza'ir: ali ele denuncia as suas ilusões pedagógicas de juventude, bem como a crença de que uma educação específica e uma pedagogia particular poderiam fazer advir um ser novo. Essas posições lhes parecem ainda mais inaceitáveis porque a educação dos jovens é a ponta de lança do seu aparelho ideológico e porque, naqueles meados de 1920, os pedagogos do movimento já rumam para o marxismo. Meir Ya'ari irá se tornar o porta-voz deles, acusando Bernfeld de partilhar do pessimismo de Freud quanto à possibilidade de transformar o ser humano. Outros, contudo — que, como Shmuel Golan e Zvi Sohar, serão os maiores defensores de Bernfeld no seio do movimento —, continuarão a se inspirar nele para construir o edifício ideológico do Ha-Shomer Ha-Tza'ir; e por muito tempo os textos de Bernfeld, traduzidos para o hebraico, farão parte do *corpus* estudado — com os de Freud, Paul Federn, Heinrich Meng, Moshe Wulff, Otto Fenichel e outros psica-

---

53 Mintz, M. (1995). *Hiblei ha-ne'urím: Ha-Tnu'at ha-shomrít 1911-1921 [Pangs of youth. 'Hashomer Hazair' 1911-1921]*. Yerushaláyim: Hassifria Haziyonit Publishing House of the World Zionist Organization, pp. 55-60, 255-259.

54 Bernfeld, S. (1925). *Sisyphos oder die Grenzen der Erziehung*, Internayionaler Psychoanalytischer Verlag; Bernfeld, S. (1975). *Sisyphe ou les limites de l'éducation*. Paris: Payot.

nalistas de esquerda. De sua parte, Bernfeld, que não adere à doutrina oficial do marxismo pregada pelos pedagogos do Ha-Shomer Ha-Tza'ir, não aprova o autoritarismo, a rigidez desse novo sistema educacional.[55]

Meir Ya'ari: um dirigente do Ha-Shomer Ha-Tza'ir, da psicanálise ao marxismo revolucionário

Antes de, nos anos 1920, renegar toda influência freudiana ao se juntar ao campo marxista depois do fracasso da primeira experiência "comunitária" em Betânia — da qual havia sido um dos principais artífices —, Meir Ya'ari, o principal dirigente do movimento, testemunhou o entusiasmo com o qual os membros do Ha-Shomer Ha-Tza'ir descobriram os textos de Freud em Viena. Ele próprio escreverá ter "bebido da fonte da psicanálise".[56] Seu encontro com essa disciplina data da época em que fazia seus estudos em Viena; foi nos corredores dessa universidade, ele próprio declara, que ouviu falar pela primeira vez de Freud e de sua obra.[57] Na verdade, para lê-lo

---

55 Hoffer, W. (1965). Siegfried Bernfeld and 'Jerubaal'. *Leo Baeck Year Book*, *10*(1), p. 151.

56 Ya'ari, M. (1972). *Be-ma'avák le-'amál meshukhrár* [Na luta pela libertação do trabalhador]. 'Am 'Oved-Tarbút Ve-khinúkh, p. 348.

57 Ya'ari, M. (1972). *Be-ma'avák le-'amál meshukhrár* [Na luta pela libertação do trabalhador]. 'Am 'Oved-Tarbút Ve-khinúkh, p. 351. Um documento oficial, avalizado em vida por Ya'ari, confirma a sua participação nos cursos ministrados por Freud na Universidade "Meir Ya'ari". Cornfeld, P. (Org.) (1947). *Palestine personalia*. Tel Aviv: Sefer Press, p. 283.

bem, quando se refere à psicanálise, é sempre por meio de Bernfeld — que ele conheceu pessoalmente ao frequentar a *intelligentsia* judaica no final da guerra, em Viena.

Meir Wald nasceu em 24 de abril de 1897 em Rzeszów, uma cidadezinha da Galícia polonesa, numa família judia de tradição hassídica.[58] Esse detalhe tem toda a importância: iniciado pelo rabino Baal Shem Tov, esse movimento religioso judaico, nascido na Ucrânia por volta de 1750, se propõe, desafiando as tradições intelectualistas e elitistas do estudo talmúdico, a reabilitar a devoção espontânea e leda do ignorante, colocando assim todos os crentes em pé de igualdade. O hassidismo — que se dissemina muito rápido na Ucrânia, na Galícia, na Europa Oriental e em Nova York — prega a exaltação, até mesmo o êxtase, nas celebrações rituais, e também santifica todo ímpeto vital, nem que seja o mais trivial: a dança, os cantos, ainda que não litúrgicos, acabam por adquirir uma importância muito grande.

Wald ficou muito tempo marcado por um acontecimento dramático que ocorreu em sua infância: a morte repentina de sua avó, uma senhora autoritária com quem ele dividia a cama, mergulha o pequeno Meir num estado de choque. Os estados alucinatórios e os desmaios que então o assolam só são curados por um rabino, que pratica "um método de sugestionamento comparável à hipnose e à psicanálise". Em Viena, para onde a guerra o levou, esse militante do Tze'irei Tzíon e do Yardenia — uma associação de estudantes sionistas ativa

58 Cf. Hassidisme moderne & contemporain. (1990). *Encyclopædia Universalis*. Paris, Thesaurus, Index D-L, p. 1574.

na Galícia polonesa —, membro do Ha-Shomer, assume a responsabilidade pela célula local do movimento. Contudo, ele terá pouquíssima oportunidade de participar dos encontros organizados pelo Tze'irei Tzíon e pelo Ha-Shomer: voluntaria-se ao Exército austríaco para combater na linha de frente russa e nos Bálcãs. Desmobilizado em 1917, volta à capital vienense, e assume, entre outros, a direção da célula Águia (*Néshér*), na qual já militam duas outras personalidades do Ha-Shomer: David Horowitz e Zvi Sohar. Ele cursa agronomia na Universidade enquanto trabalha na indústria armamentícia de Wollersdorf, a uns cinquenta quilômetros da cidade. Fica indignado com o que tem de passar, assim como com a moral — decadente, a seu ver — dos jovens operários:

> Ali eu aprendi o que é a vida de proletário. Tive de trabalhar diante de uma máquina e tive de suar muito a camisa por um salário verdadeiramente derrisório. Foi a primeira vez na minha vida que vi de perto aquilo que só pode se qualificar como laxismo nas relações entre as moças e os rapazes. Mas, sendo um *shomer*, não me deixei apanhar.[59]

Dizeres estranhos, vindos de um dirigente do Ha-Shomer Ha-Tza'ir: bem longe de uma abordagem que prega a revolução sexual, Meir Ya'ari, a exemplo de Ya'akob Hazan, irá se manifestar como guardião de uma moral draconiana. Os exemplos

59 Zayit, D., & Shamir, J. (Org.) (1992). *Diukanó shel manhíg ke-adám tzayir. Meir Ya'ari, pirkei khayím 1897-1929 [A portrait of the leader as a young man Meir Yaari. 1897-1929]*. Tel Aviv: Sifriát Po'alím, p. 31.

abundam. Assim, quando a Akhdút Ha-'Avodá o convida para o baile organizado por ela, pouco depois da chegada dele à Palestina, ele escreverá à direção do Ha-Shomer Ha-Tza'ir: "Os desejos exalam com o suor [...] a dança pode ser um *Ersatz* [substituto] para o amor frustrado, para a masturbação [...] ó, quanto masoquismo há por aqui...",[60] manifestando de novo horror e desgosto diante da euforia e do prazer dos trabalhadores. Ele fará da abstinência uma das regras do movimento, cuja observância devia facilitar o acesso dos adolescentes ao "tipo Ha-Shomer", muitíssimo semelhante ao "super-homem" nietzschiano ou ao "homem heroico" do Wandervogel.

Do movimento de juventudes alemãs Wandervogel, Ya'ari e seus camaradas reterão sobretudo a emancipação dos jovens, a recusa à autoridade parental. Decidirão, nesta linha, recusar toda e qualquer participação em um movimento político, seja ele qual for.[61] E também não seguirão Blüher em sua exaltação dos líderes e do autoritarismo: excluindo toda referência a uma obediência absoluta, a uma submissão incondicional, os shomrianos não podiam sequer considerar um "guia", um "líder". O conceito de *madríkh*, que eles irão forjar, será muitíssimo diferente: um "acompanhante", encarregado de guiá-lo,

---

60 Carta de Meir Ya'ari endereçada à direção do Ha-Shomer Ha-Tza'ir, na Polônia, destinada à Diáspora. Ya'ari, M. (1992). Mikhtav mi-Beytania la-Gola, 1920. In D. Zayit & J. Shamir (Org.). *Diukanó shel manhíg ke-adám tzayir: Meir Ya'ari, pirkei khayím 1897-1929 [A portrait of the leader as a young man: Meir Yaari. 1897-1929]*. Tel Aviv: Sifriát Po'alím, p. 74.

61 Margalith, E. (1971). *Hashomer Hatzair: From youth community to revolutionary Marxism (1913-1936)* (5a ed.). Tel Aviv: Hakibbutz Hameuchad/Tel Aviv University, pp. 39-40.

de auxiliá-lo a se desenvolver, servirá ao jovem adolescente simultaneamente como modelo, confessor e mestre.[62]

Contudo, contrariamente a Bernfeld, que rejeitava as teorias "sem visão nem futuro" do Wandervogel,[63] Ya'ari foi seduzido por alguns elementos da teoria do Eros de Hans Blüher, e neles se inspirou fortemente para elaborar o seu "tipo Ha-Shomer": judeu aristocrata, de uma virilidade inegável, dotado de uma força tanto física quanto espiritual e moral. E será preciso esperar o início dos anos 1950[64] para que essa concepção seja denunciada, por Shmuel Golan, como uma fantasia fadada ao fracasso. O que animava Ya'ari nessa tentativa — e sem dúvida havia seduzido os seus colegas — era a esperança de promover um judeu heroico bem diferente daquele da Diáspora.

Foram as formulações de Blüher que lhe haviam parecido as mais pertinentes para pensar um Eros e uma erótica especificamente judaicos. Nem o Eros de Wyneken,[65] demasiado romântico, nem a concepção de amor de Buber, demasiado mística, lhe ofereciam um meio poderoso o suficiente para combater a imagem do judeu religioso, do judeu burguês as-

---

62 Margalith, E. (1971). *Hashomer Hatzair: From youth community to revolutionary Marxism (1913-1936)* (5a ed.). Tel Aviv: Hakibbutz Hameuchad/Tel Aviv University, p. 40.

63 M. Mintz. (1995). *Hiblei ha-ne'urím: Ha-Tnu'at ha-shomrít 1911-1921 [Pangs of youth: 'Hashomer Hazair' 1911-1921]*. Yerushaláyim: Hassifria Haziyonit Publishing House of the World Zionist Organization, p. 76.

64 Golan, S. (n.d.). Psykhologuia shel kibutz [Psicologia do kibutz]. A.K.M.H. (Arquivos do Kibutz Mishmar Ha-Émek), G/2 novembro.

65 Wyneken, G. (1921). *Eros*. Lauenberg: Adolf Saal.

similacionista; é nas glorificações de Blüher, e em sua defesa do paganismo, que, paradoxalmente, ele irá encontrar por onde oferecer aos judeus uma nova imagem. Assim, escreve em 1919: "Nós, judeus, destruímos a cultura da maneira mais bárbara; impusemos ao mundo uma fé e princípios sobre cuja lista não nos deteremos aqui. Chegará o dia em que, em Eretz Israel, um outro judeu virá ao mundo: o judeu pagão". Ele irá se defender de ter ignorado, dissimulado ou minimizado o que as teorias de Blüher sobre o Eros escondiam de racismo, de sexismo e de antissemitismo:

> Os clássicos da filosofia alemã, de Kant a Schopenhauer, os textos antifeministas em voga: os de Weininger e os de Blüher. Ainda que permanecesse algo latente, Blüher já deixava aparecer em sua escrita a teoria de Nietzsche, e aquela que formará o substrato ideológico da Alemanha hitleriana — mas contra a sua influência, contra esses espíritos ruins, nós estávamos suficientemente vacinados, por nosso profundo enraizamento nos valores do judaísmo.[66]

Antes mesmo de partir para a Palestina e para a Alta Betânia, Ya'ari formula um projeto claro: forjar, um "tipo Ha-Shomer" ideal, com um Eros especificamente judaico,[67] em oposição aos homens heroicos do Wandervogel, um "povo de

---

66 Mintz, M. (1995). *Hiblei ha-ne'urím: Ha-Tnu'at ha-shomrít 1911-1921* [Pangs of youth: 'Hashomer Hazair' 1911-1921]. Yerushaláyim: Hassifria Haziyonit Publishing House of the World Zionist Organization, anexos, p. 394, nota 3.

67 Mintz, M. (1995). *Hiblei ha-ne'urím: Ha-Tnu'at ha-shomrít 1911-1921 [Pangs*

grandes sacerdotes". Numa carta que ele endereça — no outono de 1919, antes de sua partida para a Palestina — à direção do Ha-Shomer Ha-Tza'ir,[68] implantada em Lwów (Lemberg), ele esclarece que fixou para si, como principal objetivo, fazer ressurgir a "espontaneidade erótica específica dos judeus", herdada dos tempos bíblicos, da época do Cântico dos Cânticos, dos juízes e dos profetas, e que todo shomer pode encontrar em si.

O Ha-Shomer Ha-Tza'ir na Palestina: Betânia

A Revolução de Outubro e a Declaração Balfour, no outono de 1917, não haviam deixado os membros do Ha-Shomer Ha--Tza'ir indiferentes; contudo, ainda que tivessem suscitado grandes esperanças no movimento, esses acontecimentos não convenceram os seus dirigentes a sinalizar uma debandada em massa para Eretz Israel. A retirada das tropas czaristas em julho de 1917 e o fim da guerra anunciam o retorno da maioria dos shomrianos para as suas cidades de origem; aqueles que haviam participado do caldeirão vienense multiplicam as células do Ha-Shomer a fim de criar novos feudos. As ideias novas que eles relatam suscitam bastante entusiasmo nos jovens judeus galicianos, especialmente da Polônia, ávidos

of youth: 'Hashomer Hazair' 1911-1921]. Yerushaláyim: Hassifria Haziyonit Publishing House of the World Zionist Organization, p. 245.

68 Essa carta, enviada entre agosto e novembro, segundo Matityahu Mintz, será publicada no jornal polonês *Haszomer* alguns anos depois (n. 1, 1923, pp. 5-6).

por independência. Os massacres perpetrados na Polônia e na Ucrânia, após a proclamação de uma República Polonesa independente e a queda da República Ucraniana, os convencem da necessidade e da urgência de edificar uma pátria para o povo judeu na Palestina, fazendo com que decidam partir para a Palestina e se instalar na Alta Galileia.[69]

Em 1918, no Congresso de Tarnawa Wyżna, na Polônia, a ruptura do Ha-Shomer com o Tze'irei Tzíon é ratificada. A partir de 1919, o movimento ganha um novo nome: Ha-Shomer Ha-Tza'ir (O Jovem Guardião). É no congresso de abril de 1920, em Lwów, que a direção do Ha-Shomer Ha-Tza'ir, encabeçada por Meir Ya'ari, exorta os membros do movimento a irem encontrar na Palestina os dirigentes que já se haviam instalado lá; bem como a participar, ao lado deles, da fundação de um "assentamento shomriano" na Palestina.[70]

Assim, de 1920 a 1923, várias centenas de militantes do Ha-Shomer Ha-Tza'ir imigram para Eretz Israel, formando o grosso da terceira onda de imigração (1919-1924). Esses militantes do Ha-Shomer Ha-Tza'ir, tanto jovens — a maioria, quando muito, por volta dos seus vinte anos — como entusiastas, desembarcam com a firme convicção de que vão poder concretizar o seu projeto, elaborado em grande parte por um Meir Ya'ari que era pouco mais velho que eles.

---

69 Para mais informações, cf. Mintz, M. (1995). *Hiblei ha-ne'urím: Ha-Tnu'at ha-shomrít 1911-1921 [Pangs of youth: 'Hashomer Hazair' 1911-1921]*. Yerushaláyim: Hassifria Haziyonit Publishing House of the World Zionist Organization, p. 108.

70 Mintz, M. (1995). *Hiblei ha-ne'urím: Ha-Tnu'at ha-shomrít 1911-1921 [Pangs of youth: 'Hashomer Hazair' 1911-1921]*. Yerushaláyim: Hassifria Haziyonit Publishing House of the World Zionist Organization, p. 197.

Em seu conjunto, os imigrados da segunda onda que militavam nos outros grupos da esquerda sionista — isto é, uma boa parcela da população da Palestina — abdicam dos seus postos: eles acusam os shomrianos de praticar um "romantismo desviado" e de se entregar a "práticas misteriosas e obscurantistas".[71] O dirigente socialista Berl Katznelson[72] irá apelidá-los de "combatentes do 'Exército do Messias'"; os trabalhadores russos do Akhdút Ha-'Avodá e do Po'aléi Tzíon vão querer "tirar de suas cabeças Nietzsche, Buber e toda essa intelectualização galiciana".[73] A partir de abril de 1920, contudo, os pioneiros são confortados pela chegada de um pequeno grupo de camaradas de seu movimento — 21 rapazes e quatro moças —, dentre os quais Shmuel Golan, Elyahu Rappaport, David Horowitz, Aryeh Allweil e outros antigos membros da célula (*ken*) de Viena, que irão se tornar figuras importantes do Ha-Shomer Ha-Tza'ir da Palestina. David Iermanovicht, que havia comprado terras em nome da Jewish Colonisation Assotiation (ICA), na colina de Betânia, a sudoeste do lago de Tiberíades — o mar da Galileia —, ali os recebe: ajuda-os a estabelecer um primeiro acampamento e contrata a maio-

---

71 Margalith, E. (1971). *Hashomer Hatzair: From youth community to revolutionary Marxism (1913-1936)* (5a ed.). Tel Aviv: Hakibbutz Hameuchad/Tel Aviv University, p. 100.

72 Margalith, E. (1971). *Hashomer Hatzair: From youth community to revolutionary Marxism (1913-1936)* (5a ed.). Tel Aviv: Hakibbutz Hameuchad/Tel Aviv University, p. 79.

73 Zayit, D., & Shamir, J. (Org.). (1992). *Diukanó shel manhíg ke-adám tzayir: Meir Ya'ari, pirkei khayím 1897-1929 [A portrait of the leader as a young man: Meir Yaari. 1897-1929]*. Tel Aviv: Sifriát Po'alím, p. 51.

ria deles para plantar oliveiras.[74] Dia após dia, outros descerão para trabalhar na construção da estrada que devia ligar Geddah a Haifa. É numa atmosfera carregada de romantismo e de um sentimentalismo totalmente místico, ou mesmo metafísico, que Meir Ya'ari e seus colegas fundam, em Betânia, a "Comunidade de Partilha Erótica". Nesse local magnífico e cheio de história, ele tenta forjar o tipo shomriano dos seus sonhos. Betânia será um dos mitos fundadores do movimento Ha-Shomer Ha-Tza'ir, assim como a matriz de seus kibutzim na Palestina.

A Comunidade de Partilha Erótica

Walter Laqueur descreve da seguinte forma o que eram o Ha-Shomer Ha-Tza'ir bem no início de sua atividade na Palestina e as comunidades de partilha erótica da Alta Galileia:

> o Ha-Shomer Ha-Tza'ir era uma organização original em muitos aspectos. O entusiasmo romântico que se havia apoderado da jovem geração em toda a Europa não tinha poupado os jovens judeus da burguesia da Europa Oriental. Seus mestres eram Marx e Freud, Nietzsche e Buber, Gustav Landauer e Wyneken. Suas primeiras publicações são repletas de alusões aos ritos

74 Ya'ari, M. (1992). Yiamim ve-leilot me'al ha-Kinneret [Dias e noites nas montanhas acima do lago Kinneret]. In D. Zayit & J. Shamir (Org.). *Diukanó shel manhíg ke-adám tzayir: Meir Ya'ari, pirkei khayím 1897-1929 [A portrait of the leader as a young man: Meir Yaari. 1897-1929]*. Tel Aviv: Sifriát Po'alím.

> religiosos e aos símbolos dos movimentos de juventude: a "confissão", as fogueiras, a redenção da alma. Suas refeições deviam ser atos de comunhão: "A plena realização da força erótica da nossa comunidade", escreveu um deles na época, "não está na conversação, nem mesmo nas danças, mas em nossas refeições em comum; sem mesa de altar, não pode haver comunidade verdadeira". Nos primeiros momentos, a atmosfera dentro dos kibutzim do Ha-Shomer Ha-Tza'ir não diferia muito da atmosfera das colônias de férias da Polônia. Os trabalhos nas estradas eram penosos; o ambiente, inóspito; porém havia compensações: as longas noites, as danças, as conversas intermináveis (*sikhót*), as conferências sobre temas como "Eros e nossa sociedade".

Em Betânia, onde os jovens shomrianos estão ligados por um sentimento comunitário muito forte, as conversas se tornam confissões coletivas, às quais se entregam noite após noite, numa exaltação totalmente mística: cada membro da Comunidade de Partilha Erótica deve expor, sem reserva, os seus pensamentos mais íntimos,[75] "espontaneamente". Alguns momentos deixaram uma impressão particular. Laqueur cita um exemplo, tirado de um diário, relatando acontecimentos do ano de 1922:[76]

---

75 Laqueur, W. (1973). *Histoire du sionisme* (Vol. 1). Paris: Gallimard, pp. 436-437.

76 Publicado no jornal *'Al Ha-Mishmar* de 8 de fevereiro de 1952, citado por Laqueur, W. (1973). *Histoire du sionisme* (Vol. 1). Paris: Gallimard, pp. 436-437.

> Do nada, à meia-noite, quando todo mundo já estava dormindo, os membros do grupo foram convocados para uma reunião urgente. Eles correram para o barracão onde aconteciam as assembleias. Um dos membros do kibutz declarou num tom solene, escandindo as palavras (como um sumo sacerdote no templo), com os olhos baixos: "Convoquei essa reunião porque eu... eu gostaria de dizer que nós, a camarada X e eu, acabamos de constituir uma família". E dizem que essa reunião durou bastante tempo e que foi uma das mais belas que já aconteceram.

Como havia proclamado antes de chegar à Palestina, Ya'ari está de fato convencido de que "é somente pela via da 'espontaneidade' que se irá chegar à salvação e à realização da experiência erótica individual". A espontaneidade "era considerada pelos shomrianos como a única via que permitiria expressar, sem entraves, as potencialidades originais do ser humano, aquelas que deviam se manifestar pela realização erótica individual".[77] E cabia ao líder tornar-se esse polo de atração das forças sexuais, cujas expressão e emergência devem permitir a cada ser humano descobrir todas as suas potencialidades. A reedição, feita por Muki Tzur em 1988,

77 Carta endereçada por Meir Ya'ari à direção do Ha-Shomer Ha-Tza'ir em Lwów entre agosto e novembro de 1919. Mintz, M. (1995). *Hiblei ha-ne'urím: Ha-Tnu'at ha-shomrít 1911-1921 [Pangs of youth: 'Hashomer Hazair' 1911-1921]*. Yerushaláyim: Hassifria Haziyonit Publishing House of the World Zionist Organization, anexos, pp. 354-355.

de *Be-Kehilatenu* [*Na nossa comunidade*] — o jornal então publicado em Betânia —,[78] assim como o seu comentário, oferece várias outras ilustrações.

Betânia irá encarnar o sonho de Ya'ari. Depois de pesadas jornadas de trabalho na lavoura, nas construções civis ou nas estradas em construção, no vale, os jovens shomrianos se reúnem ao redor de uma fogueira para compartilhar o jantar sob o céu estrelado da Alta Galileia, na Comunidade de Partilha Erótica. Concebida como organização ideal, ela havia sido constituída

> como uma grande família, no seio da qual todos deviam emanar amor por todos e por tudo — isto é, por Eros no sentido mais amplo do termo, tal como então entendido [...]. Eros devia criar a ambiência de fluidez na qual a comunidade shomriana deveria viver.[79]

Qual o Freud de Betânia?

É numa circular muito longa, endereçada em 1921 ao Ha--Shomer Ha-Tza'ir no estrangeiro, que Ya'ari expõe, no es-

---

78 *Be-kehilatenou* [Na nossa comunidade], reeditado e apresentado por Muki Tzur (1988).

79 Zayit, D., & Shamir, J. (Org.) (1992). *Diukanó shel manhíg ke-adám tzayir: Meir Ya'ari, pirkei khayím 1897-1929 [A portrait of the leader as a young man: Meir Yaari 1897-1929]*. Tel Aviv: Sifriát Po'alím, p. 8.

sencial, a sua visão da Comunidade de Partilha Erótica em Betânia:[80]

> Na Comunidade, esses jovens poderão expressar livremente os seus pensamentos quando bem entenderem. Formarão um círculo de irmãos, no qual os rapazes declararão seu amor pelas moças e as moças, pelos rapazes. Inventarão seu próprio sistema econômico, seus próprios serviços, sua própria educação [...]. As relações eróticas produzirão um fluido que fará nascer um sentimento de pertença e de intimidade; assim, o trabalho torna-se orgia e sublimação do desejo; ele é a própria expressão, o imperativo a partir do qual se revela o amor cósmico, o ato de criação. Faremos emergir a erótica da comunidade em nossa consciência demonstrando rigor e inteligência, mas também dedicando-nos a um prazer que jamais sentimos.

Essas palavras, que exaltam até o êxtase os valores espirituais e irracionais ocultos no homem — nesse caso preciso, o judeu heroico —, bem poderiam ser consideradas as de um rabino hassídico, mas as vias que Ya'ari propõe tomar não são as do hassidismo. Para fazer emergir a erótica shomriana em toda a sua expressividade, ele se fia, isso sim, em um misticis-

---

80 Circular redigida por Ya'ari em Beytania e endereçada aos membros do Ha-Shomer Ha-Tza'ir no exterior. Parcialmente reproduzida em *Haszomer*, n. 1 (1921) e n. 1-2 (1922). Documento traduzido por Josef Rav e publicado em Mintz, M. (1995). *Hiblei ha-ne'urím: Ha-Tnu'at ha-shomrít 1911-1921 [Pangs of youth: 'Hashomer Hazair' 1911-1921]*. Yerushaláyim: Hassifria Haziyonit Publishing House of the World Zionist Organization, anexos, p. 395.

mo buberiano travestido de freudismo. Sua circular de 1921 é, aliás, um firme convite a iniciar-se em Freud:

> Gostaria que tomassem ciência da obra de Freud, e de sua escola, de uma maneira precisa. Não sei quantos dos senhores serão capazes de compreender bem a sua doutrina, mas conservo a esperança de que ela há de purificar nossa atmosfera carregada.

Contudo, se Ya'ari bebeu da doutrina psicanalítica para elaborar seu Eros shomriano, o que ele escreve acaba refletindo muito pouco o que Freud havia elaborado sobre as pulsões e as teorias sexuais infantis.

Na pena de Ya'ari, a psicanálise é transviada numa prática catártica que deve permitir produzir a revolução subjetiva: para o grupo, para cada um e, antes de mais nada, para ele próprio.[81] Ya'ari atribui à psicanálise, de fato, a virtude de romper a "couraça psíquica" que impede a pulsão de emergir. Essa "revolução interna" exige uma "autoanálise selvagem", uma introspecção levada ao extremo: única possibilidade de atingir as profundezas do psiquismo, libertar a pulsão dos seus grilhões e, assim, trilhar o caminho que conduzirá o homem à descoberta de seu Eros, à sua autonomia e à sua realização. Nessa mesma circular ele esclarece:

81 Mintz, M. (1995). *Hiblei ha-ne'urím: Ha-Tnu'at ha-shomrít 1911-1921 [Pangs of youth: 'Hashomer Hazair' 1911-1921]*. Yerushaláyim: Hassifria Haziyonit Publishing House of the World Zionist Organization, p. 388.

> As pulsões encontram-se agrilhoadas. Detesto recorrer ao forçamento, mas exijo, com todas as minhas forças intelectuais, penetrar no meu mundo inconsciente a fim de descobrir a mim mesmo. É a única via que pode nos conduzir à independência e a uma vida próspera. Os senhores adivinharam: estou falando na língua de Freud.

Essa forma bastante ingênua de imaginar uma "autoanálise" faria com que se pensasse em Buber, isso sim; mas Ya'ari insiste, retomando a comparação que Freud havia esboçado em 1912 entre a arte do psicanalista e a do cirurgião:

> Talhando os meus próprios pensamentos, feito um cirurgião que opera com a lâmina fria de seu bisturi, fiz para mim mesmo um relatório de meus próprios pensamentos, um inventário dos pensamentos que a psicanálise se mostra capaz de fazer emergir das profundezas da alma a fim de esclarecê-los. E, ao esclarecê-los, ela faz com que se eliminem os limites de suas significações, de seus mistérios; faz com que se penetrem e escrutinem os últimos redutos da vida psíquica. Sem uma centelha de criatividade, sem loucura e sem realizar um ato de vontade soberana, jamais perceberemos a couraça; e, por conseguinte, já não seremos capazes de viver, tampouco de criar.

O inconsciente freudiano tampouco tem algo de comparável ao "depósito" que Ya'ari quis fazer emergir, desencriptar e talhar. No entanto, é verdade que, por mais desviada que tenha sido, a revolução freudiana está muito presente no espírito dos militantes shomrianos. Uma das quatro mulheres da comunidade de Betânia retrata, não sem ironia, esse interesse apaixonado pela psicanálise: "Dror lia *Totem e tabu*... e eu, doente de malária, também lia Freud: queria encontrar argumentos objetivos que pudessem justificar a náusea que provocava em mim a filosofia psicanalítica, segundo a qual, no fim das contas, o mundo inteiro é uma zona erógena de Deus".[82]

Tensões

Ya'ari, que permanecia apegado às suas concepções misóginas — e considerava, a exemplo de Blüher, Weininger ou das "Comunidades viris" (unidades de soldados cossacos judeus que circulavam no Cáucaso para guardar as fronteiras polonesas), que a mulher não tem nenhum papel para desempenhar —, consente, após longas tratativas, que as mulheres estejam presentes na Comunidade de Partilha Erótica. No entanto, ele nunca cessará de manifestar a sua hostilidade pela "revolução da mulher", apoiada por seus camaradas dentro do Ha-Shomer Ha-Tza'ir.[83]

---

82 *Be-kehilatenu* [Na nossa comunidade], reeditado e apresentado por Muki Tzur (1988).

83 Mintz, M. (1995). *Hiblei ha-ne'urím: Ha-Tnu'at ha-shomrít 1911-1921 [Pangs of youth: 'Hashomer Hazair' 1911-1921]*. Yerushaláyim: Hassifria Haziyonit Publishing House of the World Zionist Organization, p. 322.

Segundo Matityahu Mintz, Meir Ya'ari pensava que a sociedade masculina era um modelo de sociedade perfeita, o berço da cultura e da espiritualidade, ao passo que a maioria de seus camaradas (Binyamin Dror, por exemplo) considerava que a educação shomriana — e somente ela — iria revelar as potencialidades ocultas da mulher. Meir Ya'ari execrava tudo aquilo que, de perto ou de longe, pudesse lembrar a família burguesa, filistina. Enquanto seus companheiros de viagem, em Betânia, não deixariam de buscar a receita para fazer advir a mulher pioneira social, para transformar uma mulher burguesa numa pioneira, Ya'ari sempre verá a mulher como Blüher via o judeu: uma figura trágica do humano, um ser "impotente que não é capaz de nenhum sacrifício para qualquer um que não fosse da família". "O próprio shomer se sente confuso" diante de uma mulher:[84] mesmo que a olhe com os olhos de Weininger, algo nele continua a se revoltar contra a negatividade feminina. O retrato que ele esboça de uma das jovens de Betânia é muito explícito:

> Como de costume, a moça permanecia retraída em si mesma. Embaraçada, guardava os segredos de seu corpo em seu foro íntimo. Com mais insistência que os demais, reclamou um quarto à parte para si, afas-

84 Circular redigida por Ya'ari a Betânia, e dirigida aos membros do Ha-Shomer Ha-Tza'ir no exterior. Parcialmente reproduzida em *Haszomer*, n. 1 (1921) e n. 1-2 (1922). Documento traduzido por Josef Rav e publicado por Mintz, M. (1995). *Hiblei ha-ne'urím: Ha-Tnu'at ha-shomrít 1911-1921 [Pangs of youth: 'Hashomer Hazair' 1911-1921]*. Yerushaláyim: Hassifria Haziyonit Publishing House of the World Zionist Organization, anexos, p. 399.

> tado do quarto dos rapazes. Ela se revelava incapaz de gostar ao mesmo tempo de vários rapazes que por ela manifestassem sentimentos belos [...]. Gostaria de um só, e só a um se submeteria: o que viesse raptar "a encantadora princesa". Aos meninos simpáticos, mostrava-se ao mesmo tempo amável e fria. Se adoeciam, ela evitava se ocupar deles, e tomava cuidado para que não notassem que as suas preocupações não eram reais. Ostentava segurança e maturidade. Lia Dorian Grey, Lord Henry, e era encantada pela força viril de seu Don Juan. [Quanto à] obra de Freud, compreendia apenas dentro de certos limites. E isto não modificou em nada a sua constituição erótica.[85]

A opinião negativa de Meir Ya'ari com relação às mulheres é resumida na conclusão de sua carta circular de 1921, nesta lacônica afirmação: a mulher é o símbolo da "infelicidade do mundo". Ya'ari narra o fim do que Matityahu Mintz chamou de "sonho de juventude do Ha-Shomer Ha-Tza'ir":[86]

> Certa noite, houve em Betânia não uma daquelas costumeiras conversas, mas uma discussão desoladora: os

---

85 Mintz, M. (1995). *Hiblei ha-ne'urím: Ha-Tnu'at ha-shomrít 1911-1921 [Pangs of youth: 'Hashomer Hazair' 1911-1921]*. Yerushaláyim: Hassifria Haziyonit Publishing House of the World Zionist Organization, anexos, p. 399.

86 Ya'ari, M. (1921). Anakhnu ba-Aretz [Nós em Eretz Israel]. Reproduzido em *Be-kehilateinu* (1998), pp. 282-298; Mintz, M. (1995). *Hiblei ha-ne'urím: Ha-Tnu'at ha-shomrít 1911-1921 [Pangs of youth: 'Hashomer Hazair' 1911-1921]*. Yerushaláyim: Hassifria Haziyonit Publishing House of the World Zionist Organization, p. 412.

> choros, os gritos histéricos, as declarações dramáticas pegaram fogo; ele próprio foi colocado no banco dos réus, e muito violentamente acusado por seus colegas, que "acreditavam que estivesse à beira da loucura".

Reza a lenda que, após ter ido se refugiar numa gruta onde adormeceu, juntou-se novamente ao grupo:

> Senti que estávamos todos ligados pelo crime: o crime contra o destino, o crime contra a ordem do mundo, o crime contra a natureza [...]. Tive subitamente a impressão de me encontrar na horda primitiva, aquela em que se assassinou o pai a fim de glorificar, mais tarde, a sua imagem e de celebrar o seu espírito. Eu sei. O Pacto primeiro, o mais forte de todos, era o do círculo dos homens da Horda primitiva, que estavam ligados uns aos outros pelo crime comum (Freud, *Totem e tabu*). Mas para que servem as interpretações!

Identificando-se ao pai da Horda que Freud coloca em cena — pretendendo controlar, regular, orientar os gozos "eróticos" de seus jovens colegas —, ele só podia, sem dúvida, desmoronar violentamente.

Em seguida a esse episódio, a comunidade de Betânia abandonará sua colina. A maioria de seus membros se juntará à comunidade de Shomryia,[87] fundada no mesmo ano:

87 Margalith, E. (1971). *Hashomer Hatzair: From youth community to revolutionary Marxism (1913-1936)* (5a ed.). Tel Aviv: Hakibbutz Hameuchad/Tel Aviv University, p. 81.

120 shomrianos e shomrianas, acolhidos pelo Ha-Po'el Ha-Tza'ir em sua chegada à Palestina, constituíram uma "brigada de trabalho" autônoma para viver segundo os princípios do Ha-Shomer Ha-Tza'ir. Ya'ari e sua companheira deixarão o movimento; durante três anos, ele trabalhará duramente na construção de estradas, depois reintegrará o Ha-Shomer Ha-Tza'ir em 1924... e irá transformá-lo num partido político, que ainda hoje é muito ativo.[88]

Apesar de sua brevidade — ela durou menos de um ano, de agosto de 1920 a abril de 1921 —, essa primeira experiência comunitária realizada em Betânia permitiu que o Ha-Shomer Ha-Tza'ir amadurecesse o seu projeto de se estabelecer em valores coletivos mais democráticos, mais realistas, e, assim, ficasse mais atento ainda às realidades econômicas, sociais e culturais da Palestina. Em 1924, os pioneiros de Betânia, junto com os de Shomryia e outros vindos da Galícia, fundarão o kibutz Beit Alfa, protótipo de uma multidão de outros que irão continuar a ser fundados bem depois da fundação do Estado de Israel.[89]

Em 1935, quando ele é novamente o líder inconteste do Ha-Shomer Ha-Tza'ir da Palestina, Meir Ya'ari retorna aos tempos heroicos de Betânia e à violência das afrontas que lhe haviam sido feitas tanto sobre a maneira como ele havia condu-

---

88 Trata-se do partido político conhecido hoje em dia pelo nome de Meretz — atualmente, a segunda maior força política de esquerda em Israel.

89 Mintz, M. (1995). *Hiblei ha-ne'urím: Ha-Tnu'at ha-shomrít 1911-1921 [Pangs of youth: 'Hashomer Hazair' 1911-1921]*. Yerushaláyim: Hassifria Haziyonit Publishing House of the World Zionist Organization, anexos, p. 347.

zido a experiência de Betânia, sobre o seu autoritarismo, como sobre o seu fanatismo. Ele estima ter colhido os frutos amargos dessa experiência.[90] E o que ele evoca é diferente de outros testemunhos recolhidos por Margalith ou do testemunho direto de David Horowitz (1899-1979), apelidado de "Dólek". Esse galiciano, um homem forte do movimento, que chegou em 1920, tem em especial uma visão totalmente diferente da de Ya'ari acerca do fracasso da Comunidade Erótica. Já naquela época os conflitos entre os dois eram notórios. Em suas memórias, publicadas em 1970,[91] Horowitz acusa Ya'ari de ter instaurado em Betânia uma atmosfera "histérico-coletiva", uma verdadeira "hipnose coletiva"; de ter feito da comunidade "um grupo fechado em si mesmo e neurótico, absorto numa espécie de culto secreto completamente desconectado da realidade" — e detecta ali a marca da mística hassídica. Também irá acusá-lo muito veementemente de "ter abusado do poder de líder ao tentar extorquir as confissões das moças no decorrer das conversas".[92]

---

90 Ya'ari, M. (1935). Yiessodót Khinúkh Le-khayiei Shitúf [Fundamentos da educação na vida coletiva]. *Há-Khinúkh Ha-Shomri*, pp. 207-212.

91 Horowitz, D. (1970). *Ha-etmól shelí* [O meu passado]. Shoken.

92 Zayit, D., & Shamir, J. (Org.) (1992). *Diukanó shel manhíg ke-adám tzayir. Meir Ya'ari, pirkei khayím 1897-1929 [A portrait of the leader as a young man: Meir Yaari 1897-1929]*. Tel Aviv: Sifriát Po'alím, p. 104. Em 1924, após ter tentado, sem sucesso, reunir Ha-Shomer Ha-Tza'ir e Gdud Ha-'Avodá, Horowitz ira fundar, com outros dirigentes e outros militantes do Ha-Shomer Ha-Tza'ir, o kibutz Beit Alfa. Com o diploma de Economia na algibeira, ele irá se tornar um dos dirigentes do Anglo-Palestine Bank, antes de ser chamado a ocupar, de 1954 a 1972, altos cargos no mundo das finanças do Estado de Israel. Cf. Margalith, E. (1971). *Hashomer Hatzair: From youth community to revolutionary Marxism (1913-1936)* (5a ed.). Tel Aviv: Hakibbutz Hameuchad/Tel Aviv University, p. 119.

Os relatos publicados[93] na revista *Be-Kehilatenu* [*Na nossa comunidade*], e retomados por Margalith, oferecem uma aclaração muitíssimo diferente. Mostra que, se houve alguém em Betânia que havia tido a conduta de grande inquisidor, tendo feito a "Comunidade Erótica" virar "Comunidade Neurótica", esse alguém foi Horowitz; e que se Ya'ari teve de ir embora da comunidade, foi também por causa dele.

Não obstante, Meir Ya'ari atribui a Horowitz a ideia de que constituir uma Comunidade de Partilha Erótica em Betânia tenha sido um erro de juventude, ele também o acusa de dramatizar:

> Todas essas considerações atinentes a Eros e à Erótica não possuíam nenhum fundamento sério: estávamos ébrios sem vinho [...]. Certamente eu não diria que esse clima de exaltação contribuiu para o nosso equilíbrio psicológico, dado que éramos apenas vinte rapazes para quatro moças (e que três casais estáveis se constituíram). Mas as coisas se passaram de uma maneira bem menos grave do que se crê, e continuo persuadido de que as relações entre rapazes e moças estavam fundamentadas no respeito recíproco e em bases totalmente aceitáveis pelos membros do Ha-Shomer Ha-Tza'ir.[94]

---

93 Margalith, E. (1971). *Hashomer Hatzair: From youth community to revolutionary Marxism (1913-1936)* (5a ed.). Tel Aviv: Hakibbutz Hameuchad/Tel Aviv University, p. 329.

94 Zayit, D., & Shamir, J. (Org.) (1992). *Diukanó shel manhíg ke-adám tzayir. Meir*

Apesar do fracasso, a experiência de Betânia ainda é tida como um mito dos primórdios: cinquenta anos depois, o dramaturgo israelense Yehoshua Sobol fará uma peça célebre sobre esse episódio.[95]

Esses "jovens imigrantes entusiastas", como são acusados por Dorian Feigenbaum,[96] utilizaram-se com muitíssima frequência da teoria psicanalítica como um "faz-tudo": não se deve esperar que a psicanálise prometa amanhãs que cantam,[97] quer se trate de ideais individuais ou coletivos; mas é inegável que, para os shomrianos, a obra de Freud sempre teve um lugar eminente.

O processo de politização que o movimento conheceu sob o impulso de Meir Ya'ari, os repetidos ataques dos marxistas roxos do Ha-Shomer Ha-Tza'ir, não conseguiu reduzir a psicanálise a um simples erro de juventude do movimento. A psicanálise, mesmo banida dos "paraísos ideológicos do

---

Ya'ari, pirkei khayím 1897-1929 [A portrait of the leader as a young man: Meir Yaari 1897-1929]. Tel Aviv: Sifriát Po'alím, pp. 104-105.

95 *Leil ha-esrím* [A vigésima noite], peça do dramaturgo israelense Yehoshua Sobol. Apresentada pela primeira vez em 1976, obteve enorme sucesso.

96 Feigenbaum, D. (1924). Palestine. *International Journal of Psycho-Analysis*, *X*(1), p. 101. Cf. Liebermann, G. (2012/2023). *A psicanálise em Israel: Sobre as origens do movimento freudiano na Palestina britânica (1918-1948)* (2a ed., P. S. de Souza Jr., trad.). São Paulo: Annablume, p. 66.

97 Em 1937, Paul Vaillant-Couturier — um dos fundadores do Partido Comunista na cidade de Tours (1920) — escreve no poema *Jeunesse* [Juventude]: "Nós, a juventude candente/ Que vai escalar céu sobejo/ Num grande e fraterno cortejo/ Unamos cada mão fremente/ Protejamos o pão com afã/ A construir um amanhã que canta". No campo da política, então, a expressão está associada ao comunismo e à ideia de dias melhores por vir [N.T.].

movimento", continuou sempre a ser a disciplina de referência para os homens cultos do Ha-Shomer Ha-Tza'ir e para os pedagogos do Kibutz Artzí, a Federação dos Kibutzim do Ha-Shomer Ha-Tza'ir. Até o início dos anos 1950 — quando a crítica marxista, demasiado insistente, condena-a a ser um produto do pensamento burguês e capitalista —, a psicanálise permanece sendo a disciplina com a maior probabilidade de conceber um sistema educacional novo: a "educação coletiva no kibutz", como veremos a seguir.

Qual educação para os filhos do kibutz?

Depois da experiência de Betânia, foi fundado, em 1924, perto do Monte Gilboa, o kibutz Beit Alfa, o primeiro a funcionar segundo as concepções sociais, ideológicas e econômicas do Ha-Shomer Ha-Tza'ir. Beit Alfa será o coração do movimento kibutziano. É também em Beit Alfa que a psicanálise desempenhará um papel singular. Este capítulo é a oportunidade de conhecer uma figura central para a psicanálise e a pedagogia na Palestina: David Idelsohn.

A educação nova nos anos 1920, Idelsohn e Bernfeld

David Idelsohn é bem conhecido pelos historiadores da educação: pioneiro da "Educação Nova"[1] e da pedagogia moderna, ele é um dos grandes aliados do freudismo na Palestina

1 Reshef, S. (1985). *Khinúkh khadásh be-Eretz Israel 1915-1929 [Progressive education in Eretz Israel (Palestine) 1915-1929]*. Tel Aviv: Sifriát Po'alím, p. 11.

e em Israel, e se dedicou à educação dos filhos dos proletários judeus.[2] Em *A psicanálise em Israel*,[3] mostrei como David Idelsohn e Yehuda Ron-Polani, esses dois pedagogos originários da Ucrânia, precursores da educação nova, introduziram — especialmente por meio de Grete Obernik, discípula de Freud — a psicanálise no campo da educação e da pedagogia.

Em busca de ideias novas e de ferramentas para construir uma educação nova, adaptada aos filhos dos pioneiros socialistas, Idelsohn e Polani se formaram nos novos métodos pedagógicos na Europa. Em seguida, em Tel Aviv, no ano de 1921, inauguraram o Jardim da Infância e Escola Particular do Trabalho (Comunidade de Crianças),[4] também chamada de Escola do Trabalho. Idelsohn, animado pelo ideal de uma pátria judia, socialista e laica, desejava que os filhos dos operários fossem acolhidos na escola desde a mais tenra idade, para lá serem educados no fiel respeito aos valores da cultura hebraica, do sionismo e do socialismo. O programa da Escola do Trabalho, totalmente novo para a Palestina, inspirava-se especialmente em Gustav Wyneken, com o qual já nos deparamos.

---

2 Ron-Polani. (1957). Darkó shel khalútz [A trajetória de um pioneiro]. *Urím*, *12*(3), p. 195.

3 Liebermann, G. (2012/2023). *A psicanálise em Israel: Sobre as origens do movimento freudiano na Palestina britânica (1918-1948)* (2a ed., P. S. de Souza Jr., trad.). São Paulo: Annablume.

4 Liebermann, G. (2012/2023). *A psicanálise em Israel: Sobre as origens do movimento freudiano na Palestina britânica (1918-1948)* (2a ed., P. S. de Souza Jr., trad.). São Paulo: Annablume. Cf. também o apêndice da brochura de apresentação de "Gan yieladím u-beit séfer omlaní pratí (kehilat yieladím)" (1985). In S. Reshef, *Khinúkh khadásh be-Eretz Israel 1915-1929* [Progressive education in Eretz Israel (Palestine) 1915-1929] (pp. 207-216). Tel Aviv: Sifriát Po'alím.

Mas é Siegfried Bernfeld, com o seu Baumgarten, a principal referência dos jovens pedagogos de Tel Aviv. Bernfeld oferece as referências teóricas e a iniciação em psicologia infantil e em pedagogia moderna; Grete Obernik desempenha a função de guia nessa empreitada inédita e difícil.

Desde o início dos anos 1920, David Idelsohn erige a psicanálise como psicologia da "Educação Nova", para os filhos dos pioneiros socialistas, concedendo-lhe um lugar que ela jamais conheceu em projetos como esse. Nessa época, ele passa mais uma temporada na Europa, onde visita incansavelmente todos os lugares onde florescia uma educação nova — primeiro na Alemanha e depois na Áustria. É em Viena, em maio de 1922,[5] que ele por fim conhece Bernfeld, e é ali que decide pela publicação de um novo periódico que tratasse da educação em língua hebraica, sob os auspícios do Instituto de Pesquisas sobre a Juventude, de Bernfeld. David Idelsohn, Siegried Bernfeld, Yehuda Ron-Polani e Willi Hoffer são cofundadores. O primeiro número de *A educação nova* (*Khinúkh He-khadásh*) sai em outubro de 1922, em língua hebraica, com artigos dos quatro fundadores,[6] dois deles da autoria de Bernfeld, traduzi-

---

5 Reshef, S. (1985). *Khinúkh khadásh be-Eretz Israel 1915-1929 [Progressive education in Eretz Israel (Palestine) 1915-1929]*. Tel Aviv: Sifriát Po'alím, p. 74; e A.M.T.L.V., David Idelsohn, 4/2116/guimel, "Curriculum Vitae of David Idelsohn", datiloscrito.

6 Hoffer, W. "Ha-khinúkh be-tzurát khayieï ha-hakará shel ha-talmidím" [Da tomada de consciência e da elaboração, pelas crianças, de seu próprio sistema educacional]; Idelsohn, D. "Beit ha-séfer hekhadásh be-Eretz Israel" [A escola nova em Eretz Israel]; Ron-Polani, Y. "Mitókh ha-ma'assé: Beit séfer omlaní pratí be-Tel Aviv" [Nossa prática: a Escola privada das crianças trabalhadoras de Tel Aviv]. Outros artigos tratam do desenvolvimento psicológico da criança, da política so-

dos para o hebraico.[7] Mas a aventura logo terá fim, por razões que desconhecemos.

É sobretudo a respeito do tema da sexualidade no seio da "comunidade autônoma de crianças" que os trabalhos de Bernfeld se mostram úteis para os jovens pedagogos de Tel Aviv. Enquanto Idelsohn reflete, em sua companhia, acerca do projeto de Viena, Yehuda Ron-Polani lê o seu *Kinderheim Baumgarten*[8] e descobre, por meio dele, a obra de Freud. Ele escreve em seu diário:

> 6-8 de junho de 1922: Sigmund Freud. Após ter lido o livro de Bernfeld, tenho a sensação de que a teoria de Freud pode ser de grande ajuda para respondermos às nossas indagações e a toda sorte de questões que dizem respeito à sexualidade das crianças — questões que emergem cotidianamente no nosso trabalho e que, por vezes, até nos assombram [...]. De igual maneira, [a teoria de Freud] poderia nos ajudar a elaborar uma linha de pensamento, bem como critérios, no que se

---

cialista da educação do Instituto de Pesquisa da Infância e da Juventude em Viena etc. Ron-Polani, Y. (1961). *Ha-nissayión ha-rishón [The First Experience]*. Tel. Aviv: Otzar Hamore, p. 98.

7 "Ein Institut für Psychologie und Soziologie der Jugend" [Um instituto de psicologia e sociologia da juventude] e "Revisionistische Betrachungen über einige Fragen der Pädagogik und Psychologie" [Reflexões revisionistas sobre algumas questões de pedagogia e psicologia] — uma anotação de Polani permitiu atribuir esses dois textos, não assinados, a Bernfeld. A.H.E.J. (Arquivos da História da Educação do Povo Judeu, Universidade de Tel Aviv), Polani, 5.177/3.

8 Bernfeld, S. (1921). *Vom Gemeinschaftsleben der Jugend. Kinderheim Baumgarten: Bericht über einen ernsthaften Versuch mit neuer Erziehung*. Jüdischer Verlag.

> refere aos afetos, aos sentimentos, aos desejos e às motivações da criança.[9]

Graças a Bernfeld e à sua obra, uma pequena "revolução" se opera no espírito dos pedagogos de esquerda da Palestina. Já não é mais possível eludir a questão da sexualidade na educação das crianças: ela é levada em conta em sua incidência direta no espírito da criança, na educação no sentido amplo do termo, e nas concepções e métodos dos pedagogos.

Zeev Sternhell, retomando o texto de Shimon Reshef, resume assim um momento importante para David Idelsohn e o futuro da educação nova:

> É em maio de 1923 que a Histadrút debate, pela primeira vez, a respeito da necessidade de instalar na cidade os seus próprios estabelecimentos escolares. Quando da reunião do recém-criado Conselho de Educação, Yehuda Ron-Polani propõe que a organização operária tome a tutela sobre a escola particular experimental que ele acabara de fundar com David Idelsohn. A proposta é rejeitada. Em contrapartida, o Conselho de Educação aceita confiar aos dois a tarefa de ampliar seu estabelecimento; e seria ainda preciso que esse novo estabelecimento não fosse concebido como um prolongamento daquele que eles haviam criado.[10]

---

9 Ron-Polani, Y. (1961). *Ha-nissayión ha-rishón [The First Experience]*. Tel. Aviv: Otzar Hamore, p. 170.

10 Sternhell, Z. (2004). *Aux origines d'Israël*. Paris: Gallimard, pp. 509-510 (col. "Folio Histoire").

No final do primeiro ano escolar (1923-1924), considerado um período de observação, surgem graves desavenças. Idelsohn acusa os membros da Histadrút de permanecer apegados a métodos burgueses obsoletos, de criticar o seu projeto sem nada conhecer da educação que um trabalhador devia receber. Nada é feito, e, a partir de 1924, a Comissão da Cultura e da Educação da Histadrút rebatizará a estrutura como "Escola das Crianças Trabalhadoras"[11] e imporá o seu próprio programa.

Quanto a Idelsohn, ele decide continuar com sua missão junto aos filhos dos trabalhadores oriundos da segunda onda e se instalar no feudo comunista do norte, na Galileia. Aproxima-se, então, da Brigada Operária, onde sabe que irá encontrar mais compreensão. Ali conhece Schneur-Zalman Pugatchov, que acabara de chegar a Guiv'át Ha-Moré, perto de Afula, naquele mesmo ano, ali aplicando a pedagogia revolucionária que já havia experimentado em sua Rússia natal.[12]

---

11 Reshef, S. (1985). *Khinúkh khadásh be-Eretz Israel 1915-1929* [Progressive education in Eretz Israel (Palestine) 1915-1929]. Tel Aviv: Sifriát Po'alím, pp. 115-116.

12 Pugatchov era muitíssimo conhecido nos meios judeus na Europa por ter aberto, em Varsóvia, a primeira escola de língua hebraica; de volta à Rússia, havia trabalhado com crianças órfãs, aplicando então os métodos de Boris Shatzky — um promovedor da escola progressista com quem Idelsohn se encontra quando da sua visita à Rússia soviética, no começo dos anos 1930. Pugatchov tinha decidido se instalar com a família na Palestina quando a escola "Tarbút" — em hebraico: "Cultura" —, a qual ele fundara, em seguida, em Moscou, foi fechada pela Yevsektsiya (uma seção judaica do Partido Comunista Soviético que, esforçando-se por promover o marxismo entre os trabalhadores judeus e por mobilizar os judeus do mundo inteiro em prol da causa soviética, combatia todo e qualquer particularismo). No instituto educacional para crianças órfãs refugiadas da Primeira Guerra

A maioria dos outros docentes, Polani inclusive, prefere se juntar a estabelecimentos da corrente geral, receando o anátema lançado sobre a Brigada e suas atividades.

No final do ano de 1924, Idelsohn está em Degânia, numa comunidade agrícola. Ele é contratado como instrutor em Tel Yosef, vilarejo fundado em novembro de 1922 e um dos bastiões dos comunistas, que, no que diz respeito à educação, possuíam pontos de vista bastante próximos dos seus.[13] Desde a sua chegada nesse feudo socialista da Galileia, um pouco mais ao norte que Afula, ele multiplica os encontros com pedagogos e personalidades dos movimentos de esquerda — em Degânia, mas também em Kfar Guiladi, Ein Harod, Tel Yosef, Heftzibá, Beit Alfa, até na Baixa Galileia e no Vale de Jizreel —, para convencê-los a criar uma rede escolar segundo os princípios da educação nova.

Mundial que é aberto em Guiv'át Ha-Moré, Pugatchov tenta aplicar métodos educativos experimentados na Rússia soviética, enfatizando os valores coletivos e o trabalho com a terra, que ele estima serem mais propícios à constituição de uma sociedade democrática, mais conformes às aspirações do novo homem. Seus colegas, entretanto, não podem aprovar uma educação que leva os jovens a criarem "sociedades autônomas"; assim, com base no relatório dos inspetores que fora solicitado, a Histadrút logo porá fim também a essa experiência. Cf. Sternhell, Z. (2004). *Aux origines d'Israël*. Paris: Gallimard, p. 511 (col. "Folio Histoire").

13 Idelsohn, D. (n.d.). *Khevrát yieladím be-Beit-Alfa. Nissayión lekhanékh yieladím le-khinúkh khevrá al yiedei 4 shnot kium ha-rishonót: 1926-1929* [A sociedade das crianças em Beit Alfa. Os 4 primeiros anos de uma tentativa de educação comunitária]. Datiloscrito, A.H.E.J., Polani, 5.184/3, p. 3.

Idelsohn e o Ha-Shomer Ha-Tza'ir

Naquele mesmo fim de ano de 1924, Idelsohn, no kibutz Beit Alfa, conhece Ernst Elyahu Rappaport. Nascido na Eslováquia em 1889, Rappaport havia crescido e realizado seus estudos em filosofia e matemática na cidade de Viena. Brilhante discípulo de Buber desde 1910, depois de Bernfeld — junto de quem trabalha no Jüdische Pädagogikum, em Viena —, esse pedagogo se havia interessado pela obra de Freud bem antes de emigrar para a Palestina.

Ele havia participado da experiência de Betânia, a Comunidade de Partilha Erótica, evocada anteriormente. Quando a comunidade se dispersou, Rappaport decidiu, como Ya'ari, que iria se "proletarizar", trabalhando pela construção de uma estrada que ligaria o leste e o oeste da Palestina, de Geddah a Haifa. Outros, dizem, se haviam juntado a uma segunda comunidade fundada nas proximidades de Betânia por shomrianos recém-chegados: Shomryia. Quando Idelsohn chega em Beit Alfa no ano de 1924, Rappaport dividia o seu tempo entre o conserto de sapatos, a cozinha e a educação de uma meia dúzia de filhos de shomrianos que ele distribuía em sua oficina transformada pontualmente em sala de aula.

O ano de 1924 é uma data importante na história da Palestina. Naquele ano, milhares de imigrantes judeus começam a afluir, fugindo das medidas antissemitas tomadas pelo governo polonês. Contrariamente às crenças comuns, eles não pertenciam apenas às classes médias e à burguesia: com essa quarta onda de imigração (1924-1932) chegam operários, ambulantes e artesãos que, em sua maioria, vão se instalar no norte do país:[14] na Alta e na Baixa Galileia, assim como no Vale de Jizreel, a oeste do Vale do Jordão. Juntam-se em massa aos militantes marxistas da Gdud Ha-'Avodá e se instalam com esposa e filhos especialmente em Tel Yosef e em Heftzibá.

Assim, é à educação dos filhos desses proletários que Elyahu Rappaport decide se dedicar. Umas vinte crianças, filhas de trabalhadores dos vilarejos vizinhos, encontram-se em Beit Alfa, de modo que Rappaport vislumbra a constituição de uma comuna autônoma de crianças. Idelsohn o persuade a colocar em ação, nessa comunidade autônoma de crianças, os princípios da educação nova. Ele propõe inspirar-se no *Kinderheim Baumgarten* de Bernfeld. Rappaport, conquistado pelo entusiasmo de David Idelsohn, aceita o projeto, e a Sociedade das Crianças de Beit Alfa ganha forma. Mas, como os filhos dos trabalhadores ao redor não são em número suficiente para constituir uma comuna autônoma, Idelsohn propõe fazer com que viessem crianças judias do exterior. Atendendo à sua solicitação, a Organização Americana de Auxílio aos Refugiados de Guerra (American Joint Distribution Committee for Jewish Warshipers) envia a Beit Alfa crianças e adolescentes órfãos, também eles poloneses em sua maioria.[15]

Em 1925, quando a educação dos filhos dos trabalhadores mobiliza assim o norte da Palestina, os movimentos de juventude judaicos do mundo inteiro decidem organizar em Viena

---

14 Sternhell, Z. (2004). *Aux origines d'Israël.* Paris: Gallimard, pp. 448-449. (col. "Folio Histoire")

15 Reshef, S. (1985). *Khinúkh khadásh be-Eretz Israel 1915-1929 [Progressive education in Eretz Israel (Palestine) 1915-1929].* Tel Aviv: Sifriát Po'alím, p. 136.

o primeiro congresso internacional da Aliança Mundial para a Juventude. O encontro ocorreu em agosto e setembro de 1925, na presença de Siegfried Bernfeld. Trinta e cinco mil jovens, representando os movimentos de juventude judaicos da Áustria, Polônia, Tchecoslováquia, Hungria, Romênia, Bulgária e América, participam desse encontro. Em sua maioria, são militantes do Ha-Shomer Ha-Tza'ir, que, em sua formidável expansão, ao final da guerra se havia tornado um movimento internacional. Como dito há pouco, na Palestina, o movimento chegou até a se tornar um partido político.

Idelsohn vai ao congresso e ali apresenta sua experiência na Palestina, bem como as suas concepções sobre a educação nova inspiradas em Bernfeld. Ele é muito aplaudido, e a comissão pedagógica da Aliança Mundial para a Juventude, constituída durante o congresso, encarrega-o de criar na Palestina novas instituições no espírito da educação nova: a partir de então, a aliança entre David Idelsohn e os dirigentes do Ha-Shomer Ha-Tza'ir é selada. O projeto da constituição, no kibutz Beit Alfa, de uma sociedade autônoma de crianças torna-se realidade.

Bernfeld, nessa época, propõe a Idelsohn permanecer um ano em Berlim para "dedicar-se à psicanálise".[16] Ele já não acredita mais em sua *pedagogica*[17] ou, pelo menos, para ele, toda

16 A.H.E.J. (Arquivos da História da Educação do Povo Judeu, Universidade de Tel Aviv), Polani, n. 5.184/2, Carta de David Idelsohn a Ron-Polani de 27 de agosto de 1925.

17 Essa expressão é nossa. Nós a propomos em eco à de Freud, que declarava ao amigo Fliess, numa carta de 21 de setembro de 1897, "Não acredito mais em mi-

pedagogia verdadeira deve partir da posição do inconsciente. A propósito, ele acabara de demonstrar, em *Sisyphos* (1925), a necessidade de levar em conta essa dimensão em toda e qualquer situação pedagógica, uma vez que a subjetividade do pedagogo e sua relação com o saber aí se encontram engajadas. A ideia de Bernfeld segundo a qual não há "bom pedagogo que não tenha se formado anteriormente em psicanálise, e que não tenha se tornado, também, um bom analista"[18] bagunça as convicções de Idelsohn.

Mas a Aliança Mundial para a Juventude e os dirigentes do Ha-Shomer Ha-Tza'ir delegaram-lhe a reforma da educação na Palestina, assim como os cuidados de organizar a Sociedade das Crianças em Beit Alfa. Aliás, ele termina a longa carta a Yehuda Ron-Polani, em 27 de agosto de 1925, anunciando que, em vista das altíssimas responsabilidades que lhe foram confiadas em Viena, é seu dever retornar à Palestina... ainda que um dia tenha de voltar a Berlim para se formar em psicanálise.

Contudo, quando Idelsohn chega ao kibutz Beit Alfa, no começo do mês de setembro de 1924,[19] Elyahu Rappaport, que devia organizar com ele essa sociedade de crianças, decide abandonar tudo repentinamente: ele vai embora de Beit

---

nha *neurotica*". Isso no momento em que ele rejeita, definitivamente, a sua teoria da sedução e do trauma reais nos pacientes histéricos em prol de uma teoria das fantasias — inconscientes —, marcando assim a entrada da história da psicanálise numa nova era.

18 Carta de David Idelsohn a Ron-Polani de 27 de agosto de 1925. A.H.E.J., Polani, n. 5.184/2.

19 Carta de David Idelsohn a Ron-Polani de 27 de agosto de 1925. A.H.E.J., Polani, n. 5.184/2.

Alfa, zangado com seus camaradas shomrianos, e rompe com o Ha-Shomer Ha-Tza'ir.[20] Não sabemos mais que isso, a não ser que, após ter passado por Jerusalém, ele se instalou em Tel Aviv — onde se dedicará, até o fim da vida, ao conserto de violinos. É com Shmuel Golan, então diretor pedagógico da Sociedade das Crianças no kibutz Beit Alfa, que havia trabalhado ao seu lado, que David Idelsohn continua a aventura.

A Sociedade das Crianças no kibutz Beit Alfa

A Sociedade das Crianças no kibutz Beit Alfa está entre as experiências mais importantes já realizadas na Palestina, segundo os princípios da educação nova. Essa experiência é fruto de um encontro entre os shomrianos e Idelsohn. É ela também que traça a linha divisória entre os diferentes agrupamentos socialistas da Palestina: os pedagogos shomrianos estavam então, mais do que nunca, em busca de uma "educação ideal" que, a seu ver, devia fazer advir o homem ideal, o novo judeu.

Em Beit Alfa, ele fica encarregado — com Shmuel Golan e Zvi Sohar — das crianças de 12 a 17 anos, e a abordagem das questões relativas à sexualidade torna-se uma questão crucial: a educação nova devia marcar sua diferença em relação à educação tradicional, que infringia a "maturação sexual natural da criança". As entrevistas que ele realizava com os adolescentes, desde a sua chegada em Beit Alfa, só fazem reforçar essa con-

---

20 Reshef, S. (1985). *Khinúkh khadásh be-Eretz Israel 1915-1929 [Progressive education in Eretz Israel (Palestine) 1915-1929]*. Tel Aviv: Sifriát Po'alím, pp. 139-140.

vicção; referindo-se de novo às *Conferências introdutórias*, ele escreve em termos "freudianos":

> Bem no primeiro ano da experiência, um grupo de jovens aproximou-se de mim e com eles conversei longamente. Esses jovens encontravam-se num eterno conflito interior, um conflito entre as pulsões sexuais e as pulsões do Eu. [...] As pulsões sexuais recalcadas, necessariamente excluídas do campo da consciência e confrontadas a várias resistências, só podiam rebentar e perturbar, ameaçar de diversas maneiras o equilíbrio psíquico tanto das crianças quanto da sociedade [de crianças] enquanto tal.

Idelsohn comprova a exatidão de suas convicções: o clima de confiança, de cumplicidade, que se instaura com as conversas — escreve ele — permitirá aos jovens adolescentes abordar "toda sorte de assuntos que habitualmente calam (muitas vezes porque se tem vergonha), evocar suas inquietações e a maneira como as superaram". Rapazes e moças falam livremente das ideias que tinham sobre a sexualidade do "outro" e da sua própria antes de chegarem à Palestina, esquemas que em nada correspondem ao que eles vivem na Sociedade das Crianças.

A experiência da Sociedade das Crianças no kibutz Beit Alfa foi relatada por David Idelsohn[21] e Shmuel Golan quase

---

21 Idelsohn, D. (n.d.). *Khevrát yieladím be-Beit-Alfa. Nissayión lekhanékh yieladím le-khinúkh khevrá al yiedei 4 shnot kium ha-rishonót: 1926-1929* [A sociedade das crianças em Beit Alfa. Os 4 primeiros anos de uma tentativa de educação comunitária]. Datiloscrito, A.H.E.J., Polani, 5.184/3.

na mesma época.[22] O testemunho publicado por Golan num jornal de língua alemã em 1929 não evoca, contrariamente ao de Idelsohn, nem os conflitos entre os pedagogos, nem as circunstâncias que levaram a experiência ao seu termo, tampouco as conclusões tiradas dessa experiência.

David Idelsohn, os pedagogos da Gdud Ha-'Avodá e os do Ha-Shomer Ha-Tza'ir haviam decidido, então, que Beit Alfa seria o lugar onde as crianças seriam educadas nos valores da educação nova, para assim contribuírem com a edificação de uma nova sociedade fundada em valores coletivos, e não nos valores individualistas da família clássica, da educação tradicional e da sociedade burguesa em geral — o que de certa forma se encontra resumido nesta declaração de Idelsohn: "É para a sociedade inteira substituir o indivíduo".[23]

No começo do ano de 1926, David Idelsohn se vê assim encarregado da educação de 36 crianças com idades entre 6 e 16 anos, acolhidas ao pé do Monte Gilboa, perto de Tel Yosef, em sete barracas disponibilizadas pelos shomrianos de Beit Alfa. Um ano depois, o número de crianças acolhidas na Sociedade das Crianças vai aumentar para 50 — em sua maioria, filhos de trabalhadores de Tel Yosef e Heftzibá, órfãos vindos da Europa ou antigos alunos da Escola do Trabalho.

---

22 Goldschein, M. (Shmuel "Mílek" Golan) (1929, fev.). Die Kindergeheinde "Beith alpha". *Das Werdende Zeitalter*, Berlim, (2), 99-112.

23 Idelsohn, D. (n.d.). *Khevrát yieladím be-Beit-Alfa. Nissayión lekhanékh yieladím le-khinúkh khevrá al yiedei 4 shnot kium ha-rishonót: 1926-1929* [A sociedade das crianças em Beit Alfa. Os 4 primeiros anos de uma tentativa de educação comunitária]. Datiloscrito, A.H.E.J., Polani, 5.184/3, p. 4.

O enquadramento e a organização dos ambientes parecem saídos dos sonhos de Bernfeld; em conformidade com o que ele havia vislumbrado em sua utopia sionista e socialista[24] — e realizado em Viena —, ali se encontram um refeitório, uma cozinha, um armazém, duas salas de aula e um salão onde ocorriam conversas e assembleias de crianças, como no Baumgarten; quatro construções são reservadas aos dormitórios; completam as dependências do local uma biblioteca, uma sala de música e jardins com árvores frutíferas. É nessa área rural muito bonita, dominada por uma montanha íngreme, nesse local extraordinário, que deveria nascer o filho sonhado do sionismo, o novo judeu, a criança pioneira. Como os filhos dos migrantes eram originários de diferentes países da Europa Central ou Oriental, Idelsohn se vê confrontado com o problema da língua, e também com o do nível escolar. Ele escolhe, muito naturalmente, o hebraico como língua oficial da Sociedade das Crianças, e encontra em Bernfeld as modalidades adequadas para levar em consideração as discrepâncias de nível.

Idelsohn, assim como todos os pedagogos que participam dessa experiência, também enfrenta outras dificuldades: entre as crianças que chegam a Beit Alfa, várias são os órfãos encaminhados pela American Joint Distribution Committee for Jewish Warshipers, pelo Ha-Shomer Ha-Tza'ir da Europa — especialmente da Polônia —, ou via Gdud Ha-'Avodá, num

24 Bernfeld, S. (1919). *Das jüdische Volk und seine Jugend*. Wien-Berlin-Leipzig: R. Löwit; Bernfeld, S. (1948). *Ha'am ve-ha-nóar* (Z. Sohar, posf.; E. Kornfeld, trad.). Palestina: Sifriát Po'alím/Shbilei Ha-Khinúkh, p. 14-16.

momento em que as instituições que os haviam acolhido já não podiam mais se encarregar deles. É a psicologia da criança órfã que suscita muito particularmente o seu interesse, e seus relatórios de trabalho o confirmam.[25] E é ainda na experiência do Kinderheim Baumgarten conduzida por Siegfried Bernfeld que ele sorve os elementos necessários para efetivar o seu projeto. A preponderância dada por ele à teoria freudiana será uma causa importante do conflito no qual ele irá se opor, a partir de 1927, aos demais pedagogos do Ha-Shomer Ha-Tza'ir, apenas um ano depois do início da experiência da Sociedade das Crianças. Acaso ele praticou em Beit Alfa uma espécie de "pedopsicanálise selvagem", ecoando os dizeres que lhe havia sustentado Siegfried Bernfeld em Berlim, de que um bom pedagogo deve, primeiramente, ser um bom analista?

Para quem se interessava pela educação e pela psicologia das crianças migrantes, dos órfãos e das crianças "com problemas", Beit Alfa oferecia um terreno privilegiado. Tratava-se de auxiliar crianças consideradas difíceis, "inadaptadas" a toda vida em grupo, até mesmo "irrecuperáveis", a "superar suas dificuldades", a "se tornar os pioneiros socialistas" modelos. Idelsohn declara ter sido o único a se ocupar dessas crianças "inadaptadas à realidade" — "agressivas" ou "submissas demais", que também manifestavam "comportamentos sexuais desviantes" —; o único a ter atribuído à Sociedade das Crian-

---

25 Idelsohn, D. (n.d.). *Khevrát yieladím be-Beit-Alfa. Nissayión lekhanékh yieladím le-khinúkh khevrá al yiedei 4 shnot kium ha-rishonót: 1926-1929* [A sociedade das crianças em Beit Alfa. Os 4 primeiros anos de uma tentativa de educação comunitária]. Datiloscrito, A.H.E.J., Polani, 5.184/3, p. 4.

ças uma função eminentemente profilática. Parecia-lhe que o seu objetivo principal, conforme à missão que ele havia recebido do Ha-Shomer Ha-Tza'ir e da Gdud Ha-'Avodá, devia ser que essas crianças achassem por onde se adaptar à realidade nova da Palestina socialista, inserindo-se ali por meio do trabalho. Considerando que a abordagem da realidade e as capacidades de se adaptarem tinham sido completamente distorcidas pela educação que haviam recebido no exterior, ele organiza a vida das crianças e dos adolescentes em Beit Alfa de acordo com dois eixos principais: a confrontação precoce às realidades do trabalho e a iniciação às "primícias de uma organização social nacional".

No entanto, Idelsohn é atacado por seus colegas da Sociedade das Crianças: opor-se à satisfação imediata de uma pulsão lhes parece ir de encontro aos princípios da educação nova. Refutando a crítica, ele insiste que,

> para que a criança possa conquistar a realidade, cumpre colocar interdições aos desejos que reclamam uma satisfação imediata, ainda que à primeira vista isso pareça contraditório com os objetivos da educação nova. Não existe nenhuma possibilidade de educar uma criança se concedermos a ela uma liberdade absoluta e a deixarmos agir unicamente segundo o seu bel-prazer. Todas essas interdições impostas pelos educadores, e às quais a criança irá se opor, visam tão somente ao seu bem-estar. É por isso que a obrigaremos a aceitá-las, mesmo que ela se oponha [...]. Dito de outro modo, não educar redunda em relegar a criança à qualidade de presa de suas próprias pulsões.

Ele explica:

> Não se trata de privar a criança de sua liberdade; trata-se de conceder a ela um espaço de liberdade, um espaço de ação cujos limites deverão ser estabelecidos de antemão. É apenas dessa maneira que a criança chegará a forjar para si um "eu" estável e equilibrado, capaz de regular suas relações com os seus e com a sociedade. É porque o educador irá impor limites aos desejos desenfreados da criança — sem ignorá-los — que, aos olhos da criança, esses mesmos desejos proibidos adquirirão verdadeiro valor.

No grupo de adolescentes sob sua responsabilidade, junto com Golan e Sohar, é "a fim de planificar a integração progressiva das jovens moças na sociedade" que ele procura "explorar", valorizar "todas as suas capacidades", tanto na vida social e comunitária como nas tarefas agrícolas — habitualmente reservadas aos homens. Mas acontece que algumas moças ficam desestabilizadas com seus comentários; algumas delas estimam que o seu caráter provocador tem como objetivo fazer com que elas saiam do grupo. Idelsohn se explica; a calma se restabelece e as dificuldades parecem superadas, no que concerne tanto às relações das moças com Idelsohn como às relações das moças com os rapazes. Esse episódio, entretanto, vai reavivar as tensões, e "a ruptura entre os instrutores permanece", com Shmuel Golan e Zvi Sohar denunciando o intervencionismo de Idelsohn, suas concepções pedagógicas "muito pessoais" e a orientação que ele dá às conversas. Idelsohn, em contrapartida, acusa os pedagogos shomrianos de "sabotar o seu trabalho": "A resistência não veio do lado das moças, mas dos outros educadores que, opondo-se à minha maneira de trabalhar, provocaram uma cisão no grupo entre as moças e os rapazes". As relações entre Idelsohn e os demais pedagogos do Ha-Shomer Ha-Tza'ir se deterioram em 1927, ou seja, apenas um ano depois da abertura da Sociedade das Crianças em Beit Alfa. As várias tentativas de conciliação iniciadas pela equipe pedagógica serão vãs.

A lista das recriminações e das acusações é longa, tanto de uma parte como da outra: Golan e Sohar acusam Idelsohn de "humilhar as crianças", "de fazê-las falar com vulgaridade" e de ir longe demais com a liberdade que atribui a elas. Idelsohn acusa Golan de ser "um verdadeiro obstáculo à prossecução dessa experiência", e não é menos severo com Sohar, declarando que este "via na Sociedade das Crianças apenas o prolongamento da organização de jovens à qual ele pertencia".

O lugar dado à família, aos pais, era outro motivo de discórdia. Diferentemente dos outros agrupamentos socialistas e marxistas da Palestina, os ideólogos do Ha-Shomer Ha-Tza'ir se haviam pronunciado a favor da abolição da "família filistina": na sociedade ideal que tinham imaginado, os pais não deviam desempenhar nenhum papel na educação dos filhos; é a coletividade dos adultos, isto é, a sociedade do kibutz que devia assumir essa responsabilidade. Ora, para David Idelsohn, se as crianças devem, de fato, crescer numa comunidade autônoma, longe dos adultos, nem por isso é o caso de abandonar completamente a família tradicional: "O lugar do pai na família tradicional", escreve ele ainda em seu relatório, "revela-se um fator essencial para permitir à criança a passagem do mundo individual-egocêntrico à vida social. Apenas os laços de amor ao pai e à mãe permitirão à criança desenvolver as capacidades que lhe permitirão tornar-se um ser social".[26] Embora os filhos dos trabalhadores comunistas de Tel Yosef e de Heftzibá cresçam efetivamente afastados dos pais, as visitas ocasionais da família não são proibidas. Isso, porém, irrita os pedagogos do Ha-Shomer Ha-Tza'ir, que acusam os pais visitantes — especialmente os que vêm da comuna de trabalhadores de Heftzibá — de se meter na forma como os filhos são educados. Os dirigentes do Ha-Shomer Ha-Tza'ir compreendem então que o especialista ao qual haviam recorrido não pertence ao movimento, e que a sua concepção do sistema educacional não corresponde nem à ideologia, nem às aspirações do Ha-Shomer Ha-Tza'ir.[27]

As tensões entre os pedagogos shomrianos e David Idelsohn somam-se às desavenças políticas e ideológicas que dilaceram a esquerda na Palestina; a coabitação dos diferentes movimentos (Ha-Shomer Ha-Tza'ir, Gdud Ha-'Avodá, Akhdút Ha-'Avodá, Po'aléi Tzíon, Po'aléi Tzíon Smol, em especial) torna-se difícil. Alguns partidos políticos, reconhecidos pelo governo britânico, abrangem até facções proibidas: é o caso dos militantes do Partido Comunista Palestino (PKP), que, por ordens de Moscou, multiplicam as ações violentas no país e são

26 Idelsohn, D. (n.d.). *Khevrát yieladím be-Beit-Alfa. Nissayión lekhanékh yieladím le-khinúkh khevrá al yiedei 4 shnot kium ha-rishonót: 1926-1929* [A sociedade das crianças em Beit Alfa. Os 4 primeiros anos de uma tentativa de educação comunitária]. Datiloscrito, A.H.E.J., Polani, 5.184/3, p. 11.

27 Reshef, S. (1985). *Khinúkh khadásh be-Eretz Israel 1915-1929 [Progressive education in Eretz Israel (Palestine) 1915-1929]*. Tel Aviv: Sifriát Po'alím, p. 160.

perseguidos pelos serviços de segurança britânicos; eles operam acobertados pelo Gdud Ha-'Avodá ou pela ala esquerda do Po'aléi Tzíon, isto é, o Po'aléi Tzíon Smol.[28] Shmuel Golan afirmará que uma célula de ativistas do PKP, cujos membros se fizeram passar por instrutores, infiltrou-se em Beit Alfa[29] para convencer os adolescentes a apoiar "a causa de um dos funcionários do estabelecimento", o que "envenena" a atmosfera do lugar. Golan não é mais claro a esse respeito, mas sem dúvida tem em vista David Idelsohn, que não escondia a sua inclinação ao Gdud Ha-'Avodá.

É nesse mesmo ano de 1927, aliás, que o Ha-Shomer Ha-Tza'ir funda o Kibutz Artzí (a Federação dos Kibutzim), que irá se diferenciar de todos os outros movimentos da esquerda sionista da Palestina — mais brutalmente ainda do Akhdut 'Avodá e do Ha-Po'el Ha-Tza'ir, de que o Há-Po'el havia estado muito próximo —, e deixa a Organização dos Trabalhadores Judeus da Palestina. Os pedagogos shomrianos do Kibutz Artzí decidiram passar a contar apenas com os seus próprios recursos, recusando toda e qualquer intervenção externa. Sem virar as costas para Beit Alfa, vão, no entanto, colocar toda a energia a serviço da fundação de seu próprio sistema educacional, passando a privilegiar as crianças nascidas na Palestina — das quais não deixavam de esperar que estivessem em maior conformidade com o ideal de homem novo do que os órfãos

---

28 A esse respeito, cf. Dotan, S. (1996). *Adumim be-Eretz Israel* (*Reds in Palestine*). Kfar Sabah: Shibnah Hassofer.

29 Golan, S. (1963, 29 nov.). Keitzád hitkhálnu [Nossos primórdios]. *'Al Ha-Mishmar (mossaf yiobél le-Shmuel Golan)*, p. 58.

imigrados ou os filhos dos trabalhadores de outros movimentos políticos. O desengajamento progressivo dos shomrianos incita Idelsohn a convocar Yehuda Ron-Polani e outros educadores da Escola do Trabalho de Tel Aviv, e a Sociedade das Crianças continuará funcionando em Beit Alfa até 1929: nesse ano, os levantes nacionalistas árabes e os ataques ao kibutz acabarão obrigando as autoridades a deslocar as crianças para o kibutz Gueva. Será o fim da Sociedade das Crianças em Beit Alfa. Contudo, nem Polani nem Idelsohn considerarão essa extraordinária experiência, que durará quatro anos, como tendo sido um fracasso; eles julgarão essa primeira empreitada educativa promovida pelos movimentos de esquerda da Palestina como um primeiro passo rumo a uma verdadeira educação coletiva — que os pedagogos do Ha-Shomer Ha-Tza'ir implementarão em seus próprios kibutzim e que servirá, então, como modelo para os demais.

Depois desse episódio, Yehuda Ron-Polani junta-se ao kibutz do Khever, e o pedagogo Mordechai Segal integra o Kibutz Ha-Meukhád e funda, dez anos mais tarde, o Ha-Kibbutzím de Tel Aviv (1939). David Idelsohn, de sua parte, pronto para se lançar em "novas experiências criativas",[30] parte para a União Soviética, convidado pela viúva de Lênin, a fim de estudar os métodos educacionais; em seguida, instala-se definitivamente em Tel Aviv, após uma passagem por Berlim

---

30 Idelsohn, D. (n.d.). *Khevrát yieladím be-Beit-Alfa. Nissayión lekhanékh yieladím le-khinúkh khevrá al yiedei 4 shnot kium ha-rishonót: 1926-1929* [A sociedade das crianças em Beit Alfa. Os 4 primeiros anos de uma tentativa de educação comunitária]. Datiloscrito, A.H.E.J., Polani, 5.184/3

e pelo Instituto de Psicanálise, onde é analisado por Moshe Wulff. De fato, quaisquer que tenham sido as suas dissensões durante os anos de 1920, Golan, Sohar e Idelsohn irão se encontrar alguns anos mais tarde; a psicanálise irá reuni-los em torno de um novo mestre: Moshe Wulff.

1927-1928. A Federação Nacional dos Kibutzim (Kibutz Artzí) e o seu Departamento de Educação

Em abril de 1927, quando os conflitos com Idelsohn em Beit Alfa estão pegando fogo, o Ha-Shomer Ha-Tza'ir — que já se havia feito reconhecer como um novo movimento militante de trabalhadores, já contando com cinco kibutzim muito ativos na Palestina — funda o Kibutz Artzí, a Federação Nacional dos Kibutzim,[31] durante a assembleia do movimento ocorrida em Haifa entre os dias 1º e 3 de abril de 1927. Então, vários membros do movimento na Europa emigram a fim de se juntar aos pioneiros shomrianos e fundar, por toda a Palestina, outros kibutzim. A expansão do Ha-Shomer Ha-Tza'ir será fulgurante: esse movimento autônomo, cuja influência não cessa de crescer, tanto na Palestina como no estrangeiro, torna-se a terceira força política da esquerda sionista na Palestina. Ele não perderá, contudo, o seu espírito exclusivo, o que atrairá diversas críticas, especialmente dos dirigentes de

31 Margalith, E. (1971). *Hashomer Hatzair: From youth community to revolutionary Marxism (1913-1936)* (5a ed.). Tel Aviv: Hakibbutz Hameuchad/Tel Aviv University, p. 145.

outros partidos de esquerda. Que Chaim Arlosoroff, um dos mais representativos, denuncie em 1927[32] o seu "esnobismo proletário" e a sua "utopia psicológica" é algo que não tem como não nos fazer lembrar das piadas que haviam sido feitas com os primeiros militantes ao chegarem na Palestina, alguns anos antes.

É um ano depois, em 1928, na quinta assembleia geral do Kibutz Artzí, que se toma a decisão de fundar o Departamento de Educação do Kibutz Artzí,[33] com a missão de conceber um novo sistema educacional comum a todos os kibutzim, bem como animar debates sobre a educação coletiva a fim de promovê-la no seio do movimento. Para tanto, é imperativo criar novos métodos; estar na escuta de tudo o que se faz em matéria de educação no exterior; coletar dados e estatísticas; reunir obras e materiais pedagógicos etc. Trata-se de formar o quanto antes pedagogos capazes de educar e instruir as crianças longe dos pais, e distantes da escola tradicional, também há tempos banida pelos ideólogos do Ha-Shomer Ha-Tza'ir.[34]

Os dirigentes shomrianos, que se interrogam sobre o papel da juventude no advento do "novo judeu" na Palestina,

---

32 Margalith, E. (1971). *Hashomer Hatzair. From youth community to revolutionary Marxism (1913-1936)* (5a ed.). Tel Aviv: Hakibbutz Hameuchad/Tel Aviv University, p. 145.

33 Durante a assembleia geral de 2 e 3 de maio de 1928. Platek, I. (1989). *Ha-Mossád: Beit Ha-séfer Ha-rishón shel Ha-Shomer Ha-Tza'ir Be-Mishmar Ha-Émek 1931-1940 [The Mossad: The First Hashomer Hatzair School in Mishmar HaEmek 1931-1940]*. Yad Tabekin/Guiv'át Haviva, p. 42.

34 Golan, S. (1963, 29 nov.). Keitzád hitkhálnu [Nossos primórdios]. *'Al Ha-Mishmar (mossaf yiobél le-Shmuel Golan)*, p. 58.

vão ter de alargar seu campo de reflexão e ação, pois logo nasceriam dezenas de pequenos shomrianos nos kibutzim. Qual educação oferecer a essas crianças? O que prever para suas mães, que, isentas dessa tarefa que lhes incumbiam no Velho Continente, deverão ser guiadas pelas puericultoras e educadoras do kibutz com uma formação especial? E era preciso decidir: elas seriam educadas desconectadas da sociedade dos adultos, no modelo de Beit Alfa, ou deveriam crescer perto da sociedade dos adultos dentro do kibutz?

A segunda opção pareceu mais propícia aos ideólogos e pedagogos do Ha-Shomer Ha-Tza'ir. Mas como, contrariamente a outros pedagogos da esquerda sionista na Palestina, eles se haviam pronunciado em prol da abolição da família tradicional e da substituição dos pais pela coletividade, surgiram outras questões: quem ia se encarregar da educação, e segundo quais regras? Quem poderia, então, no lugar dos pais, assumir a responsabilidade de oferecer aos bebês e às crianças pequenas os cuidados indispensáveis? Como e quem formar para esta pesada responsabilidade: ao mesmo tempo, educar as crianças dessa forma — longe da família — e encarnar o kibutz? Por quanto tempo seria preciso acompanhar a criança em seu aprendizado?[35]

Uma comissão especial, composta por pedagogos dirigentes do movimento, é nomeada em maio, para desenvolver um Instituto Educacional do Ha-Shomer Ha-Tza'ir, organizado e

---

35 Platek, I. (1989). *Ha-Mossád: Beit Ha-séfer Ha-rishón shel Ha-Shomer Ha-Tza'ir Be-Mishmar Ha-Émek 1931-1940 [The Mossad: The First Hashomer Hatzair School in Mishmar HaEmek 1931-1940]*. Yad Tabekin/Guiv'át Haviva, p. 42.

gerido exclusivamente pelos pedagogos do movimento.[36] É em 1931, no kibutz Mishmar Ha-Émek, que o primeiro Instituto Educacional do Ha-Shomer Ha-Tza'ir (Mossád Ha-Khinukhí) abre suas portas e começa a receber as primeiras crianças nascidas nos kibutzim shomrianos. Em Mishmar Ha-Émek ficará a sede central do Departamento de Educação do Kibutz Artzí, cujos membros serão: Shmuel Golan, Yehuda Gothelf, Ya'akob Hazan, Mordechai Shenhabi, Ya'akob Polisiuk Padan — dito "Kobi" ou "Poli" — e Meir Ya'ari, que voltou para o movimento em 1924.[37] A responsabilidade de forjar uma educação adaptada às crianças do kibutz, fazendo com que ela seja aplicada, caberá primeiramente a Shmuel Golan e Zvi Sohar, que será o primeiro presidente desse departamento. Com uma convicção e um entusiasmo inabaláveis, eles leem todas as obras então disponíveis sobre o desenvolvimento fisiológico ou psicoafetivo da criança e do lactente, da psicologia geral etc.[38] De acordo com Shmuel Golan, essas leituras seriam a única formação dos dois nesses domínios.

Doravante unidos por uma mesma causa, ou até um mesmo destino, Shmuel Golan e Zvi Sohar, feito peregrinos, não cessarão de compartilhar os seus conhecimentos e a sua paixão com os shomrianos de todos os kibutzim do Ha-Shomer

---

36 Relatório da Assembleia Geral do "Va'ad Kibutz Artzí" de 8 de maio de 1929, intervenção de Zvi Sohar. A.H.H., *Ha-Makhlaká le-hinúkh*, aleph (1).1.4.

37 Platek, I. (1989). *Ha-Mossád: Beit Ha-séfer Ha-rishón shel Ha-Shomer Ha--Tza'ir Be-Mishmar Ha-Émek 1931-1940 [The Mossad: The First Hashomer Hatzair School in Mishmar HaEmek 1931-1940]*. Yad Tabekin/Guiv'át Haviva, p. 42.

38 Golan, S. (1963, 29 nov.). Keitzád hitkhálnu [Nossos primórdios]. *'Al Ha--Mishmar (mossaf yiobél le-Shmuel Golan)*, p. 58.

Ha-Tza'ir, dispersos por todo o país, percorrendo dezenas de quilômetros na chuva, na lama — com suas malas repletas de obras pedagógicas, de material obsoleto —, para ministrar conferências, promover seminários e cursos para os jovens pedagogos que iriam se encarregar da educação das crianças nascidas nos kibutzim. A revolução educativa do Ha-Shomer Ha-Tza'ir, sob o emblema do que chamarão de "Educação Coletiva", estava em andamento desde o ano de 1931; e ela ganharia toda a sua força a partir de 1933, em Mishmar Ha-Émek, graças a Shmuel Golan, o seu principal teórico.

Zvi Sohar e Shmuel Golan

Zvi Sohar e Shmuel Golan, unidos por uma paixão comum pela educação e pela psicanálise, foram os principais veiculadores da psicanálise na Palestina dentro do Ha-Shomer Ha-Tza'ir e da educação coletiva. Se Zvi Sohar pode ser considerado embaixador da psicanálise no Kibutz Artzí, Shmuel Golan foi referência capital em matéria de psicanálise no Ha-Shomer Ha-Tza'ir.

ZVI SOHAR

Da Polônia à Galileia, da célula ao kibutz

Zvi Sohar, que nunca parou de criar laços entre o movimento psicanalítico europeu e o Ha-Shomer Ha-Tza'ir, pode ser agraciado com o título de embaixador da psicanálise dentro do Kibutz Artzí. Às vezes controverso, ele, no entanto, brilha por sua imponente personalidade, sua grande cultura e seu senso de diplomacia. Ele impõe a psicanálise como "a psicologia mais adaptada às preocupações educacionais" do movimento.

Nascido em 1898 em Rozdil, na parte polonesa da Galícia, Zvi Sonnenschein[1] faz seus estudos em Rohatyn antes de emigrar para Viena, onde se aperfeiçoa em ciências naturais e aprende agricultura. Enquanto acompanha as aulas da Universidade, milita pelo movimento Ha-Shomer. Ele não segue os seus colegas de *Ken* até a Palestina — colegas que partem para Betânia a fim de fundar a Comunidade de Partilha Erótica. Prefere se dedicar à educação, frequentando especialmente os círculos educacionais progressistas da Alemanha. Fica particularmente impressionado com as experiências realizadas na já célebre Escola de Wickersdorf, dirigida por Gustav Wyneken. De volta à Polônia, é nomeado instrutor no vilarejo de Międzyrzec (Mezri'tsh), depois em Łódź. Assume a direção do *Ken* do Ha-Shomer Ha-Tza'ir dessa cidade, antes de emigrar para a Palestina em 1926. Parte para a Galileia a fim de encontrar Pugatchov, célebre pedagogo que, na União Soviética, inventou métodos educacionais conformes às aspirações marxistas e depois participou da Sociedade das Crianças no Kibutz Beit Alfa.

---

1 Brochura de apresentação do acervo C.V. Zvi Sohar, pp. 2-8. A.H.H. Acervo Zvi Sohar.

Debates promovidos no Kibutz Artzí

1920-1929. Com Shmuel Golan, Zvi Sohar partilha da convicção de que, "sem forjar para si uma educação específica, os kibutzim não terão futuro".[2] Nos vivos debates que animam o Kibutz Artzí, ele defende firmemente a sua posição. Para ele, é indispensável, sob pena de conhecer um novo fracasso, redefinir claramente os objetivos da educação dentro do Ha-Shomer Ha-Tza'ir. Ele considera insuficiente tomar a educação livre como único modelo, e que apenas a psicanálise está em condições de corresponder às aspirações ideológicas, educacionais e culturais do movimento. Mas será necessário batalhar para impor suas convicções: vários outros dirigentes então se opõem ferozmente a Freud, em razão do fato de ele não acreditar na possibilidade de mudar o homem e a sociedade. Pregam uma educação moldada apenas pela ideologia do movimento, recorrendo, paradoxalmente, à psicologia dita "científica", caso se mostre necessário. Ora, tanto para Sohar como para Bernfeld, essa psicologia científica só faz servir aos interesses do capitalismo, na medida em que racionaliza a exploração dos trabalhadores. Os debates que pegam fogo no interior do Ha-Shomer Ha-Tza'ir entre apoiadores da psicanálise e partidários da psicologia experimental serão mais apaixonados ainda quando o movimento se juntar ao marxismo oficial.

Em 1927, é sobretudo Meir Ya'ari que, no Instituto Educacional do Kibutz Artzí, opõe-se a Sohar e a Golan: ele exibe

2 Brochura de apresentação do acervo C.V. Zvi Sohar, pp. 2-8. A.H.H. Acervo Zvi Sohar.

violentamente as suas convicções marxistas, sua hostilidade em relação à psicanálise e às teses de Bernfeld, bem como a sua vontade de conferir uma dimensão política a todo o ensino. O artigo que assina em 1927, no *Ha-Khinúkh Ha-Shomrí* [*A educação shomriana*], o novo periódico pedagógico de língua hebraica editado pelo Ha-Shomer Ha-Tza'ir em Varsóvia, resume o seu programa:

> A revolução erótica pessoal do jovem deve se produzir ao mesmo tempo que a revolução ética, erótica e psicológica. Essa revolução deve se sustentar numa "ideologia científica" [o marxismo] e vir acompanhada da realização política do kibutz, que — mesmo sendo um movimento revolucionário minoritário — participará também da reforma social [...] não há educação que não seja social e politicamente determinada.[3]

Ele sustenta que a educação livre teorizada por Bernfeld, depois de Wyneken, não passa de um mito entre outros: necessariamente politizada, ela não serve menos aos interesses do poder que os outros modos de educação.

1929-1931. A educação é um desafio crucial da política do Ha-Shomer Ha-Tza'ir. Os debates são tempestuosos e apaixonados nas assembleias gerais do Kibutz Artzí entre 1929 e 1931, e têm repercussões na profissão. Sohar acusa alguns militantes, que representam o movimento no Congresso de

---

3 Ya'ari, M. (1927). Tfissaténu ha-khinukhít [Nossa concepção de educação]. *Ha--khinúkh Ha-Shomrí*, Warszawa, pp. 18-19.

Pedagogos da Palestina[4] (1929), de querer adotar os velhos métodos da "pedagogia experimental" contra os quais eles próprios se haviam revoltado no decorrer dos primeiros anos do movimento. Sua crítica visa, então, muito particularmente, a Meir Sharar — que, quando de uma assembleia geral do Comitê de Assuntos Educacionais do Kibutz Artzí,[5] advoga pela introdução da pedagogia experimental em seus princípios pedagógicos. Sohar retorque: "Não devemos permanecer prisioneiros de nossas ideias; devemos, ao contrário, nos fiar aos novos progressos realizados no domínio da educação e no da psicologia da criança na América — país onde foram acolhidos os métodos de Dalton [...], mas também a psicanálise e a psicologia individual".

Meir Sharar e outros membros partidários do marxismo se aferram à posição segundo a qual é inaceitável "querer introduzir cegamente teorias pedagógicas e psicológicas estranhas ao movimento, indo de encontro à da nova educação revolucionária por ele promovida".[6] Aos partidários da psicologia experimental, Sohar responde, de Viena, em janeiro de 1931, que para elaborar o novo sistema educacional "será preciso apoiar-se nos progressos da psicologia e da pedagogia modernas; mas isso não quer dizer que se deva adotar qual-

4 Ha-kinús ha-pedagogui ha-rishón bi-Yirushalayim 4-7 Nissan Tarpat [Atas do primeiro congresso de pedagogos. Jerusalém, 4 a 7 de abril de 1929]. (1928-1929). *Ha-Khinúkh*, *3-4*, pp. 245-258.

5 Relatório da Assembleia Geral do Va'ad le-inyianei ha-Mossád Ha-khinukhí de 13 de maio de 1929. Intervenção de Zvi Sohar, A.H.H., Makhléket hinúkh, aleph 1.4.

6 Relatório da Assembleia Geral do Va'ad le-inyianei ha-Mossád Ha-khinukhí de 13 de maio de 1929. Intervenção de Zvi Sohar, A.H.H., Makhléket khinúkh, aleph 1.4.

quer método novo, ou aplicá-lo de uma maneira fetichista"; e, retomando os termos de Sharar, ele esclarece que utilizar expressões como "educação livre", "projetos de vida" e "liberdade a qualquer preço" também pode se mostrar tão somente uma "fraseologia pedagógica" que não permite em nada definir os caminhos e limites da educação coletiva.[7]

1931. Ademais, acusado de querer transformar o kibutz Mishmar Ha-Émek em um laboratório experimental, Zvi Sohar explica a sua posição: encontrar novos métodos adaptados aos filhos dos trabalhadores que vivem nas novas condições de vida do kibutz, que, "querendo ou não, é definitivamente uma situação experimental. E 'experimental' significa que o pedagogo acredita tanto nos meios quanto nos limites de seu método". Recusando-se a classificar as crianças em função da idade, como pregava a pedagogia experimental — e como exigia Meir Sharar —, ele escreve ainda:

> No "Kibutz Artzí" não se vai encontrar uma só pessoa que acredite na psicologia experimental, na qual se inspiram para fazer leis e programas escolares rígidos — com a intenção de criar uma sociedade de crianças educada — numa realidade que não tem nada

7 Carta endereçada de Viena por Zvi Sohar ao Va'ad le-iniyanei ha-Mossád Ha--khinukhí, em 22 de janeiro de 1931, A.H.H., Zvi Sohar, bet (1) 1.4. A maioria das trocas entre Zvi Sohar e seus detratores, entre Zvi Sohar e o Kibutz Artzí na Palestina, são, de fato, epistolares: do fim do ano de 1929 até 1934, Zvi Sohar, representando o Ha-Shomer Ha-Tza'ir da Palestina, fez de Varsóvia o seu quartel-general, e percorre a Polônia.

> a ver com a nossa. A psicologia experimental é uma verdadeira racionalização da exploração do lucro e das forças dos trabalhadores.[8]

As teorias de Adler também ocuparam um lugar importante nas reflexões de alguns pedagogos e dirigentes do Ha-Shomer Ha-Tza'ir, seduzidos pelas teorias desse socialista cuja visão do homem e dos poderes da educação era "menos pessimista" que a de Freud ou Bernfeld. Os pedagogos que, no seio do movimento kibutziano, interessam-se pelo ensino de Adler estão em busca de uma psicologia que lhes permita inculcar valores nacionais, socialistas e "românticos" nos adolescentes. Sem sermos exaustivos, citamos, entre os pró-Adler mais conhecidos: Ella Moses, a quem se deve um panorama das teorias de Adler;[9] Shoshana Mushkatblitt, que, antes de aderir ao freudismo, se interessou pela influência do social na adolescência;[10] ou ainda Moshe Silvertal, que, como militante convicto, retomará a "prescrição de sublimação":

> É de minha vontade acentuar aqui a necessidade de sublimação, conforme a posição atual de Adler, segundo a qual as atividades sociais, assim como o ativismo nacional, oferecem grandes possibilidades de sublima-

8 Carta endereçada de Viena por Zvi Sohar ao Va'ad le-iniyanei ha-Mossád Ha-khinukhí, em 22 de janeiro de 1931, A.H.H., Zvi Sohar, bet (1) 1.4.

9 Moses, E. (1929, 30 jul.). Ikhud ve-rabim al pi torato shel Alfred Adler [Individual e coletivo segundo a teoria de Alfred Adler]. *Ha-khinúkh Ha-Shomrí.*

10 Mushkatblitt, S. (1931). Ha-gorém ha-khevratí be-guil ha-ma'avár [A influência do social na sociedade na adolescência]. *Ha-khinúkh Ha-Shomrí*, pp. 95-97.

ção. [...] cumpre, para tanto, compreender e aplicar as concepções de Adler.[11]

Tova Schweitzer, outra pedagoga reconhecida, faz o recenseamento das convergências e divergências entre Freud e Adler.[12] Ela acusa Freud de fazer recair sobre o psiquismo do homem o peso da hereditariedade biológica; de considerar o recalcamento como insuperável; de negligenciar os fatores familiares e sociais, a influência determinante do ambiente, sobre o desenvolvimento das crianças.

Não foi sem travar duras batalhas no interior do Kibutz Artzí que Zvi Sohar conseguiu convencer seus camaradas de que a psicanálise é a psicologia mais adequada, a mais adaptada às concepções pedagógicas da educação coletiva. Será a derrota da psicologia experimental; a derrota, também, da psicologia individual: ele irá denunciar o caráter "fechado" de Adler, as suas concepções estreitas do ser humano e os seus preconceitos ideológicos acerca do funcionamento psíquico. Nenhum outro além de Freud terá, durante alguns anos, direito de cidadania; Freud, cuja "teoria aberta — que não procura, de modo algum, fechar as questões a partir de precon-

---

11 Silvertal, M. (1930). Yiessodót ha-khinúkh be-shikhvá bet [Fundamentos educativos da escola secundária]. *Ha-khinúkh Ha-Shomrí*, pp. 173-178; ou Silvertal, M. (1932). Ha-'aratzá ve-ha-yiedidút be-khayiei ha-nó'ar [A necessidade de admiração e a amizade na vida dos adolescentes], pp. 100-106.

12 Tova, S. (1936). Psykhologuiot ha-ómek ve-'arakhá be-khinukhéinu [Psicologias das profundezas e a sua apreciação em nosso sistema educacional], pp. 87-94. Cf. também: Tova, S. (1936, 1º mar.). Miproblema psykhoanaliza ve-ha-psykhoindividualiut [A questão da psicanálise e a psicologia individual].

ceitos" — está "em constante remanejamento, em constante questionamento".[13]

O Ha-Shomer Ha-Tza'ir da Palestina expande-se rapidamente e ocupa um lugar internacional eminente. Uma vez fundado o Kibutz Artzí, o Ha-Shomer Ha-Tza'ir se politiza em sua relação com os grupos que ainda estão no exterior. Zvi Sohar, como Shmuel Golan e alguns outros, será encarregado de diversas missões "diplomáticas" e pedagógicas, especialmente na Polônia. Zvi Sohar encontrou ali a oportunidade de tornar conhecida a experiência da educação sionista desenvolvida na Palestina.

Em 1929, Zvi Sohar, pouco antes de se juntar a Golan na Romênia, onde iriam representar o Ha-Shomer Ha-Tza'ir, declara que seria totalmente absurdo imaginar que os jovens adolescentes do movimento não vislumbram deixar seus kibutzim depois de terminados os estudos, e critica fortemente a visão "idílica" das pessoas de Degânia, que ainda contam com "o amor mútuo que liga pais e filhos" para "assegurar a continuidade de sua experiência" — aqui Sohar faz referência aos pioneiros socialistas da segunda onda de imigração, que haviam fundado, às margens do lago de Tiberíades, a primeira coletividade agrícola (*kvutzá*) que, de certa forma, será o protótipo, a experiência-mãe dos kibutzim, com todas as tendências confundidas — onde se havia abolido a propriedade individual, de fato, mas a família tradicional ainda era defendida.[14]

---

13 Sohar, Z. (1953). Sigmund Freud ve-ha-Sotzializm [Sigmund Freud e o Socialismo]. *Ofakím*, p. 124.

14 Cf. Near, H. (1985). Experiment and Survival: The Beginnings of the Kibbutz.

Ir, por um tempo, explorar o vasto mundo não significa o abandono do kibutz. Como escreve Sohar, para perenizar a educação coletiva,

> a tarefa mais difícil será convencer os jovens a adotar o caminho dos antigos. Pois não somos os únicos na Palestina, e as crianças sabem perfeitamente o que se passa no nosso entorno. É até mesmo dar provas de uma grande ingenuidade acreditar que, a certa altura, as crianças não se oporão aos seus pais e ao kibutz. Pois essa oposição, essa tensão própria aos jovens adolescentes, está sempre presente e manifesta-se em toda parte. Apoiamo-nos nas teorias de Adler e de Freud para sustentar essa ideia.[15]

No exterior, entre 1929 e 1934, Sohar supervisiona vários projetos educacionais em instituições judaicas sionistas muito influentes: em Varsóvia, dirige escolas fundadas pelo Fundo Nacional Judaico (Kéren Kayémet Le-Israel), e é responsável pela inspeção das escolas da rede educacional sionista Tarbút, da qual Pugatchov havia sido o incentivador, antes de o regime soviético interditá-la, e permanecia ativa na Polônia. O que nos interessa aqui é o fato de que, ao longo de seus périplos, ele vai tecer laços estreitos com o movimento psicanalítico em Viena e em Berlim para sustentar os projetos educacionais do movimento, tornando-se arquiteto do pacto entre o Ha-Shomer Ha-Tza'ir e o movimento psicanalítico.

Journal of Contemporary History, *20*(1), p. 192.

15 Relatório da Assembleia Geral do Va'ad Kibutz Artzí de 8 de maio de 1929, intervenção de Zvi Sohar, A.H.H., Ha-makhlaká le-khinúkh, aleph (1).1.4.

1933. Chegada dos freudianos na Palestina. A adesão entusiasta de Golan e de Sohar ao desenvolvimento da psicanálise acabou por convencer o Kibutz Artzí a apelar de forma privilegiada a essa disciplina. E a chegada de freudianos à Palestina, a partir de 1933, favorecerá os encontros, as alianças, as colaborações entre o movimento psicanalítico internacional e os pedagogos do Ha-Shomer Ha-Tza'ir.

1934. No kibutz Mishmar Ha-Émek. Desde o seu retorno à Palestina, em 1934, Sohar junta-se a Shmuel Golan no kibutz Mishmar Ha-Émek para implementar a educação coletiva, aperfeiçoar os primeiros programas e elaborar outros, sempre guiado por esta ideia principal: "O homem deve ser parte interessada na cultura" e "as forças criadoras do movimento kibutziano se forjam com a cultura". Sem nunca abandonar o mundo da educação, aos poucos ele vai deixando a implementação da educação coletiva ao encargo de Shmuel Golan para assumir a responsabilidade das questões culturais e das publicações do Kibutz Artzí.

Missões no exterior

Uma das missões confiadas a Sohar consistia em estabelecer contatos com os membros da Sociedade Psicanalítica de Viena e pedir que contribuíssem com a formação psicanalítica de seus pedagogos. Numa dessas correspondências,[16] quando

16 Carta enviada de Vina por Zvi Sohar ao Va'ad le-'iniyanei ha-Mossád Ha-khinukhí" em 22 de janeiro de 1931, A.H.H., Zvi Sohar, bet (1) 1.4.

de um último esforço para convencer seus camaradas ainda "hesitantes", ele ressalta a aprovação dos meios pedagógicos de Viena e dos membros da sociedade psicanalítica dessa cidade, perante a qual ele havia apresentado as suas próprias concepções de educação coletiva: a psicanálise pode e deve desempenhar um papel capital na educação coletiva. Deve ser considerada a psicologia de referência do Ha-Shomer Ha-Tza'ir: acomodando-se melhor aos princípios do movimento, só ela pode contribuir com a ressurreição do povo judeu. Um de seus artigos, intitulado "Os caminhos da nossa formação", reproduz o conteúdo de sua intervenção perante a Sociedade Psicanalítica de Viena. Não obstante, Sohar irá trazê-lo novamente a público, em 1932, na revista *Ofakím*[17] — a revista cultural e educativa do Ha-Shomer Ha-Tza'ir —, sob o título "Busca de caminhos". Ali, de novo, apresenta a psicanálise como única psicologia capaz de ajudar seus contemporâneos — e o povo judeu, em particular — a sobrepujar seus sofrimentos. Ele afirma que a psicologia oficial, "escolástica", herdeira do século XIX, ainda se revela cúmplice do poder político, sempre a serviço da moral e da repressão. Retomando a crítica de Bernfeld,[18] denuncia o nome escolhido por essa disciplina, "psicologia pura", pois essa denominação é despropositada; isso porque, como escreve ele, sejam quais forem

---

17 Sohar, Z. (1932). Khipús drakhím [Busca de caminhos]. *Ofakím*, (3), pp. 106-108.

18 Bernfeld, S. (1927). Die heutige Psychologie der Pübertät. *Imago*, *13*(1), Internationaler psychoanalytischer Verlag, pp. 1-56 — citado por Sohar, Z. (1932). Khipús drakhím [Busca de caminhos]. *Ofakím*, (3), p. 106.

as suas pretensões, a psicologia oficial permanecerá sempre a serviço da concepção de mundo do regime na situação.[19]

Retomando as considerações do psicólogo vienense Karl Bühler, que acabara de publicar uma obra tratando dessa questão, Sohar continua afirmando que cada geração tem a sua própria psicologia. Assim como toda sociedade atravessa crises e sofre profundas mudanças, a psicologia conhece suas próprias crises, com remanejamentos profundos.[20] Citando Bühler, ele sustenta que a psicologia está atravessando uma crise que se manifesta pela multiplicação das correntes e tendências, cujos princípios se encontram nas antípodas uns dos outros, legados de épocas e tradições diferentes, que carregam a marca de "ideologias do antigo e do novo mundo". Ora, a psicologia oficial, estima ele, permanece prisioneira das concepções de mundo do século XIX: procura valorizar, a todo custo, as qualidades superiores do entendimento humano — em contraste absoluto com o instinto e as "pulsões sexuais e agressivas" —, para impor a ordem da lei e da moral; cuida de preservar os valores materialistas da sociedade passada, sem levar em consideração nada dos valores da democracia e dos direitos humanos — ela "se faz guardiã da repressão e do silêncio".[21] Ela não só ignora a pulsão como também oculta e reprime um saber possuído pela massa, um saber que ela se esforça por afastar, ao passo que prega e reforça as normas estabelecidas pela sociedade. Com a psicanálise é totalmente diferente:

19 Sohar, Z. (1932). Khipús drakhím [Busca de caminhos]. *Ofakím*, (3), p. 106.

20 Bühler, K. (1929). *Die Krise der Psychologie*. Jena: G. Fischer.

21 Sohar, Z. (1932). Khipús drakhím [Busca de caminhos]. *Ofakím*, (3), p. 106.

"Oposta à psicologia oficial, a psicologia moderna, a psicanálise declarou guerra à repressão e ao silêncio. Ela reclama o desvelamento dos paradoxos da alma e a descoberta da parte animal no homem, que se encontra alojada no inconsciente: foram as pesquisas de Freud que nos revelaram a existência das leis do inconsciente, leis que regem a nossa vida e a nossa existência — que as leis do mundo biológico, por si sós, não teriam como ser suficientes para explicar". O que Sohar chama de "parte animal no homem" refere-se, sem dúvida, ao que Freud considera os estados mais arcaicos do psiquismo humano, correspondendo aos estádios mais arcaicos da civilização — o que Freud desenvolve em *Totem e tabu*, em *Psicologia das massas e análise do eu* e em *Mal-estar na cultura* (textos cuja importância Sohar não deixa de frisar). Ele afirma que uma "geração nova de judeus já conheceu a luz do dia"; que apenas uma psicologia nova poderá explicar essa "ressurreição do povo judeu" e, também, fazer um retrato psicológico do "novo judeu" (o pioneiro) — eletivamente, o do Ha-Shomer Ha-Tza'ir, do kibutz; esse judeu que, ao longo do tempo e ao sabor de suas peregrinações, sofreu um "remanejamento instintual"[22] que nenhuma psicologia se preocupou em compreender e explicar até então. Apenas a "psicologia das profundezas de Freud" estará em condições de fazê-lo, e de assim permitir que o povo judeu supere os seus complexos de inferioridade — que resultam dos acontecimentos traumáticos, da pobreza, do sofrimento e da opressão aos quais por séculos ele foi confrontado na Diáspora. Sohar afirma que deitar o povo judeu no divã

22 Sohar, Z. (1932). Khipús drakhím [Busca de caminhos]. *Ofakím*, (3), p. 106.

da psicanálise é a única possibilidade não somente de resolver esses "complexos de inferioridade", mas também de "liberar a agressividade acumulada durante séculos por esse povo, consequência da opressão e das perseguições de que fora vítima no passado, e que foram por ele recalcadas".[23] A psicanálise

> trará aos herdeiros da Bíblia e do Talmude os elementos profiláticos, pedagógicos e culturais que ajudarão o novo judeu a reencontrar seu verdadeiro caminho [...] é preciso que os pedagogos intelectuais comecem a reunir material para falar da juventude judaica hoje, de sua psicologia e de seus problemas. E para estudar a psicologia da nossa nação [...] existe, a nosso ver, uma única via de pesquisa: a psicologia das profundezas de Sigmund Freud, a psicanálise. É ela que nos aportará os instrumentos conceituais capazes de analisar o homem sem preconceitos e sem escrúpulos.

Não teríamos como resumir melhor que Zvi Sohar os primórdios da aventura que uniu os membros do Ha-Shomer Ha-Tza'ir da Palestina aos psicanalistas membros das sociedades psicanalíticas de Viena e de Berlim, no discurso fúnebre pronunciado por ele em 1971, por ocasião do falecimento de Moshe Wulff, esse grande pioneiro da psicanálise na Palestina e em Israel:

> Por volta de 1930, fui enviado para a Europa por meus camaradas do movimento com a missão de estabelecer

23 Sohar, Z. (1932). Khipús drakhím [Busca de caminhos]. *Ofakím*, (3), pp. 106-108.

> contatos com os membros da Sociedade Psicanalítica [de Viena] e de pedir-lhes suporte e auxílio. No círculo psicanalítico de Viena havia o dr. Paul Federn. Conseguimos entrar em contato com a direção do Instituto Psicanalítico de Berlim: com Eitingon e alguns outros.[24] Consequência direta desse encontro, a direção do Instituto Psicanalítico propôs-se a receber nossos educadores em formação psicanalítica. Shmuel Golan foi um deles. Naquela época, o dr. Wulff já estava instalado em Berlim. Já era conhecido, no interior do movimento psicanalítico, como um dos defensores da *Laienanalyse*, isto é, do exercício da psicanálise por não médicos. Foi Wulff quem recebeu Golan em análise. Por outro lado, e sem sombra de dúvidas, o dr. Wulff discordava de nossos projetos em matéria de educação como um todo, e particularmente das teses da nossa "Educação Coletiva", que, mais tarde, seriam aplicadas ao "Mossád Ha-Khinukhí", em Mishmar Ha-Émek, e de que Wulff havia sido informado, em Berlim, por Shmuel Golan, analisante seu.[25]

Quanto a Zvi Sohar, ele se encontra em Varsóvia, no fim do ano de 1929, mandatado, como ele próprio relatou, pela Comissão de Educação do Ha-Shomer Ha-Tza'ir no estrangeiro — e não apenas pelo Kibutz Artzí da Palestina — para,

---

24 Trata-se de Moshe Wulff, Siegfried Bernfeld, Hans Lampl, Ilja Shalit, Adolf Storfer, Otto Fenichel.

25 Sohar, Z. (1971). Drvarím ba-érev azkará mitá'am Ha-Khevrá Ha--Psykhoanalytit Ve-Ha-Psychiátrit. Le-Zikhró shel Professor Moshe Wulf [Discurso fúnebre em nome da Sociedade Psicanalítica e Psiquiátrica. Em memória do prof. Moshe Wulff]. Datiloscrito. A.H.H., Zvi Sohar, (4).7.13.95.

em nome do Ha-Shomer Ha-Tza'ir da Palestina, travar contato com os membros da Sociedade Psicanalítica de Viena e obter o seu apoio em alguns projetos: a criação de um periódico educacional e cultural em hebraico do Ha-Shomer Ha-Tza'ir, a tradução de textos psicanalíticos para o hebraico e a formação psicanalítica dos pedagogos do Ha-Shomer Ha-Tza'ir.

Paul Federn: um encontro decisivo

O encontro de Zvi Sohar com Paul Federn, um dos mais prestigiados psicanalistas da Sociedade Psicanalítica de Viena, em 1929, e o apoio do movimento psicanalítico para a realização dos projetos do Ha-Shomer Ha-Tza'ir no domínio da educação e da edição, obtidos graças a ele, serão decisivos para o futuro da Palestina. Federn responde positivamente ao pedido de Sohar, que deseja encontrá-lo, como testemunha uma correspondência datada de 23 de setembro de 1929 e endereçada por Sohar a fim de agradecer, muito calorosamente, o fato de Federn ter aceitado ajudar o Ha-Shomer Ha-Tza'ir em seus projetos.[26]

Quando Paul Federn está prestes a partir para Stuttgart, Zvi Sohar lhe recorda que ele tem de travar contato com Adolf Storfer, o diretor do Internationaler Psychoanalytischer Verlag (a editora do movimento psicanalítico internacional), para lhe apresentar um projeto elaborado pelos membros e solicitar o apoio financeiro necessário para colocá-lo em ação. Federn

---

26 Carta de Zvi Sohar a Paul Federn de 23 de setembro de 1929 (incompleta: como muitos outros documentos, este foi rasgado, de modo que só dispomos de fragmentos), A.H.H., Zvi Sohar, H (8).1.13.95.

renova as suas promessas por escrito,[27] garantindo que apresentará o projeto à editora Hypokrates, em Stuttgart, e que também tentará intervir junto a Storfer. Ele chega a prometer a Sohar que levantará mil xelins com os seus amigos — psicanalistas também, provavelmente.

A emoção com a qual Zvi Sohar recebeu essas declarações de Federn transparece na correspondência que endereça a seus amigos em janeiro de 1930,[28] na qual indica que pretende criar, no interior do Ha-Shomer Ha-Tza'ir, uma editora, que publicaria textos de psicologia moderna, de educação moderna e de sociologia — traduzidos para o hebraico, muito evidentemente. Mas o Ha-Shomer Ha-Tza'ir não dispunha de verba suficiente para realizar esses projetos: se ainda podiam dispor do fomento dos poloneses, os membros da Palestina já não contavam com o apoio financeiro dos outros movimentos de juventude da Galícia, desde a sua adesão ao marxismo,[29] como explica Sohar: "É aos nossos amigos da Polônia [do Ha-Shomer Ha-Tza'ir], e não de Berlim, que podemos recorrer financeiramente; a quem teremos de nos dirigir para tentar fun-

---

27 Carta de Paul Federn a Zvi Sohar (sem data), A.H.H., Zvi Sohar, H (8).1.13.95.

28 Carta de Zvi Sohar de 18 de janeiro de 1930 endereçada a Mílek (Shmuel Golan), Yehoshua e Arthur, A.H.H., Zvi Sohar, H (8).1.13.95.

29 Alguns grupos do Ha-Shomer Ha-Tza'ir da antiga Galícia (Hungria, Tchecoslováquia, Romênia) haviam tomado certas distâncias de seus colegas da Palestina quando estes aderiram ao socialismo e os seus movimentos se politizaram. Com o passar do tempo, esses grupos perderam peso dentro do movimento internacional Ha-Shomer Ha-Tza'ir, ao passo que o grupo da Polônia, que sempre havia apoiado o grupo da Palestina, irá se tornar cada vez mais forte, até a eclosão da Segunda Guerra Mundial. Carta de Zvi Sohar de 18 de janeiro de 1930 endereçada a Mílek (Shmuel Golan), Yehoshua e Arthur, A.H.H., Zvi Sohar, H (8).1.13.95.

dar um periódico".[30] Nessa mesma carta, Sohar informa a seus colegas de que, na Palestina, os partidos políticos de esquerda se reuniram no seio de uma nova formação política, o MAPAI (Mifléguet Po'alím be-Eretz Israel, o Partido dos trabalhadores da Terra de Israel), e esclarece: "Os russos [dirigentes da Histadrút e do MAPAI, especialmente da segunda *aliyah*] tentam nos excluir". Com efeito, então, os intelectuais do Ha-Shomer Ha-Tza'ir são muito duramente criticados pelos da Histadrút Ha-Ovdím, e particularmente pelos intelectuais do Ha-Po'el Ha-Tza'ir, hostis ao marxismo oficial ao qual eles aderem. Tendo muito claramente percebido o perigo que emanava dos outros partidos de esquerda da Palestina, Sohar exorta seus companheiros a se mobilizar imediatamente e partir em campanha pelo exterior a fim de não correr o risco de perder o apoio que estavam prestes a obter para realizar os projetos culturais do Ha-Shomer Ha-Tza'ir, que, efetivamente, incluíssem a psicanálise: "É preciso ir! É preciso colocar todas as fichas no projeto educacional e cultural do Ha-Shomer Ha-Tza'ir — o que não quer dizer que seja preciso firmar um pacto com a burguesia. Cumpre, todavia, obter a sua participação na realização de nossos objetivos, no que concerne também à realização do sionismo, em particular em tudo o que diz respeito à educação". A política de Zvi Sohar, entre 1930 e 1932, desemboca no nascimento, na Polônia, da revista *Ofakím* [*Horizontes*], que será a primeira grande revista cultural e educativa do Ha-Shomer Ha-Tza'ir — e a plataforma privilegiada da psica-

---

30 Carta de Zvi Sohar de 18 de janeiro de 1930 endereçada a Mílek (Shmuel Golan), Yehoshua e Arthur, A.H.H., Zvi Sohar, H (8).1.13.95.

nálise na Palestina. Quando o Kibutz Artzí se pronuncia na Palestina em prol da abertura do Instituto Educacional no kibutz Mishmar Ha-Émek, Sohar encarrega Mordechai Shenhabi[31] de substituir Golan e ele próprio na implementação desse projeto educacional, enquanto eles não retornavam da Europa.[32]

No final do mês de março de 1930, Zvi Sohar efetua uma breve estada em Viena: o tempo de ministrar algumas conferências sobre os métodos pedagógicos do movimento na Palestina; de encontrar Adolf Böhm, célebre dirigente sionista austríaco, e Max Adler, líder do movimento socialdemocrata na Áustria. Devendo em seguida ir para Varsóvia — e ocupado demais para levar a cabo, ele próprio, as negociações iniciadas alguns meses antes com Federn —, ele pede a Eliezer Hacohen que assuma as tratativas, não sem lhe dar algumas instruções muito precisas: "É importante que vá visitar Federn", escreve Sohar ao amigo, "e lembre a ele do que conversamos":

> É preciso chamar a atenção dele para a importância da nossa publicação, que chegaria aos leitores de língua

---

31 Nascido na Rússia, Mordechai [Helpenheim] Shenhabi (1900-1983) foi um dos fundadores das Brigadas de Trabalho de Shomriya: grupo dos primeiros shomrianos que, em 1922, trabalham na comunidade Shomriya — que em seguida se torna o Kibutz Mishmar Ha-Émek. Shenhabi inicia as atividades educativas do Instituto Educativo em 1931, enquanto Shmuel Golan ainda estava em Berlim (ver a seguir) recebendo sua formação psicanalítica. Tendo se tornado um dos líderes do Ha-Shomer Ha-Tza'ir, Shenhabi tomou iniciativa de criar o Museu da Shoah (Yad Vashem) em Jerusalém, e foi seu primeiro diretor.

32 Golan volta para a Palestina em 1933, depois da subida de Hitler ao poder; Sohar deixa Varsóvia em 1934, para se juntar a Golan em Mishmar Ha-Émek e participar com ele da elaboração da educação coletiva no Kibutz.

> hebraica, não somente em Eretz Israel, como acredita Federn, mas igualmente aos jovens leitores e a toda a *intelligentsia* de língua hebraica — a começar pelos instrutores — da Diáspora. É preciso que você explique para ele, muito claramente, que não se trata de uma empreitada de caráter comercial, mas de um projeto educacional e cultural destinado a nos ajudar.[33]

Ao lembrar Hacohen da promessa de uma doação de mil xelins por Federn, Sohar esclarece que essa importância deveria ser o suficiente para financiar a publicação de duas obras, que seriam publicadas, traduzidas para o hebraico, dentro de três meses: *Das Psychoanalytische Volksbuch* [*O manual popular de psicanálise*],[34] editado sob a coordenação de Paul Federn e Heinrich Meng;[35] e depois *Die Befreiung des Kindes* [*A libertação da criança*], do psicanalista vienense Fritz Wittels,[36] que Sohar pede que o seu camarada também encontre em Viena.

O próprio Sohar havia previsto encontrá-lo, mas isso não aconteceu; os dois falaram por telefone, apenas. A carta

---

33 Carta de Zvi Sohar a Eliezer Hacohen de 30 de março de 1930, A.H.H., Zvi Sohar, H (8).1.13-95.

34 O título dessa obra às vezes é traduzido de outra forma: *Manual de vulgarização psicanalítica* (1985). In M. Cifali & J. Moll, *Pédagogie et psychanalyse*. Paris: Dunod, p. 6.

35 Federn, P., & Meng, H. (Org.). (1932). *Psykhoanalyza la'am* (I. Cohen, trad.). Warszawa: Hotza'at Ha-Shomer Ha-Tza'ir. Em alemão: Federn, P., & Meng, H. (Org.). (1926/1939). *Das psychoanalytische Volksbuch* (3a ed.). BernStuttgart: Hans Huber, p. 733.

36 Wittels, F. (1927). *Die Befreiung des Kindes*. Em hebraico: Wittels, F. (1939). *Shikhrúr ha-yiéled* (E. Hacohen, trad.; Vol. 1). Tel Aviv: Sifriát Po'alím, Merchavia.

em que ele informa Hacohen se revela interessante, pois ali encontramos alguns indícios sobre o clima que então imperava na comunidade psicanalítica de Viena; sobre a situação política na Palestina — explosiva naquele início de ano, em 1930 —; e sobre a incidência dos acontecimentos da Palestina de 1929. Sohar escreve, com efeito: "O nosso encontro não ocorreu como previsto. Quando de uma conversa telefônica que tivemos, Wittels estimou que, com os acontecimentos da Palestina e a conflagração da situação por lá, ninguém queria dar dinheiro para editar obras em Eretz Israel".[37]

Após as atrocidades em Hebrom, em 23 de agosto de 1929, imperou nas comunidades judaicas da Europa — e mesmo por muito tempo depois do fim desse conflito — um clima de tensão e de profundo transtorno; alguns psicanalistas judeus assimilacionistas ficaram sensibilizados, a começar por Freud e Fritz Wittels. Este — que, antes dos acontecimentos, havia prometido a Sohar que iria ajudá-lo — fica pessimista quanto às chances de sucesso das empreitadas sionistas na Palestina e dá para trás em sua proposta de sustentar os projetos de edição do Ha-Shomer Ha-Tza'ir. Também temos conhecimento de que Federn lhe havia prometido conversar com Freud sobre projetos do Ha-Shomer Ha-Tza'ir; Sohar interroga Hacohen quanto à possibilidade de irem, ambos, encontrar Freud em Viena — contanto, é claro, precisa ele, que Freud queira recebê-los.

Em setembro de 1930, Sohar tem de ir a Viena de novo, dessa vez para assistir ao congresso do Movimento pela Re-

37 Carta de Zvi Sohar a Eliezer Hacohen de 30 de março de 1930, A.H.H., Zvi Sohar, H (8).1.13-95.

forma Sexual dos Jovens. Nessa ocasião, ele retoma contato com Paul Federn,[38] porque "as coisas avançaram". De fato, Sohar chega a Viena com novos projetos: a tradução e a edição de *O futuro de uma ilusão*;[39] *Die Befreiung des Kindes*, de Wittels; *Das Psychoanalytische Volksbuch*, de Federn e Meng, *Sisyphos oder die Grenzen der Erziehung* [*Sísifo ou os limites da educação*], de Bernfeld; e um obra, popular na época, considerada por Sohar muito importante para os leitores do Ha-Shomer Ha-Tza'ir: o *Bub und Mädel* [*Menino e menina*], de Max Hodann,[40] traduzido para o hebraico por Shmuel Golan e publicado na Palestina em 1932 ou 1933. Mas, como Shmuel Golan explicará alguns anos depois, o livro foi censurado pelas autoridades governamentais britânicas também na Palestina, por pressão de alguns dirigentes do círculo oficial da pedagogia do Yishúv.[41]

---

38 Carta de Zvi Sohar a Paul Federn de 17 de setembro de 1930, A.H.H., Zvi Sohar, (8).1.13-95.

39 Ora, o que nos surpreende é que a primeira tradução que descobrimos foi a realizada por Shmuel Golan, com o título "Atidá shel iluzia ekhád", publicada em *Ha-Khinúkh Ha-Shomrí*, em 30 de junho de 1929, isto é, antes de Sohar apresentar seus projetos a Federn. Por outro lado, fica evidente que, com exceção de Judah Dwossis — o tradutor oficial de Freud em hebraico —, os demais tradutores dos textos freudianos de Freud nessa língua o fizeram, muito provavelmente, sem a autorização do autor. ([N.E.]: Em pesquisas recentes sobre a história do freudismo em Israel, e que farão parte do seu terceiro livro, Guido Liebermann encontrou evidências de que o movimento Ha-Shomer Ha-Tza'ir obteve, sim, autorização para publicar a tradução de *O futuro de uma ilusão*).

40 Hodann, M. (1929). *Bub und Mädel: Gespräche unter Kameraden über die Geschlechterfrage*. Berlin: Universitas Deutsches Verlag.

41 Golan, S. (n.d.). Sifrút be-sheilát ha-khinúkh ha-miní [A educação sexual: referências bibliográficas]. p. 4, A.K.M.H., Golan, G/2/11.

Sohar explica para Federn o que o leva a querer traduzir e publicar em hebraico justamente essas obras. Em *O futuro de uma ilusão*, precisa ele, o que é interessante é a forma que Freud tem de apreender a vida em geral, o mundo psíquico e os fenômenos religiosos; e essa obra haveria de se mostrar muito instrutiva para os educadores: é uma introdução muito boa ao pensamento psicanalítico. A obra de Wittels, por sua vez, "concordará perfeitamente com a prática de nossos pedagogos, e conhecerá um enorme sucesso junto às educadoras de crianças pequenas". Quanto ao livro de Federn e Meng, Sohar propõe a Federn discutir a respeito: ele vislumbra reunir num mesmo volume artigos psicanalíticos no tocante, sobretudo, a questões de ordem prática. Por fim, argumenta que, contra os marxistas roxos do Ha-Shomer Ha-Tza'ir, *Sisyphos oder die Grenzen der Erziehung*, de Bernfeld, "mostra-se de uma importância capital para o nosso movimento, na medida em que ele trata tanto da experiência do socialismo quanto da experiência da psicanálise".[42]

Sohar ainda informa Federn acerca do encontro que ele teve com Adolf Storfer, diretor da editora do movimento psicanalítico internacional em Stuttgart que Federn havia contatado: encontro um pouco decepcionante para eles, uma vez que Storfer considerava que não cabia à Internationaler Psychoanalytischer Verlag subvencionar os seus projetos, mas à Sociedade Psicanalítica de Viena.

42 Carta de Zvi Sohar a Paul Federn de 17 de setembro de 1930. A.H.H., Zvi Sohar, (8).1.13-95.

Sohar confirma a Federn que um periódico do movimento Ha-Shomer Ha-Tza'ir deve ser editado na Diáspora, em Varsóvia: um periódico sem pretensões científicas ou acadêmicas, "destinado ao movimento de juventude, que abordará temas atuais que interessam sobretudo aos jovens, e, entre outras, questões relativas à sexualidade e à educação sexual" — e proporá referências bibliográficas sobre a psicanálise, para ajudar os educadores do movimento em seu trabalho. Ele propõe a Federn a criação de uma coluna especialmente dedicada à psicanálise, que informará também os leitores de língua hebraica, da Palestina e noutros lugares, sobre as atividades do movimento psicanalítico — e os editores de *Ofakím* cumprirão suas promessas, atribuindo um grande espaço à psicanálise.

A revista Ofakím

Com efeito, Freud e Bernfeld — mas também a psicanálise, de modo geral — estão muito presentes nas revistas editadas pelo Ha-Shomer Ha-Tza'ir, *Ha-Khinúkh Ha-Shomrí* [*A educação shomriana*] ou *Ha-Hinúkh Ha-Meshutáf* [*Educação coletiva*].[43] A partir de 1932, como vimos, Sohar funda *Ofakím:*

43 Por exemplo, em *Ha-Khinúkh Ha-Shomrí*, muito antes da homenagem prestada a Freud por ocasião de seu 80º aniversário, "Freud ben shmoním", aos 2 de maio de 1936, se podia ler: na pena de Shmuel Golan, "Khayieï ha-khevrát ha-yieladím" [A vida na Sociedade das Crianças], 15 de fevereiro de 1929; "Khevrá ha-yieladím Beit Alfa" [A Sociedade das Crianças (no kibutz) Beit Alfa], 1º de abril de 1929; "'Atidá shel ilúzia ekhád", primeira tradução em hebraico do texto de Freud, *O futuro de uma ilusão*, 30 de junho de 1929; "'Al séfer shel Freud" [A

le-khinúkh u-la-tarbút [*Horizontes: educação e cultura*], uma revista educativa e cultural que concede um lugar todo particular à psicanálise e aos psicanalistas durante os anos 1930 e 1940. O primeiro número, publicado em Varsóvia em 1932, foi organizado pelo próprio Sohar;[44] declara-se abertamente "contra a cultura burguesa" e se endereça a um público amplo, muito além das fronteiras do movimento. Ali são tratados, essencialmente, problemas de cultura e educação, e debates e polêmicas não ficam de fora das suas colunas. A psicanálise ocupa ali, já de início, um lugar de honra: no primeiro número, anuncia-se a publicação do *Das Psychoanalytische Volksbuch*, de Paul Federn e Heinrich Meng,[45] traduzido para

---

propósito de um livro de Freud], 30 de julho de 1929; "Be-shulei séfer shel Hodann 'al ha-onania" [Para além da obra de Max Hodann sobre o onanismo]; "Meyiassdéi khinúkh atzmí — 'al shikmá" [Os precursores da educação autônoma — sobre a reabilitação], 1º de dezembro de 1929; "Ha-kibutz ve-ha-shikhrúr ha-ishá" [O kibutz e a libertação da mulher], 15 de dezembro de 1930; "Khevrát ha-talmidím be-Krinitzia" [A Comunidade Escolar de Krinitzia], e "Mossád ha-khinukhí shel tnu'át ha-nó'ar" [O Instituto Educacional do movimento de juventude], 1º de fevereiro de 1931. O leitor de *Ha-Khinúkh Ha-Shomrí* também encontrava a apresentação, por Fritz Kerzen, de uma obra de Siegfried Bernfeld: "Le-tafkidán shel kehilát ha-yieladím meet Siegfried Bernfeld — 'al séfer" [Sobre o papel das comunidades de crianças de Siegfried Bernfeld — a propósito de seu livro], datado de 1º de abril de 1929; a tradução de um artigo do psicanalista alemão Karl Landauer, "Die Gemütsbewegungen oder Affeckte" [Emoções ou afetos], publicada como "Tnu'át ha-néfesh o aféktim. Kéta mitókh *Psykhoanalyza l'am*" em 1º de abril de 1932; ou ainda textos que ressaltam a importância da obra de Adler nos debates entre os membros do Kibutz Artzí.

44 Provavelmente o primeiro número de *Ofakím* foi publicado no decorrer do verão de 1932. Infelizmente, não conseguimos encontrar um exemplar sequer.

45 Federn, P. & Meng, H. (Org.). (1926). *Das psychoanalytische Volksbuch*. Bern/

o hebraico por Israel Cohen — escritor, jornalista e membro do Ha-Po'el Ha-Tza'ir.

Os textos de Gustav Wyneken[46] também são ali traduzidos e publicados; e ali também se comenta a influência do Wandervogel sobre as concepções pedagógicas do Ha-Shomer Ha-Tza'ir.[47] São tratados os novos métodos psicopedagógicos elaborados pelo pedagogo e psicólogo belga Ovide Decroly;[48] são apresentadas as experiências pedagógicas conduzidas na União Soviética com crianças delinquentes à luz das concepções de August Aichhorn e Siegfried Bernfeld.[49] Shmuel Golan traduz um artigo do psicanalista Otto Fenichel, que ele havia conhecido em Berlim: nele Fenichel descreve uma outra experiência, realizada na União Soviética, numa comunidade que acolhia jovens delinquentes, conhecida pelo nome de *Bolshevo*.[50] No que concerne à psicologia do adolescente delinquente, um outro artigo de Aichhorn — então considerado pioneiro

---

Stuttgart: Verlag Hans Huber; Federn, P. & Meng, H. (Org.). (1932). *Psykhoanalyza la'am* (I. Cohen, trad.). Hotza'at Ha-Shomer Ha-Tza'ir. Warszawa: Haszomer Haçair.

46 Wyneken, G. (1932). Ha-politika be-batei ha-séfer [A política na escola]. *Ofakím*, (3), pp. 133-135.

47 Gothelf, Y. (1933). Beit ha-séfer 'ivrií u-tnu'át ha-nó'ar [Escola hebraica e movimento de juventude]. *Ofakím*, (8-9), pp. 331-333.

48 Mushkatblick, S. (1932). Shitat Décroly: Ha-yiesódot ha-psykhologuiim [O método Decroly: Seus fundamentos psicológicos]. *Ofakím*, (3), pp. 118-120.

49 Shachsel, H. (1932). Ha-dérekh la-khayim [O caminho em direção à vida] (a propósito da psicanálise e da reinserção das crianças órfãs e abandonadas na União Soviética). *Ofakím*, (4), pp. 193-194.

50 Fenichel, O. (1933). Há-moshabá ha-ptukhá 'Bolshevo' [A comunidade aberta 'Bolshevo']). *Ofakím*, (3), pp. 78-79.

em matéria de psicologia das crianças e dos adolescentes associais[51] — também será traduzido para a revista.

Ronia Sohar redige um artigo retomando as diferentes teorias sobre o brincar (de Spencer, Lazarus, Wundt, Bühler, Hall, Karl Gross, Stern...), ao mesmo tempo que concede um lugar particular às teorias psicanalíticas.[52] Ela dedica um outro artigo à psicologia do adolescente, amparando-se largamente na teoria psicanalítica e nos seus conceitos, expostos de maneira tal que o leitor hebraico possa apreender o período de latência, o objeto libidinal, o interdito do incesto... — enquanto esses conceitos mal eram evocados nos artigos publicados, nessa mesma época, em *Ha-Khinúkh* [*A educação*] e *Hed Ha-Khinúkh* [*Ecos da educação*].[53] O psicanalista Heinrich Meng publica um artigo muitíssimo bem documentado e instrutivo, "Makhalót 'atzavím be-guil ha-yialdút" ["Doenças nervosas da infância"]: é a primeira publicação, na Palestina, de um artigo dedicado especificamente a problemas de psicopatologia da criança como o sonambulismo, a neurose obsessiva, as crises de angústia noturna, a cleptomania e a enurese.[54]

---

51 Aichhorn, A. (1932-1933). Khinúkh anashím dissotzialiim. *Ofakím*, (3), pp. 4-10; Aichhorn, A. (1938). Erziehung Unsozialer. *Almanach der Psychoanalyse*, (13), pp. 154-158.

52 Sohar, R. (1933). Torat ha-miskhák [A teoria do brincar]. *Ofakím*, (5-6), pp. 236-238.

53 Sohar, R. (1932). La-psykhologuia shel-guil hitbagrút [Psicologia da adolescência]. *Ofakím*, (3), pp. 113-114.

54 Meng, H. (1933). Makhalót 'atzavím be-guil ha-yialdút: 'Al ha-neurasthenia, ha-nevropathia, psykhotia be-guil ha-yieladím [Doenças nervosas da infância: A neurastenia, a neuropatia e a psicose infantis]. *Ofakím*, (3), pp. 58-61.

Pela revista *Ofakím*, os leitores de língua hebraica também são informados das publicações psicanalíticas que tratam de questões relativas à educação,[55] mas também de outros avanços da psicologia moderna.[56] Os congressos organizados por pedagogos ou psicanalistas no exterior são igualmente anunciados e comentados ali. Assim, o leitor poderá ler, em 1932, o relatório de um congresso sobre a educação do lactente, ocorrido na Alemanha, do qual haviam participado psicanalistas membros do Instituto Psicanalítico de Berlim.[57]

Em 1934, enquanto Zvi Sohar deixa a Polônia e volta para a Palestina a fim de juntar-se a Shmuel Golan em Mishmar Ha-Émek, *Ofakím*, por razões que desconhecemos, interrompe temporariamente as suas publicações. É *Khinúkh ha-Meshutáf* que, de certa maneira, assume o seu lugar, pelo menos no que se refere à educação. É em 1943 que *Ofakím* retoma as suas atividades, paralelamente à fundação da Sifriát Po'alím, editora do Ha-Shomer Ha-Tza'ir. *Ofakím* continua mantendo os seus leitores a par das atividades do movimento psicanalítico e publicando relatórios de congressos psicanalíticos que ocorreram no exterior — recensões publicadas, geralmente, no *Internationaler Zeitschrift für psychoanalytische Pädagogik*, traduzidas para o hebraico.

---

55 Sem autor. (1933). Comentário da obra de Hans Zulliger *Psychoanalytische Erfahrung aus der Volkschulpraxis*. *Ofakím*, (8-9), p. 375.

56 Sem autor. (1933). Comentário da obra de Charlotte Bühler *Der menschliche Lebenslaut als psychologisches Problem*. *Ofakím*, p. 376.

57 *Ofakím*, (3), 1932, pp. 139-140. Relatório do Congresso de Psicanáise e Pedagogia estabelecido por Paul Federn no *Internationaler Zeitschrift für Psychoanalyse*. Traduzido em *Ofakím*, (3), 1932, pp. 155-156.

Doravante, *Ofakím* publica os artigos dos psicanalistas que imigraram para a Palestina fugidos do nazismo. A maioria trata de questões relativas à psicologia infantil. Os textos publicados na revista nos anos 1940 e no início dos anos 1950 testemunham relações privilegiadas que o Ha-Shomer Ha-Tza'ir então mantinha com o movimento freudiano na Palestina, em particular durante os anos em que Moshe Wulff presidiu a CPEI (Khevrah Psykhoanalytit B'Eretz Israel), entre 1943 e 1953. Impossível comentá-los todos; menciono aqui apenas alguns. Além das traduções em hebraico dos textos de Freud, são publicados artigos de outros psicanalistas estrangeiros: "Pákhad yieladím" ["Medos infantis"], de Anna Freud, tratando dos medos infantis provocados pelos bombardeios da esquadrilha alemã em Londres durante a Segunda Guerra Mundial;[58] "Ha-antishémiut la-or ha-psykhoanalyza" ["O antissemitismo à luz da psicanálise"],[59] de Otto Fenichel; "Ha-nikshalím ba-beit séfer" ["O fracasso escolar"],[60] do psicanalista suíço Hans Zulliger. Moshe Wulff publica ali vários artigos entre 1943 e 1948.[61] Uma parte será republicada, em

58 Freud, A. (1944). Pákhad yieladím. *Ofakím*, (3), pp. 12-16.

59 Fenichel, O. (1947). Ha-antishémiut la-or ha-psykhoanalyza. *Ofakím*, (2), pp. 24-32; Fenichel, O. (1940), Psychoanalysis of anti-semitism. *American Imago*, *1*(2), pp. 24-39.

60 Zulliger, H. (1947). Ha-nikshalím ba-beit séfer. *Ofakím*, (4), pp. 24-28.

61 Pode-se citar, por exemplo, na *Ofakím:* Wulff, M. (1948). Khinúkh, Khevrá u-Mediná [Educação, Sociedade e Nação], (2), pp. 55-60 e (3), pp. 11-14; Wulff, M. (1948). Khinúkh ve-'onesh [Educação e punição], (4), pp. 23-33; Wulff, M. (1947). La-psykhologuia shel kapriza etzel yieladím [Psicologia dos caprichos infantis], (1), pp. 2-12; Wulff, M. (1943). Ha-kitrúg 'al yialdéinu ba-Aretz u-khinukhám

1949, no segundo volume do já célebre *Néfesh ha-yiéled* [*O psiquismo da criança*];[62] outros comporão uma outra obra, desconhecida por seus biógrafos, intitulada *Ha-yiéled ha-katán* [*A criança pequena*].[63] Do psicanalista austríaco e dirigente social-democrata Josef Friedjung, que chegou à Palestina em 1938, é publicado "Beyin ha-rofé ve-ha-yiéled ha-kholé" ["Entre o médico e a criança doente"][64] e "A educação rumo ao socialismo" ["Ha-khinúkh likrat ha-sotzializm"].[65] Friedjung critica ali os ideais dos pedagogos que se dizem adeptos do marxismo oficial e os do Ha-Shomer Ha-Tza'ir, considerando, entre outros, que, seja qual for o que se procure aplicar, "nenhum método educacional será operante se o educador que deve aplicá-lo apresentar, ele próprio, uma personalidade sádica ou masoquista — e isso apesar do alto valor dos princípios morais e éticos promovidos pelo kibutz". Ali também se encontram artigos sobre a psicologia do lactente e da criança

---

[A reprimenda na educação das crianças na Palestina], (1), pp. 49-57; Wulff, M. (1944). Ha-metziút ve-ha-dimyión be-psykhika shel ha-yiéled [Realidade e imaginário no psiquismo da criança], (1), pp. 12-19; Wulff, M. (1947). "Al hitpatkhút ha-mussarít shel ha-yiéled [O desenvolvimento do senso moral na criança), (4), pp. 9-18 e (5), pp. 1-8; Wulff, M. (1947). Le-mahutá shel ha-omanút [A essência da arte], (3), pp. 2-9. Também: Wulff, M. (1934). Phantasie und Wirklichkeit im Seelenleben des Kleinkindes. *Zeitschrift für Psychoanaltytische Pädagogik*, *8*, 306-318.

62 Wulff, M. (1946). *Néfesh ha-yiéled* (Vol. 1, 160 p). Merchavia: Sifriát Po'alím; Wulff, M. (1949). *Néfesh ha-yiéled* (Vol. 2, 156 p). Merchavia: Sifriát Po'alím.

63 Wulff, A. (1944). *Ha-yiéled ha-katán. La-psykhologuia shel pe'ulót ha-khinúkh* [A criança pequena. Psicologia das atividades educativas]. *Ofakím*, (1), p. 1. (col. "Shbilei Ha-Khinúkh", anúncio publicitário da Editora Sifriát Po'alím).

64 Friedjung, J. (1946). Beyin ha-rofé ve-ha-yiéled ha-kholé. *Ofakím*, (3), pp. 50-55.

65 Friedjung, J. (1946). Ha-khinúkh likrát ha-sotzializm. *Ofakím*, (1), pp. 20-26.

pequena, de psicanalistas próximos do Ha-Shomer Ha-Tza'ir, como Erwin Hirsch, Lizzi Rosemberg e Shmuel Nagler.

Nos anos 1950, a nova geração de pedagogos do movimento kibutziano, formados em psicanálise no Seminário Psicanalítico para Pedagogos proposto pelo Instituto Psicanalítico de Jerusalém — como Rachel Manor, Zvi Lavih, Gid'on Levin ou Zvi Livnat —, publica em *Ofakím* estudos dedicados à obra de Freud e à psicanálise de modo geral.[66] Após 1953, contudo, a psicanálise ocupará cada vez menos espaço em suas páginas e no movimento Ha-Shomer Ha-Tza'ir em geral — consequência do aumento da crítica marxista em relação à psicanálise no interior do movimento, como bem precisou Shlomo Yitzhaki, uma das testemunhas dessa história.[67]

A editora Sifriát Po'alím

Zvi Sohar contribui, em 1943, para a fundação da Sifriát Po'alím, a editora do Ha-Shomer Ha-Tza'ir. Ele é nomeado redator-chefe e assina vários artigos, livros e brochuras so-

66 Cf., em especial, os artigos de Zvi Lavih, que defende as posições de Freud, e a psicanálise, quando ela havia acabado de ser considerada por alguns, dentro do Ha-Shomer Ha-Tza'ir, como um "instrumento da ideologia reacionária". Lavih, Z. (1952). Le-matzáv ha-psykhologuia be-yiaménu [Situação atual da psicologia]. *Ofakím*, (2-5), pp. 3-5, e Lavih, Z. (1953). 'Al ha-likhím ha-bílti muda'ím ve-'al ha-toda'á [O consciente e os processos inconscientes]. *Ofakím*, (2-5), pp. 130-132.

67 Yitzhaki, S. (1989). Veze sipur ha-ma'asse: 'Al toldót ha-psykhoanalyza be-khinukhéinu [Relato dos fatos: Sobre a história da psicanálise na nossa educação]. *Ha-Khinúkh Ha-Meshutáf*, (133), pp. 84-66.

bre arte, cultura, educação e, é claro, psicologia e psicanálise. Uma das primeiras obras de Freud publicadas foi *Autobiografia* [*Selbstdarstellung*], em 1925.[68] Serão igualmente publicadas traduções das obras de Siegfried Bernfeld, Paul Federn, Heinrich Meng e Fritz Wittels, que já tivemos a oportunidade de citar; textos assinados por Heinrich Meng,[69] Wilhelm Stekel,[70] Susan Isaacs,[71] August Aichhorn,[72] Erich Fromm...[73]

---

68 Freud, S. (1925/2011). Autobiografia. In *O eu e o id, "Autobiografia" e outros textos* (pp. 75-167, P. C. de Souza, trad.) (Obras completas, Vol. 16). São Paulo: Companhia das Letras. Traduzido por Zvi Sohar e Shmuel Golan, esse texto aparecerá em excertos na *Ofakím*, depois integralmente num volume só, publicado pela Sifriát Po'alím sob a responsabilidade editorial de Zvi Sohar.

69 Meng, H. (1946). *Strafen und Erziehen, Khinúkh ve-'ónesh* [Educação e castigo] (Sh. Giladi, trad.). Merchavia: Sifriát Po'alím, Ha-Shomer Ha-Tza'ir.

70 Stekel, W. (1945). *Mikhtavím la-em*. Merchavia: Sifriát Po'alím, citado em: Sifriát Po'alím. Mitókh tokhnít lishnát 1945. (1944). *Ofakím*, (1), p. 2 (*Briefe an eine Mutter* [Carta a uma mãe]. Zürich/Leipzig, 1927).

71 Isaacs, S. (1944). Ha-yieladím she-ánu melamdím otám, citado em: Sifriát Po'alím. Mitokh tokhnít lishnát 1945. (1944). *Ofakím*, (1), p. 2 (*The children we teach; Seven to eleven Years*. London: University of London, 1932); Isaacs, S. (1944). Hitpatkhút khevratít shel ha-yiéled. *Ofakím*, (1), p. 2 (*Social development in young children*. New York/London: Routlege/Harcourt Brace, 1933); Isaacs, S. (1944). Ha-yieladím be-guil ha-beit séfer [As crianças em idade escolar]. *Ofakím*, (1), p. 2; Isaacs, S. (n.d.). Ha-yiéled be-guil harákh [O lactente]. Merchavia: Sifriát Po'alím. Cf. Soahr, Z. (1953). *Be-'enei mekhanékh [In the eyes of an educator]*. Merchavia/Hotzaat Ha-kibutz Ha-artzi Ha-Shomer Ha-Tza'ir: Sifriát Po'alím; Isaacs, S. (1929). The infant's mind in the first year of life. *The Nursey World*, (8), pp. 536, 569, 600, 632 e 634.

72 Aichhorn, A. (1932-1933). Khinúkh anashím dissotzialiim. *Ofakím*, (3), p. 4.

73 Fromm, E. (1949). *Psykhoanalyza ve-ha-materializm ha-histori* [Psicanálise e materialismo histórico] (Sh. Or., trad.). Merchavia: Sifriát Po'alím.

e provavelmente outros que ainda não descobrimos[74] e estão conservados em bibliotecas, em Israel ou no exterior. Sem nenhuma dúvida, a plataforma editorial oferecida à psicanálise pelos intelectuais do Ha-Shomer Ha-Tza'ir entre 1931 e 1953 é um elemento capital da história da psicanálise na Palestina e em Israel. Tanto por suas traduções em hebraico dos textos de Freud e de outros psicanalistas como pelo lugar concedido aos psicanalistas da Palestina, em seus periódicos e em seus centros de formação, o movimento Ha-Shomer Ha-Tza'ir assegurou amplamente a transmissão da psicanálise na Palestina e em Israel.

SHMUEL GOLAN[75]

Em 1930, Max Eitingon se empenhou para que Shmuel Golan pudesse ser beneficiado com uma formação psicanalítica no Instituto de Berlim. É o que escreve Eliezer Hacohen a Sohar numa carta de 12 de junho de 1930:

---

74 Mesmo no estoque da editora Sifriát Po'alím — que hoje se encontra nos Arquivos do Ha-Shomer Ha-Tza'ir "Meir Ya'ari", no kibutz Guiv'át Haviva, e ao qual tivemos acesso — não pudemos encontrar algumas obras psicanalíticas traduzidas para o hebraico, publicadas antes ou logo depois da criação do Estado de Israel. As que citamos aqui, sem indicação precisa quanto a número de páginas ou data exata de publicação, nos foram dadas a conhecer por encartes publicitários publicados em *Ofakím* ("Publicações de Sifriát Po'alím do ano de 1945", *Ofakím*, (1), 1944, p. 1); elas também figuram no catálogo das edições Sifriát Po'alím, que podem ser consultadas nesses mesmos arquivos.

75 Segundo uma entrevista com a sra. Yona Golan e a correspondência Shmuel Golan - Yona Golan. A.H.H. Shmuel Golan, (1).1.1.95.

> Fomos até Eitingon, ele nos prometeu conseguir uma análise para Mílek [Shmuel Golan]. Na opinião dele, um ano e meio de formação deve ser suficiente. De minha parte, puxa vida!, receio não conseguir mais uma vez [...]. Nos próximos dias, teremos a resposta para Mílek.[76]

Três meses depois, Zvi Sohar informa Paul Federn de que dois outros membros do Ha-Shomer Ha-Tza'ir poderiam empreender uma formação psicanalítica, e que Siegfried Bernfeld propõe que os tais pedagogos do movimento se desloquem até Berlim a fim de oferecer-lhes a possibilidade de trabalhar com ele: ele já havia, de fato, vislumbrado a elaboração de um programa adaptado ao trabalho dos pedagogos da educação coletiva nos kibutzim.[77] Mas, sem as devidas condições materiais, a maioria dos membros do Ha-Shomer Ha-Tza'ir da Palestina em missão no exterior encontrava várias dificuldades para subsistir, e, por fim, esses projetos de formação não se realizaram. Também se vislumbrou, ao contrário, que os membros do Instituto Psicanalítico de Berlim se deslocassem até a Palestina para formar em psicanálise os pedagogos dos kibutzim — Ilja Shalit e Moshe Wulff.[78] Por razões que desco-

---

76 Carta de Eliezer Hacohen a Zvi Sohar de 12 de junho de 1930, A.H.H., Zvi Sohar, (8).1.13-95.

77 Carta de Zvi Sohar a Paul Federn de 17 de setembro de 1930, A.H.H., Zvi Sohar, (8).1.13-95.

78 Carta de Zvi Sohar a Paul Federn de 17 de setembro de 1930, A.H.H., Zvi Sohar, (8).1.13-95. Há confirmações quanto à informação de que Shalit estava se preparando para ir para a Palestina nessa época numa correspondência de

nhecemos, nem Wulff nem Shalit irão para a Palestina naquele momento. Mas veremos que, um pouco mais tarde, eles estarão entre os primeiros psicanalistas a emigrar para a Palestina. Shalit será um dos cofundadores da Sociedade Psicanalítica de Eretz Israel, em 1934.

A formação de Shmuel Golan em Berlim

Shmuel Golan, em contrapartida, teve a oportunidade de se formar em psicanálise na cidade de Berlim. Essa formação foi totalmente determinante. A sua paixão pelas ideias de Freud — e pela psicanálise em geral — ele transmitiu a seus vários alunos e discípulos, às puericultoras e aos educadores que ele formava em pedagogia no Kibutz Artzí. Após 1933, os psicanalistas alemães, recém-chegados à Palestina (Max Eitingon, Moshe Wulff e Josef Karl Friedjung, em especial), verão em Shmuel Golan um dos mais fiéis aliados do movimento freudiano na Palestina. Ele, junto com Zvi Sohar, é uma das principais figuras da aventura da psicanálise do Ha-Shomer Ha-Tza'ir.

Nascido em 1901, no vilarejo de Pidvolochysk, perto de Lemberg, Shmuel Stanislaw Goldschein (apelidado de "Mílek") é oriundo de uma família judeo-galiciana que falava polonês e alemão, e não havia conservado nenhum apego à religião ju-

---

Max Eitingon. Carta de Max Eitingon a Shmuel Golan de 20 de julho de 1933. A.K.M.H., Golan, G/1/9/3.

daica.[79] Seu pai, Pessach Goldschein, funcionário do governo austríaco, era chefe de estação em Pidvolochysk, ao passo que sua mãe, Fanny, se ocupava do bom funcionamento da casa. Shmuel Golan é o mais velho de três filhos. Ele terá duas irmãs: Bronia e Tosia. Tirante ele e uma de suas sobrinhas, todos os membros da família Goldschein serão exterminados durante a Shoah.

Yona Golan, sua viúva, que tivemos a chance de entrevistar[80] no kibutz de Mishmar Ha-Émek em 1999, então com 91 anos de idade, nos contou que, após o fim da Primeira Guerra Mundial, Shmuel Golan emigrou para a Palestina, enquanto o restante de sua família voltou para Lemberg, onde seus pais e sua irmã possuíam uma situação relativamente estável. Às vésperas da Segunda Guerra Mundial, cientes do perigo que os judeus corriam na Europa, Shmuel e Yona foram para Lemberg a fim de persuadir suas famílias a deixar a cidade imediatamente e emigrar para a Palestina. Mas a família Goldschein não conseguiu sair da Polônia, e quase todos os membros pereceram nas câmaras de gás. No final da guerra, entretanto, ao ir em busca dos pais, Shmuel tomou conhecimento de que a filha de sua irmã Bronia ainda estava viva. Apesar de todos os seus esforços, Shmuel Golan nunca conseguiu encontrá-la, o que lhe resultava numa grande tristeza.

---

79 Gerzson, M. (1960). Be-mekhitzató, Le-zikhró shel Shmuel Golan [Homenagem a Shmuel Golan]. *Ha-Khinúkh Ha-Meshutáf*, pp. 13-16.

80 Entrevista com Yona Golan de 16 de agosto de 1999. Agradecemos à sra. Yona Golan por ter tido a bondade de aceitar responder às nossas perguntas.

Como muitas outras famílias judaicas da Galícia Oriental que haviam escapado da invasão das tropas czaristas em 1914, a família Goldschein encontrou refúgio em Viena, onde, por volta de 1917, Shmuel se junta ao movimento Ha-Shomer.[81] Ele será chefe de grupo antes de assumir a responsabilidade por uma "brigada". Subirá à direção do movimento quando do congresso de Lemberg, em abril 1920, pouco antes de partir para a Palestina[82] a fim de se juntar a Meir Ya'ari em Betânia. Quando a experiência de Betânia é interrompida, ele trabalha na lavoura e na construção de estradas, antes de ir se juntar ao kibutz Beit Alfa e participar da criação da Sociedade das Crianças. Segundo o escritor Igal Mossinsohn, uma das primeiras crianças a crescer em Beit Alfa, "Golan era um dos pedagogos mais notados e mais apreciados pelas crianças".[83] Após se desentender seriamente com David Idelsohn, Golan deixará a Sociedade das Crianças em 1928, convencido de que essa experiência — que continuará por mais um ano — nunca atingiria os objetivos estabelecidos.[84]

81 O que Yona Golan nos confirma em sua entrevista de 16 de agosto de 1999.

82 Nota biográfica sobre Shmuel Golan. Primeira página da brochura A.H.H., Shmuel Golan, (5).2.1-95.

83 Citado por Yona Golan em Golan, Y. (1990). 'Al Mílek [A propósito de Mílek]. Entrevista realizada por Reuben Shapira e publicada em *Shmuel Golan: Shloshím shaná shel Ptirató* (número especial dedicado a Shmuel Golan), *Ha-Khinúkh Ha--Meshutáf*, (135), pp. 3-6.

84 Golan, S. (1963, 29 nov.). Keitzád hitkhálnu [Nossos primórdios]. *'Al Ha--Mishmar (mossaf yiobél le-Shmuel Golan)*, p. 58.

Em 1929, Golan tem de deixar a Palestina para representar o seu movimento na Romênia.[85] Delega então ao seu companheiro Zvi Sohar a responsabilidade por elaborar, dentro do Kibutz Artzí, as novas bases pedagógicas que devem permitir iniciar uma educação coletiva adaptada à vida do kibutz.

Mishmar Ha-Émek: Golan e Sohar

Segundo Yona, ela também fortemente engajada nas atividades políticas do Ha-Shomer Ha-Tza'ir,[86] Shmuel Golan

> era um homem sensível, calmo, curioso, mas de modo algum ambicioso. Não queria se dedicar a nada mais além do que dissesse respeito à educação. Em contrapartida, Zvi Sohar era um homem ambicioso, dominador, de um caráter difícil. Apesar disso, os dois se ajustavam muito bem um ao outro e eram muito respeitados em Mishmar Ha-Émek. Zvi Sohar se interessava mais pelos aspectos culturais e teóricos da psicanálise; ele nunca concluiu a formação nesse domínio, ao passo que Shmuel concluirá sua formação psicanalítica e irá aplicá-la em seu trabalho com os jovens adolescentes, assim como na formação das "educadoras de crianças pequenas".

85 Nota biográfica sobre Shmuel Golan, A.H.H., Shmuel Golan, (5).2.1-95.

86 Ex-dirigente do Ha-Shomer Ha-Tza'ir, Yona Golan foi deputada no Knésset de Israel e responsável pelos laços entre o Ha-Shomer Ha-Tza'ir e o Partido Comunista na União Soviética.

Desde os primeiros anos de trabalho em comum no Instituto Educacional do kibutz Mishmar Ha-Émek, os dois homens, apesar das personalidades muito diferentes, tornam-se inseparáveis. Divididos entre a esperança e o medo do fracasso, eles vigiam dia e noite as casas das crianças e dos bebês para se assegurar do bom andamento da experiência de educação coletiva. Eram tão próximos um do outro que, quando avistados de longe, as pessoas gritavam: "Lá estão, 'Zvílek' [Zvi Sohar] e 'Mílek' [Golan]".[87]

Em análise na cidade de Berlim

Sobre a formação psicanalítica que Shmuel Golan recebeu em Berlim, dispomos de um precioso testemunho: a correspondência que ele manteve, entre 1931 e 1933, com Yona — sua companheira e futura mulher —, que ela confiou em parte aos arquivos do Ha-Shomer Ha-Tza'ir em Guiv'át Haviva.[88] Ao ler as cartas de Shmuel Golan, pode-se ao mesmo tempo acompanhar de perto os seus primeiros passos no campo psicanalítico em Berlim, as emoções de um homem que atravessa a experiência do inconsciente e que se coloca como tarefa levar em conta essa dimensão em seu projeto de educação coletiva. Por meio dessa correspondência, descobre-se igualmente o clima de efervescência intelectual, inquietude, confusão e caos

87 Entrevista com Yona Golan de 16 de agosto de 1999.

88 Correspondência Shmuel Golan – Yona Golan, A.H.H. Shmuel Golan, (1). 1.1-95.

que imperava na Alemanha às vésperas da ascensão de Hitler ao poder; logo antes, portanto, do exílio forçado dos psicanalistas judeus e a partida de alguns deles para a Palestina.

Em julho de 1931, Shmuel Golan está em Berlim e inicia uma análise com Moshe Wulff[89] — que, segundo Yona Golan, o teria atendido gratuitamente. No Instituto Psicanalítico de Berlim, ele acompanha paralelamente os seminários de Siegfried Bernfeld e Otto Fenichel, e talvez também do psicanalista neerlandês Hans Lampl.[90] Na carta que escreve à sua companheira no final do mês,[91] Golan afirma estar engajado numa "crítica de si", isto é, numa introspecção compelida ao extremo — que não deixa de lembrar as "introspecções selvagens" promovidas por Meir Ya'ari na época da Comunidade de Partilha Erótica em Betânia —, e querer "aprofundar o conhecimento de sua própria personalidade". Em Berlim, no entanto, ele se sente muito sozinho. Passa muitas horas lendo, especialmente Freud: "Li a obra de Freud que tem como título *Psicologia das massas e análise do eu*, de 1921",[92] escreve ainda a Yona.

---

89 Golan, Y. (1990). 'Al Mílek [A propósito de Mílek]. Entrevista realizada por Reuben Shapira e publicada em *Shmuel Golan: Shloshím shaná shel Ptirató* (número especial dedicado a Shmuel Golan), *Ha-Khinúkh Ha-Meshutáf*, (135), p. 3.

90 Cf. Correspondência Shmuel Golan – Otto Fenichel, A.K.M.H. Shmuel Golan.

91 Carta de Shmuel Golan a Yona de 26 de julho de 1931, A.H.H., Shmuel Golan, (1).1.1-95.

92 Freud, S. (2020). Psicologia das massas e análise do eu. In *Cultura, sociedade, religião* (pp. 137-232; M. R. S. Moraes, trad.). Belo Horizonte: Autêntica. (col. "Obras incompletas de Sigmund Freud").

> É um texto pertinente e cheio de interesse, ainda que às vezes nos dê a impressão de ir num sentido único [...]; é impossível dizer que é desprovido de valor e que não amplia o nosso conhecimento. E mesmo que conheçamos outros ensaios do mesmo gênero sobre o mesmo assunto [a psicologia do coletivo], não se pode eludir sua leitura, pois ela lança uma luz no nevoeiro que ainda impera, nos dias de hoje, nesse terreno.

Certamente influenciado pelas posições marxistas já em vigor em seu movimento naqueles anos, repreende Freud por minimizar a incidência dos fatores econômicos em sua pesquisa sobre a psicologia das massas; mas, "em contrapartida", escreve ele, "os aportes de Freud no que concerne aos aspectos psicológicos são os melhores que se conhecem até o momento". Ao mesmo tempo que Freud, Golan devora o *Minha vida*, de Leon Trótski. Ele também se diz fascinado pela atividade dos círculos revolucionários de Berlim. Alguns meses mais tarde, evocará de novo a efervescência política que impera em Berlim: nessa cidade, "o destino do mundo está na mesa".[93] Golan também evoca as suas dificuldades financeiras: ele mal consegue se sustentar ministrando algumas aulas particulares de hebraico, especialmente a uma célebre cantora de ópera, e o que ele recebe dessa artista representa a maior parcela dos seus ganhos;[94] também trabalha no orfanato de crianças pequenas judias Ahavah [Amor], que em 1933 será uma das pri-

---

93 Carta de Shmuel Golan a Yona de 1º de janeiro de 1931, A.H.H., Shmuel Golan, (1).1.1-95.

94 Entrevista com Yona Golan de 16 de agosto de 1999.

meiras instituições a serem transferidas para a Palestina, por Henrietta Szold, na época das perseguições nazistas.

Por volta do final do ano de 1932, Shmuel Golan assiste, pela primeira vez, a uma das reuniões reservadas aos membros do Instituto Psicanalítico de Berlim, esse grande templo da psicanálise. Ele relata essa experiência a Yona da seguinte maneira:

> Pela primeira vez, participei como "convidado permanente" de uma reunião reservada aos psicanalistas. Essa honra me custou, no entanto, a soma de vinte marcos! Houve apresentações seguidas de debates interessantes. O tom das discussões era sério; falava-se numa linguagem científica e eu fiquei encantado. O Dr. Wulff me convidou para sentar-me ao seu lado, "como um mestre dirigindo-se a seu discípulo". Reuniões como essa ocorrem duas vezes ao mês.[95]

Acrescenta, com pesar: "Mas o meu tempo [em Berlim] está terminando".

O Instituto Educacional de Mishmar Ha-Émek, que abriu as portas em 1931, aguarda a sua volta para começar a colocar em prática a revolucionária educação coletiva.

No âmbito de seu curso no Instituto Psicanalítico de Berlim, Golan é autorizado a conduzir, sob a supervisão de um psicanalista tarimbado, o tratamento de dois analisantes. Por

---

95 Carta de Shmuel Golan a Yona de 16 de novembro de 1932, A.H.H., Shmuel Golan, (1).1.1-95.

diversas vezes em sua correspondência ele comunica a Yona a grande felicidade com a qual conduz seus tratamentos analíticos e aprofunda a "pesquisa de si" em sua análise pessoal. A propósito de seu próprio tratamento, ele observa:

> É preciso ousar sempre [...], é preciso escutar as vozes que vêm de fora, mas sobretudo as que emergem de dentro: os pensamentos, os afetos e os sentimentos adormecidos em nós: se os tocamos, tornam a despertar para a vida. Eu, neste momento, estou longe de toda e qualquer preocupação terapêutica, e apenas os analistas me auxiliam a compreender melhor e a estudar melhor a natureza do ser humano. Os livros também [...].

Contudo, ele acha difíceis as aulas e os seminários que acompanha no Instituto Psicanalítico de Berlim: "A teoria jorra e circula sem fim, sem limites. É só progressivamente que se adquirem e se organizam os conhecimentos que nos são trazidos pela psicanálise, camada por camada".

No fim de 1932, começo de 1933,[96] ele recebe duas obras que lê com uma atenção muito particular. Nas *Novas conferências introdutórias* à psicanálise, Golan se interessa sobretudo pelo último capítulo, dedicado à visão de mundo, que ele traduzirá para o hebraico e será amplamente debatido nos círculos da esquerda. A segunda obra é *De Vriendt kehrt Heim* [*De*

---

96 Carta de Shmuel Golan a Yona (sem data, essa correspondência foi sem dúvida enviada no final do mês de dezembro de 1932 ou no início de janeiro de 1933: é contemporânea da publicação da *Neue Folge der Vorlesungen zur Einführung in die Psychoanalyse*), A.H.H., Shmuel Golan, (1).1.1-95.

Vriendt à casa torna], de Arnold Zweig.[97] Seus comentários confirmam o quanto a sua publicação provocou escândalo nos meios sionistas na Alemanha[98] e na Palestina.

Ele se interessa muito particularmente por uma obra do antropólogo britânico Bronisław Malinowski, que trata da vida sexual dos povos primitivos da Oceania:[99] a seu ver, é um texto capital para a formação dos pedagogos do movimento levados a trabalhar com os jovens adolescentes, um texto que pode contribuir para a reflexão sobre a vida sexual das crianças e dos adolescentes criados nos kibutzim segundo os princípios da educação coletiva. De fato, as reflexões de Malinowski sobre a vida sexual dos adolescentes indígenas ocuparão um lugar importante em suas pesquisas e irão lhe servir para lançar a experiência das duchas compartilhadas por adolescentes de ambos os sexos — experiência conhecida pelo nome de *miklákhat ha-meshutéfet* [duchas comuns].

Três semanas antes de seu retorno à Palestina, Golan está com o semblante carregado:[100] ele assiste à progressão dos nazistas rumo ao poder na Alemanha. Recebe o terceiro número

---

97 Zweig, A. (1932/1996). *De Vriendt kehrt Heim*. Aufbau-Verlag. Em francês: Zweig, A. (1932/1999). *Un meurtre à Jérusalem* (P. Béhar, pref.; R. Hartmann, trad.). Paris: Desjonquères.

98 Carta de Shmuel Golan a Yona (sem data), A.H.H., Shmuel Golan, (1).1.1-95.

99 Malinowski, B. (1929). *The sexual life of savages in North-Western Melanesia*. London: Routledge. Em português brasileiro: Malinowski, B. (1982). *A vida sexual dos selvagens no noroeste da Melanésia* (C. Sussekind, trad.). Rio de Janeiro: Francisco Alves.

100 Carta de Shmuel Golan a Yona (sem data, provavelmente ecrita ao final do mês de fevereiro de 1933), A.H.H., Shmuel Golan, (1).1.1-95.

de *Ofakím*, no qual se encontra o seu primeiro texto dedicado exclusivamente à psicanálise, intitulado "Sheilot ha-psykho-analyza be-yialdut" ["A questão da psicanálise com crianças"].[101] Trata-se de um artigo curto, no qual traz a seus leitores algumas noções de psicologia infantil por meio de conceitos psicanalíticos fundamentais: o eu, o isso e o supereu; a castração; a libido, depois os estágios do desenvolvimento psicossexual da criança (oral, anal e genital). Ele insiste na ideia de que, com Freud, já não se pode considerar a criança um ser "assexuado". Graças a Freud, escreve ele, sabemos que existe, sim, uma sexualidade na criança, e que é essa sexualidade infantil que determina a estruturação do psiquismo de todo ser humano. A pedagogia deve levar isso em conta: a sexualidade infantil, negada tanto pelos pais quanto pelos pedagogos, desempenha um papel importante na vida cotidiana da criança e em seu desenvolvimento psicoafetivo normal ou patológico. Com o passar dos dias, ele se diz cada vez mais em débito com a psicanálise; os termos que ele utiliza, na carta que endereça a Yona no dia 1º de março de 1933, são muito singulares, no entanto: ele se diz possuído pelo espírito malévolo da psicanálise.[102]

---

101 Golan, S. (1932). Sheilót ha-psykhoanalyza be-yialdút. *Ofakím*, (3), pp. 109-113.

102 Carta de Shmuel Golan a Yona de 1º de março de 1933, A.H.H., Shmuel Golan, (1).1.1-95.

Retorno à Palestina (1933)

No momento de voltar para a Palestina, ele escreve que lamenta não ter podido ir mais longe em sua formação psicanalítica:

> De toda forma, eu definitivamente aprendi um pouco mais. Não é minha culpa se esse espírito malévolo [a psicanálise] é mais obscuro do que me disseram. É uma disciplina difícil, complicada, que não é fácil de assimilar. Adquiri apenas os seus princípios fundamentais, mas não tenho de que me queixar. Bem queria continuar essa formação, mas em dado momento é preciso deter-se.

Diante da vitória do fascismo na Alemanha, um ano e meio depois de sua primeira leitura crítica de *Psicologia das massas e análise do eu*,[103] Golan revê sua posição:

> A situação na Alemanha e a do movimento internacional dos trabalhadores demonstram, infelizmente, que o marxismo se enganou em suas predições, levando em conta apenas fatores puramente objetivos, em detrimento dos fatores psicológicos — que, por sua vez, estão fora do seu alcance.[104]

---

103 Carta de Shmuel Golan a Yona de 26 de julho de 1931, A.H.H., Shmuel Golan, (1).1.1-95.

104 Carta de Shmuel Golan a Yona de 26 de julho de 1931, A.H.H., Shmuel Golan, (1).1.1-95.

E, criticando a ideia marxista segundo a qual a consciência determinaria, por si só, a existência do homem, ele exclama:

> Mais uma vez o velho Freud tinha razão [...], é o supereu que tem o poder de determinar os atos ditados por nossa consciência; logo, também a existência humana e os movimentos sociais. A Alemanha inteira está em estado de ebulição. Os acontecimentos dos últimos dias levaram a ditadura fascista ao poder antes mesmo que as eleições acontecessem.[105] Estão detendo os comunistas e, de acordo com os rumores, colocando-os na cadeia. Os jornais foram censurados e a liberdade individual e a liberdade de expressão, abolidas. Não se pode mais guardar segredos: remessas e telefonemas são vigiados. Escrever não é mais algo tranquilo. Sabe-se que já existe uma seção encarregada de interceptar e censurar a correspondência proveniente da Palestina. Você não faz ideia da situação por aqui. A atmosfera é tensa; as tentativas de resistência foram abafadas pelas milícias de Hitler, que viraram auxiliares da polícia. Os edifícios públicos estão sob vigilância [...]. Por enquanto, a situação atual não provocou grandes danos para os judeus. Mas os jornais os acusam de serem responsáveis pelo banho de sangue.

---

105 Em 27 de fevereiro, Göring organiza o incêndio do Reichstag. São os comunistas alemães que serão acusados de ter perpetrado o crime, o que justificará as perseguições e detenções dos militantes comunistas, criando um clima favorável à eleição de Hitler.

De igual maneira, acrescenta ele, os membros do partido judaico assimilacionista foram detidos e o boicote aos judeus foi declarado. Com uma ironia grave, Golan esclarece a Yona que a situação dos judeus poloneses residentes na Alemanha é bem melhor que a dos judeus alemães: "A Polônia antissemita se acredita obrigada a defender os direitos de seus cidadãos... que vivem na Alemanha antissemita".[106] Max Hodann, dirigente do Movimento para a Reforma Sexual dos Jovens, cuja obra era tão apreciada pelos pedagogos do Ha-Shomer Ha-Tza'ir, é detido pelos nazistas. Thomas Mann é forçado a se retirar da Academia de Artes. Os funcionários do partido republicano são demitidos ou forçados a pedir exoneração. Os jornais de esquerda são interditados, as reuniões também; ainda que a situação seja "caótica", como ele descreve a Yona, "não haverá putsch na Alemanha": Hitler chegará ao poder pelas eleições.[107]

Enquanto na Alemanha imperam o caos e a extrema violência, Shmuel Golan deixa definitivamente o país em março de 1933 e vai para a Palestina. Por muito tempo — até o início dos anos 1940 —, ele será o único membro do Ha-Shomer Ha-Tza'ir beneficiado com uma formação psicanalítica; formação que, se não o habilitava — aos olhos das instâncias psicanalíticas de Berlim ou Jerusalém — a exercer o ofício de psicanalista, permitia-lhe fundar, experimentar, aplicar e ins-

106 Carta de Shmuel Golan a Yona de 1º de março de 1933, A.H.H., Shmuel Golan, 1.1-95.(1).

107 Hitler ganhará as eleições na Alemanha no dia 23 de março de 1933.

talar nos kibutzim da Palestina e de Israel esse novo sistema de educação coletiva.

A recepção dos psicanalistas alemães exilados na Palestina (1933-1934)

Em abril 1933, Shmuel Golan substitui Mordechai Shenhabi e assume, por sua vez, a direção do Instituto Educacional do kibutz Mishmar Ha-Émek. Sua missão consiste em coordenar todas as ações para as crianças, todas as suas atividades, segundo os princípios da educação coletiva; e começar a organizar a formação pedagógica das educadoras de crianças pequenas que iam assumir a delicada tarefa de criar e educar as crianças nascidas nos kibutzim, e isso desde o nascimento.

Em março de 1933, Moshe Wulff, seu antigo analista e mentor, é o primeiro membro da Sociedade Alemã de Psicanálise a ir se instalar em Tel Aviv. Ele será seguido por três outros membros da sociedade psicanalítica alemã: Anna Smeliansky, em Tel Aviv; Walter Kluge, em Jerusalém; e Ilja Shalit, em Haifa. No mês de setembro, Max Eitingon prepara a sua instalação prevista para a primavera de 1934. Shmuel Golan lhe devia o fato de tê-lo recebido no Instituto de Berlim para se formar em psicanálise. Tomando conhecimento de sua chegada, lhe escreveu.[108] Ele o mantém a par da evolução de seu projeto educacional em Mishmar Ha-Émek e da situação pes-

108 Carta de Shmuel Golan a Max Eitingon de 8 de julho de 1933, I.S.A., Acervo Eitingon, 7/1932-4/1939. (P-1/2970).

soal de Moshe Wulff. É por intermédio de David Idelsohn — também ele formado em psicanálise na cidade de Berlim e de volta à Palestina recentemente — que Wulff entra em contato com os pedagogos do país. Com eles, escreve Golan, pretende organizar seminários de leitura sobre as *Conferências introdutórias* à psicanálise e sobre outros textos freudianos; esses seminários acontecerão uma vez por semana, perante cerca de oitenta participantes pertencentes a comunidades linguísticas diferentes (russa e alemã), que já responderam positivamente ao convite. De Berlim, Max Eitingon indica a Golan a presença na Palestina de outros antigos membros da Sociedade Alemã de Psicanálise já instalados no país (Anna Smeliansky e Walter Kluge),[109] deixando entrever a possibilidade de em breve criar, na Palestina, uma sociedade psicanalítica.

O ano de 1930 já era passado, e os psicanalistas vindos da Alemanha em 1933 não consideravam dever nenhuma obrigação aos dirigentes do Ha-Shomer Ha-Tza'ir. No entanto, estavam muito preocupados em encontrar novos parceiros na Palestina, para difundirem o freudismo, tanto no campo universitário quanto nos campos médico, literário ou pedagógico, sem se limitar ao Ha-Shomer Ha-Tza'ir. Não deixou de preocupar Shmuel Golan o fato de que Moshe Wulff tenha se empenhado em criar um quadro de formação psicanalítico para os pedagogos de Tel Aviv com David Idelsohn e outras personalidades do mundo da educação — especialmente membros da Organização dos Trabalhadores da Palestina (Histadrút),

---

109 Carta de Max Eitingon a Shmuel Golan de 20 de julho de 1933, A.K.M.H., Shmuel Golan, G/1/9/3.

adversária política do Ha-Shomer Ha-Tza'ir. Em outubro 1933, Shmuel Golan alerta Zvi Sohar, ainda em Varsóvia, a respeito das alianças que Wulff, por intermédio de David Idelsohn, vinha fazendo com representantes da Histadrút. Idelsohn, escreve Golan a Zohar, goza da confiança de Shmuel Yavnieli, alto funcionário da "comissão pedagógica da administração central da educação da Histadrút", que ampara a futura sociedade de psicanálise para a formação de "educadores psicanalistas".[110] Golan se mostra simultaneamente entusiasmado e inquieto com a chegada dos psicanalistas à Palestina, e afirma a Sohar que é absolutamente necessário estabelecer com eles novos contatos. Fica sabendo, por Max Eitingon, que um projeto de fundação de uma nova sociedade psicanalítica está em curso, e vislumbra uma parceria entre essa futura sociedade psicanalítica e o Ha-Shomer Ha-Tza'ir: é assim que ele comunica a Sohar o seu desejo de criar, em Mishmar Ha-Émek, um grupo psicanalítico em colaboração com esses recém-chegados da Alemanha. Ele esclarece que a presença de Ilja Shalit, "um especialista no Teste de Rorschach", instalado em Haifa — isto é, a uns vinte quilômetros dali, apenas —, poderia ser de grande auxílio para os pedagogos do kibutz. Quanto a Wulff, Golan escreve a Sohar que em Tel Aviv ele atende pacientes, ministra cursos, conferências e oferece seminários para os pedagogos; e que, segundo informações, esses seminários fazem um enorme sucesso entre esses profissionais.

110 Carta de Shmuel Golan a Zvi Sohar de 1º de outubro de 1933, A.H.H., Shmuel Golan, H, (3).1.1-95.

Diante de uma situação como essa, e "a fim de não perder o contato com essas pessoas", dessa vez Golan adota uma posição mais política que ideológica — lembremos que na Sociedade das Crianças ele se desentendeu seriamente com Idelsohn e com os pedagogos membros da Histadrút —, e sugere a Sohar que o contato com David Idelsohn fosse retomado: "Seria uma boa oportunidade para o Ha-Shomer Ha-Tza'ir reatar com os pedagogos da educação nova". Se uma certa reaproximação ocorreu entre Shmuel Golan e David Idelsohn, foi sobretudo graças a Moshe Wulff, seu antigo analista e mentor em Berlim, que na Palestina se tornou seu colaborador e amigo próximo.

Moshe Wulff e o Ha-Shomer Ha-Tza'ir

Em abril 1934, Golan relata a Sohar que Max Eitingon criou, com seus colegas, uma sociedade psicanalítica cuja sede fica em Jerusalém.[111] Ele também tem a intenção de fundar um instituto e uma policlínica psicanalíticos, como em Berlim. Golan queria falar com ele, mas tem de esperar, pois Eitingon vai para o exterior,[112] onde ainda tem algumas questões para resolver. Golan, o modesto membro kibutziano socialista, confessa se sentir desconfortável diante dele: ele o havia conhecido em Berlim e guarda a lembrança de "um homem que, por sua

111 Carta de Shmuel Golan a Zvi Sohar de 15 de abril de 1934, A.H.H., Shmuel Golan, H, (3).1.1-95.

112 Max Eitingon voltará para a Europa no mês de agosto a fim de participar do Congresso Psicanalítico Internacional de Lucerna.

posição social, mantém suas distâncias; um homem que conservou as atitudes e os modos da alta sociedade alemã". Aliás, segundo Yona Golan, contrariamente a Wulff — que compartilhava com os membros do Ha-Shomer Ha-Tza'ir as suas afinidades com o marxismo —, Max Eitingon não fazia parte dos círculos de amigos próximos de Golan.[113] É certo que este encaminhou a Eitingon alguns membros do kibutz para tratamento, no âmbito do Instituto Psicanalítico, quando o kibutz não podia custear o pagamento;[114] contudo, para os pedagogos do Ha-Shomer Ha-Tza'ir, a partir de 1933, é Wulff quem se torna uma referência capital em matéria de psicanálise.

Shmuel Golan e Zvi Sohar tinham relações privilegiadas com Moshe Wulff, então, mas também mantinham relações amistosas com outros analistas que chegaram depois dele: Ilja Shalit, Josef Friedjung, Betty Grünspan, Lizzi Rosemberg, Shmuel Nagler e Alice Weiss, em especial. Otto Fenichel nunca irá para a Palestina; mas, de Praga, fará chegar a Golan as suas célebres e muito volumosas "circulares", enviadas aos seus colegas, que constituem verdadeiras crônicas do movimento psicanalítico internacional, das quais uma parte se encontra conservada no Kibutz Mishmar Ha-Émek.[115] Logo, se no

113 Entrevista com Yona Golan de 16 de agosto de 1999. Nas trocas epistolares entre esses dois homens, encontramos também o testemunho dessa forte amizade que os ligou durante longos anos. Correspondência Shmuel Golan – Moshe Wulff, A.K.M.H., Golan G/1/9.

114 Carta de Max Eitingon a Shmuel Golan de 29 de março de 1936, A.K.M.H., G/3/9.

115 Cartas de Otto Fenichel a Shmuel Golan de 20 de junho e 19 de setembro de 1936, e de 23 de setembro de 1937. A.K.M.H., Golan, G/3/9.

início Golan chegou a temer que os psicanalistas se organizassem sem levar verdadeiramente em conta os projetos do Ha-Shomer Ha-Tza'ir, ele em seguida será tranquilizado pelo fato de que os freudianos não hesitam em se dirigir a ele — que lhes abre, assim como a Zvi Sohar, as colunas de *Ofakím*, como vimos.

Shmuel Golan chega a se tornar membro da Khevrah Psykhoanalytit B'Eretz Israel, em 1939, e um certo número de jovens pedagogos do Ha-Shomer Ha-Tza'ir se beneficiam de uma formação psicanalítica no Instituto Psicanalítico de Jerusalém. Eles se beneficiam também dos ensinamentos, dos conselhos, do acompanhamento e das críticas dos psicanalistas no que se refere à concepção e à aplicação de sua educação coletiva no Kibutz. Em 1937, todavia, Zvi Sohar pede exoneração do Departamento de Educação do Kibutz Artzí, para se encarregar das questões culturais do movimento Ha-Shomer Ha-Tza'ir.[116] Golan assume então a coordenação das atividades educativas e pedagógicas do Kibutz Artzí até sua morte, em 1960.

---

116 Plateck, Y. (1989). *Ha-Mossád. Beit Ha-séfer Ha-rishon shel Ha-Shomer Ha-Tza'ir Be-Mishmar Ha-Émek 1931-1940 [The Mossad. The First HaShomer Ha-Tzair School in Mishmar HaEmek 1931-1940]*. Yad Tabenkin/Guiv'át Haviva, p. 53.

PARTE II

Psicanálise e educação coletiva

Mishmar Ha-Émek e os filhos do kibutz

A principal fonte deste capítulo é a coletânea de artigos de Shmuel Golan, reunidos nos anos 1960, logo depois de sua morte, num livro que faz o recenseamento e o comentário das obras e dos artigos dedicados à psicologia das crianças nascidas e criadas no kibutz.[1] Essa coletânea permite ter uma visão precisa do que foi a educação coletiva no kibutz durante os anos 1940-1950 e continua sendo a principal referência de todas as pesquisas sociológicas, antropológicas, pedagógicas, psicológicas e psicanalíticas sobre a psicologia das crianças nascidas e educadas nos kibutzim de Israel.[2] Seus textos co-

---

1 Golan, S. (1961). *Collective education in the Kibbutz*. Merchavia: Education Department of the Kibbutz Artzi Hashomer Hatzair — coletânea de textos de Shmuel Golan: i) Golan, S. (1959, mai.). Collective education in the Kibbutz. *Psychiatry: Journal for the Study of Interpersonal Processes, 22*(2); ii) Golan, S. (1958, jul.). Behaviour research in collective settlements in Israel. *American Journal of Orthopsychiatry, 27*(3); iii) Golan, S. (1957). Communal education (em colaboração com Zvi Lavih; "Ha-khinúkh ha-meshutáf", trad.). *Ofakím, 11*(4). Fonte: Biblioteca do Instituto de Pesquisas do Ha-Shomer Ha-Tza'ir "Yad Ya'ari" no Kibutz Guiv'át Haviva.

2 Para uma visão mais geral, é possível remeter-se ao artigo muitíssimo pertinente

meçam com o período inaugurado pela fundação do Instituto Educacional (Mossád Ha-khinukhí) em Mishmar Ha-Émek, no ano de 1931.

Cumpre notar que, dentro do próprio Ha-Shomer Ha--Tza'ir, a denominação "educação coletiva no kibutz" ocupou o lugar da educação shomriana desde os anos 1930: não se falará mais — ou quase não se falará mais — em educação shomriana, que havia sido o emblema do movimento Ha-Shomer Ha-Tza'ir na Palestina. Como lembra Shmuel Golan, não sem orgulho, a partir de 1933 vários kibutzim, mesmo sem fazer parte do Ha-Shomer Ha-Tza'ir, valeram-se de seu sistema educacional, e isso teve a sua parcela de participação na difusão da psicanálise.[3]

A sociedade kibutziana, escreve Golan, fundamenta-se na abolição da propriedade privada, e funciona em moldes econômicos, sociais e educacionais específicos, radicalmente diferentes dos que a sociedade capitalista promove: "O kibutz se quer responsável por seus membros e aspira oferecer-lhes o bem-estar necessário, ao mesmo tempo que promove os valores de justiça, igualdade de direitos, respeito, igualdade social e livre acesso à cultura". Portanto, a educação coletiva visa criar, em seu seio, laços sociais novos, não por meio da supressão da família enquanto tal, mas abolindo a família patriarcal, alia-

---

de Shmuel Nagler. Cf., entre outros, um dos primeiros trabalhos sobre o assunto, uma coletânea de textos publicados sob a organização de Peter Neubauer: Neubauer, P. (Org) (1965). *Children in collectives: Child-rearing aims and practices in the Kibutz.* Springfield, Illinois: Charles C. Thomas.

3 Golan, S. (1961). *Collective Education in the Kibbutz.* Merchavia: Education Department of the Kibbutz Artzi Hashomer Hatzair, p. 1.

da do capitalismo que procura "fazer da neurose o fiador da manutenção da diferença de classes e da exploração do proletariado em que o sistema econômico capitalista se embasa".[4]

Desde a sua criação, o kibutz funcionou de acordo com um sistema econômico autônomo, fundamentado no desenvolvimento da indústria e, sobretudo, da agricultura — o que o diferencia da maior parte das outras coletividades de trabalho na Palestina ou no exterior. O kibutz também se esforçou por instituir uma educação conforme às exigências ideológicas do Ha-Shomer Ha-Tza'ir. A educação coletiva não é, portanto, um método educativo entre outros: ela é a própria base da ideologia do Ha-Shomer Ha-Tza'ir e do kibutz. É por meio dela que, desde a primeira infância, serão transmitidos aos futuros cidadãos os valores revolucionários do movimento: a luta permanente pelos valores do coletivo, do respeito ao próximo, e o combate ao poderio capitalista.

Desde a mais tenra idade, a educação coletiva permite que a criança forje para si o caráter do homem revolucionário do kibutz: um ser eminentemente social, combatente e corajoso, apaixonado pela justiça, trabalhador braçal e intelectual, apegado aos valores morais e dotado de elevada consciência coletiva; idealmente, um camarada desprovido de agressividade, tolerante e sensível, sempre preparado para se adaptar aos demais e a colaborar dentro do grupo. Por fim, um homem ativo e politicamente engajado.[5]

---

4 Golan, S. (1951, sem data precisa). *Khinúkh lefí arakhéi yessód* [Princípios de base da educação coletiva], p. 4, A.K.M.H.

5 Golan, S. (1949, dez.-1950, set.). *Baiyót khinúkh ha-ófi* [Educação e persona-

Desde a sua fundação em 1927, o Kibutz Artzí (Federação dos Kibutzim do Ha-Shomer Ha-Tza'ir) não para de se desenvolver. Ele consiste em cinco kibutzim quando de sua criação: Beit Alfa, Mishmar Ha-Émek, Merchavia, Ein Shémer e Ma'abarot. Quatro anos mais tarde, em 1931, na inauguração do Instituto Educacional em Mishmar Ha-Émek, esse número sobe para 21! A população desses kibutzim era muito jovem;[6] e, de alguns casamentos que haviam ocorrido no decorrer dos anos 1920, um total de 46 crianças haviam nascido dentro dos kibutzim do Ha-Shomer Ha-Tza'ir. A maioria desses "filhos do kibutz" residia em Mishmar Ha-Émek.

Dezenove crianças, vindas dos kibutzim Mishmar Ha-Émek, Ein Shémer, Merchavia, Sarid, Mizra e Gan Shmuel — as mais velhas não tinham mais que 7 ou 8 anos —, serão inicialmente escolarizadas no Instituto Educacional do Kibutz Artzí, igualmente conhecido pelo nome de "Shomriya", em memória do primeiro grupo de shomrianos instalados no vale de Jezreel em 1922, após a experiência comunitária de Betânia. No entanto, será preciso esperar Shmuel Golan voltar de Berlim, em 1930, para os ambiciosos projetos educacionais concebidos pelos shomrianos no final dos anos 1920 serem, por fim, colocados em prática.

---

lidade]. Haikobutz Ha-Artzí Ha-Shomer Ha-Tza'ir. Makhléket khinúkh. Mador ha-mossdót. Alón le informatzia u-bilbiografia, p. 4.

6 Em 1937, a média de idade dos membros dos kibutzim do Ha-Shomer Ha-Tza'ir era de 20 anos. Plateck, Y. (1989). *Ha-Mossad. Beit Ha-séfer Ha-rishón shel Ha-Shomer Ha-Tza'ir Be-Mishmar Ha-Émek 1931-1940* [The Mossad. The First Ha-Shomer Hatzair School in Mishmar Haemek 1931-1940]. Yad Tabenkin/Guiv'át Haviva, pp. 10-11.

Durante os anos 1920 e no início dos anos 1930, as ideias de Freud e de seus discípulos ocupam uma posição considerável nas preocupações dos militantes shomrianos, e a chegada dos psicanalistas vindos da Alemanha, a partir de 1933, aviva o interesse dos pedagogos dessa corrente pela psicanálise. A leitura dos relatórios das reuniões e assembleias gerais do Kibutz Artzí[7] permite constatar o quanto a psicanálise impregna o discurso shomriano de então; utiliza-se jargão psicanalítico na vida cotidiana, tanto nos debates organizacionais quanto para relatar experiências pessoais. Lê-se, por exemplo, que um candidato que almejava se tornar membro do kibutz Mishmar Ha-Émek[8] compara o seu trajeto subjetivo no interior dessa comunidade ao de um analisante: ele explica que as diferentes etapas que atravessou até ali, no kibutz, são comparáveis às de um tratamento analítico, e que a sua relação com o kibutz é da ordem de "uma relação inconsciente, na qual o kibutz encarnaria a figura de um pai tirânico e perseguidor que suscitaria nele, o candidato, sentimentos de ódio e ambivalência".[9] Isso diz a que ponto a análise freudiana se havia imposto nos termos mesmos de sua reflexão. A psicanálise freudiana não era a referência exclusiva da educação coletiva no kibutz, que, em seus primórdios, apoiava-se nos primeiros artigos de Shmuel

7 Cf. *Boletim* (Relatório da Assembleia Geral do Kibutz Artzí). A.H.H., Golan (1).1.4.

8 Isto é, um *oréakh* (do hebraico, "convidado"), termo que designa o estatuto temporário que o kibutz atribui a um candidato que dele deseja se tornar membro.

9 Arquivos do Ha-Shomer Ha-Tza'ir, Giv'at Haviva, protocolos das reuniões do Kibutz Artzí. Cf. Boletim, vol. IV, dezembro de 1934, pp. 16-17.

Golan, nas concepções de Siegfried Bernfeld e em seu projeto utópico de educação nova;[10] ou noutras instituições experimentais, como o Orfanato Psicanalítico de Moscou, iniciado pela psicanalista Vera Schmidt no início dos anos 1920.[11]

Durante a segunda metade dos anos 1950, quando Golan publica seus artigos relatando 25 anos de experiência de educação coletiva, um kibutz conta com um número de membros entre 150 e 500. Todas as tarefas, inclusive as administrativas, são compartilhadas entre os membros da coletividade rotativamente.[12] Em troca, os membros recebem alimentação, moradia, roupas, dispõem de serviços médicos e têm atividades culturais e de lazer à disposição. O kibutz também se encarrega da educação das crianças.

---

10 Bernfeld, S. (1948). *Ha'am ve-ha-nó'ar* (Z. Sohar, posf.; E. Kornfeld, trad.). Palestina: Sifriát Po'alím/Shbilei Ha-Khinúkh; Bernfeld, S. (1919). *Das jüdische Volk und seine Jugend*. Wien-Berlin-Leipzig: R. Löwit; Bernfeld, S. (1921). *Kinderheim Baumgarten: Bericht über einen ernsthaften Versuch mit neuer Erziehung*. Jüdischer Verlag.

11 Cf. Schmidt, V. (1926). Das Psychoanalytische Kinderheim in Moskau. *Almanach der Psychoanalyse*, (1), pp. 110-112. Em 1921, o prof. Ivan Dimitrievitch Ermakov, diretor do Laboratório de Neurologia de Moscou e pioneiro da psicanálise na Rússia, se vê recebendo do Comissariado do Povo para a Educação um edifício e fundos para acolher órfãos. O Moskauer Kinderheim Laboratorium, que abre oficialmente as suas portas em 19 de agosto, se encarrega de cerca de trinta crianças; a mais jovem tem 1 ano; a mais velha, 12. Ermakov, que se encarrega, ele próprio, da formação daqueles que ali trabalham (médicos, educadores e psicólogos), aclarará suas observações e diretrizes à luz das descobertas freudianas com a fundação do Instituto de Psicanálise de Moscou nesse ano de 1921.

12 O escritor Amos Oz, por exemplo, ele próprio autor de um romance sobre o Kibutz: Oz, A. (2012/2014). *Entre amigos* (P. Geiger., trad.). São Paulo: Companhia das Letras.

Primeiras interrogações

Contrariamente ao previsto, o Instituto Educacional em Mishmar Ha-Émek só receberá crianças nascidas no kibutz em seu internato. Essa questão — quais crianças iriam crescer no Instituto Educacional? — não era meramente administrativa (poder justificar um número suficiente de crianças para abrir um internato).

Os dirigentes e os pedagogos do Ha-Shomer Ha-Tza'ir não podiam reservar a entrada de seu Instituto Educacional às crianças nascidas nos kibutzim de seu movimento. Mas, por outro lado, estavam reticentes após a decepção que a experiência de Beit Alfa lhes havia causado: quando tinham aceitado receber filhos dos trabalhadores comunistas de Tel Yosef e Heftzibá, e crianças imigrantes e marginais falantes de diferentes idiomas, foi difícil compor com as diferenças de idade, línguas e nível escolar. Podia o Ha-Shomer Ha-Tza'ir, que se tornara um movimento marxista, defender decentemente uma educação coletiva elitista, exclusiva? Iria ele excluir as crianças judias dos meios desvalidos, ou as crianças imigrantes, ou as marginais; em resumo, todas as que foram deixadas para trás pela sociedade burguesa e pelo sistema capitalista que o Ha-Shomer Ha-Tza'ir devia combater? E o Ha-Shomer Ha-Tza'ir, que se pronunciou claramente a favor de um Estado binacional, podia se permitir fechar suas portas às crianças dos vilarejos árabes vizinhos de Mishmar Ha-Émek?

As crianças árabes

Como indica Yitzhak Plateck em sua obra dedicada à história do Instituto Educacional em Mishmar Ha-Émek, as tensões de ordem política a propósito da educação coletiva nunca deixaram de existir no interior do Kibutz Artzí.[13] Desde a sua inauguração, em 1931, Mordechai Shenhabi, o seu primeiro diretor, opõe-se ao fato de que o estabelecimento seja reservado apenas às crianças judias, visto que, desde a sua fundação em 1927, o Kibutz Artzí se havia declarado favorável à ideia de criar na Palestina um Estado socialista e binacional. Logo, era-lhe inconcebível que as crianças de Mishmar Ha-Émek crescessem num mundo à parte; que elas vissem as crianças dos vilarejos árabes vizinhos de Rubaya e Abu Shusha (situados a poucos metros do kibutz) como estrangeiros, enquanto os seus habitantes mantinham boas relações com as pessoas de Mishmar Ha-Émek. Por outro lado, as crianças de Abu Shusha, que veriam as outras crianças do Instituto Educacional crescerem em condições bem melhores que as delas, acaso não acabariam desenvolvendo por elas sentimentos de ciúme e ódio? Ya'akov Hazan objeta que o problema do acolhimento de crianças árabes no Instituto Educacional é cultural e linguístico: caso se assumisse o risco de integrar essas crianças nesse estádio ainda balbuciante do projeto educacional, a educação coletiva não conseguiria cumprir os objetivos que havia estabelecido para si. Para reduzir essa lacuna, Zvi Sohar propõe então fazer com

---

13 Plateck, Y. (1989). *Ha-Mossad: Beit Ha-séfer Ha-rishón shel Ha-Shomer Ha-Tza'ir Be-Mishmar Ha-Émek 1931-1940* [The Mossad: The First Hashomer Hatzair School in Mishmar HaEmek 1931-1940]. Yad Tabenkin/Guiv'át Haviva, p. 55.

que viesse do Iraque Rachamim Gilboa, um judeu iraquiano, militante do Ha-Shomer Ha-Tza'ir, fino conhecedor da língua e da cultura árabes. Rachamim Gilboa era profundamente adorado pelas crianças do Instituto Educacional; ele trabalhou para reforçar os laços entre as crianças palestinas de Rubaya e Abu Shusha e as de Mishmar Ha-Émek.[14] Assim, as crianças e adolescentes de Mishmar Ha-Émek visitavam os moradores dos vilarejos vizinhos, e as crianças de Rubaya e Abu Shusha iam até Mishmar Ha-Émek para receber os cuidados do dispensário do kibutz e para brincar com as crianças do Instituto Educacional nas quadras de esporte e lazer do kibutz. O kibutz também tolerava que, mediante remuneração, as crianças de Rubaya participassem dos trabalhos agrícolas e da colheita dos legumes — o que coloca a questão de saber por que elas estavam não na escola, mas na lavoura. Infelizmente, a tentativa de integrar as crianças árabes nos projetos educacionais do Ha-Shomer Ha-Tza'ir cessa rapidamente: a partir de 1936-1939, os levantes nacionalistas árabes abalam o país e afastam os habitantes do kibutz e os dos vilarejos árabes vizinhos.

Nos diários das crianças e dos adolescentes do Instituto Educacional, pode-se ler a tristeza e o sentimento de traição ao ficarem sabendo que os vilarejos árabes vizinhos se haviam tornado hostis e apontavam os seus fuzis para as casas do kibutz. Em seguida, a normalização das relações entre o kibutz e os vilarejos de Abu Shusha e Rubaya foi de curta duração,

---

14 Ele será secundado por Shimon Sómekh, um jovem instrutor especialista em língua e cultura islâmicas, que se tornou um dos personagens lendários da história dos serviços secretos de Israel.

pois os atos de violência foram retomados depois do fim da Segunda Guerra Mundial, com o conflito armado de 1948 e as batalhas sangrentas do vale de Jezreel, que não pouparão Mishmar Ha-Émek e as instalações do Mossád Ha-Khinukhí. As crianças, nesse momento, tiveram de ser evacuadas por túneis secretos.[15]

As crianças e os adolescentes migrantes

Várias crianças imigrantes são acolhidas no Instituto Educacional, o que levantava assim o problema da língua, da cultura e de seu apego à religião. A língua materna das primeiras crianças e dos primeiros adolescentes imigrantes recebidos em Mishmar Ha-Émek no ano de 1933 era o alemão, falado pela maioria dos pedagogos que trabalhavam no âmbito da educação coletiva. Esse primeiro contingente de crianças e adolescentes é conhecido na história da educação coletiva pelo nome de *Kvutzát 'Olím* [Grupo 'Olím], grupo que, sob a responsabilidade de Shmuel Golan, torna-se o arquétipo dos grupos de adolescentes criados no kibutz e funcionando de acordo com os princípios pedagógicos do Ha-Shomer Ha-Tza'ir.

Para lhes permitir retomar os estudos interrompidos bruscamente com a chegada de Hitler ao poder, alguns pedagogos do Kibutz Artzí propõem que as aulas sejam dadas em alemão.

---

15 Membros do kibutz mantêm contatos ocasionais com antigos moradores das cidades de Abu Shusha e Rubaya em exílio na Síria ou no Líbano. Após a Guerra dos Seis Dias, até a eclosão da primeira Intifada em 1987, os membros do Ha-Shomer Ha-Tza'ir estabelecem contatos com os palestinos dos territórios ocupados.

Mas, com alguns outros, Bertha Hazan se opõe a isso, pois o alemão é a "língua dos nazistas" (como o polonês havia sido considerado a língua dos pogromistas no Kinderheim Baumgarten, onde Bernfeld acolhia os órfãos de guerra judeus). Vivas discussões animam os círculos de pedagogos do Kibutz Artzí a propósito do ensino da Bíblia, pois um certo número dessas crianças acolhidas no kibutz cresceu no exterior em tradição religiosa. Com isso, acaso era preciso introduzir em seus programas de ensino aulas sobre a Bíblia, algo que estava fora dos currículos, pois era considerado parte do "pensamento *galutí* [diaspórico]" que os shomrianos haviam denunciado tão violentamente? O estudo da Bíblia acaba fazendo parte dos programas de estudo das crianças e dos adolescentes do Ha-Shomer Ha-Tza'ir, mas, tanto quanto possível, sem espírito religioso.

Sem perder de vista que a vocação da educação coletiva era, primeiro, a de formar valentes trabalhadores da terra, Zvi Sohar e Shmuel Golan atribuem uma importância capital à formação intelectual dos residentes de Mishmar Ha-Émek. E Shmuel Golan exibirá abertamente a sua ambição de fazer dessas crianças verdadeiros "trabalhadores do intelecto". Meir Ya'ari acusa-o de atribuir excessiva importância à formação intelectual das crianças, em detrimento dos valores do trabalho manual; logo, de trair a missão educativa que lhe havia sido confiada pelo Ha-Shomer Ha-Tza'ir. Entre 1936 e 1937, Ya'ari — em maus termos com Golan e desaprovando as orientações freudianas do principal pedagogo do movimento — vislumbra seriamente fechar o Instituto Educacional.[16]

---

16 Plateck, Y. (1989). *Ha-Mossad: Beit Ha-séfer Ha-rishón shel Ha-Shomer Ha-*

Os "externos"

O Kibutz Artzí, no comecinho dos anos 1930, consiste apenas num número muito pequeno de crianças nascidas em seus kibutzim. Seus responsáveis estão de acordo com receber, no Instituto Educacional em Mishmar Ha-Émek, crianças vindas dos kibutzim não shomrianos, dos *moshavím* da cidade. Isso não era unanimidade na comunidade kibutziana do Ha-Shomer Ha-Tza'ir, ciosa dos valores que queria transmitir aos seus filhos nascidos no kibutz (convocados a se tornar os novos judeus modernos), e também receando que as crianças sofressem a influência nefasta das crianças da cidade, portadoras da "doença" burguesa. Assim, as discussões no Departamento de Educação do Kibutz Artzí são animadas, especialmente em 1939, quando o número de residentes externos acolhidos no Instituto Educacional (eles eram em sessenta) ultrapassa o número de crianças nascidas no kibutz. Essas crianças vindas de fora eram, em sua maioria, oriundas das famílias da burguesia judaica da Palestina e do exterior, filhos de elites intelectuais que possuíam afinidades com o socialismo ou de liberais que confiavam nesse sistema educacional de vanguarda, que iriam criar seus filhos nos valores de um socialismo humanista e no sionismo.[17]

Tza'ir Be-Mishmar Ha-Émek 1931-1940 [The Mossad: The First Hashomer Hatzair School in Mishmar HaEmek 1931-1940]. Yad Tabenkin/Guiv'át Haviva, p. 50.

17 Golan, S. *Ha-Mossád Ha-Khinukhí Shomriya. Yeshivát va'ad ha-mossád. Protokoll* [Instituto Educacional Shomriya. Reunião do comitê do instituto. Protocolo]. Sessões de 11 a 12 de fevereiro de 1938. A.K.M.H. (Mossád), Dossiê bet-1 (2).

As crianças "com problemas"

Mishmar Ha-Émek recebe crianças oriundas de famílias pobres, crianças em situação de fracasso escolar ou consideradas "inadaptáveis" e rejeitadas pelas escolas tradicionais do Yishúv. A direção do departamento pedagógico do Kibutz Artzí recusa a noção de "desempenho escolar" e se esforça por oferecer a essas crianças uma educação adaptada.

Mishmar Ha-Émek também recebe crianças e adolescentes rebelados contra a autoridade parental ou a escola, "delinquentes" ou crianças que apresentam problemas psicológicos, às vezes graves. Seus responsáveis não deixam de se questionar acerca do acolhimento dessas crianças; porém, em nome de que as excluir, se o seu sistema educacional de vanguarda, amparado na psicologia freudiana, parece o mais adaptado? Privar essas crianças de uma instrução que leve em conta as suas dificuldades psicológicas e que busque os meios de superá-las, isso redundaria em trair os princípios de um sistema educacional que luta, desde a origem, contra as exclusões e a alienação da educação tradicional e da sociedade burguesa. De maneira geral, os pedagogos do Kibutz Artzí estão de acordo, então, quanto a receber em seu Instituto Educacional crianças com dificuldades, mas alguns pedagogos querem estabelecer critérios de seleção. Bertha Hazan, de sua parte, aprova de imediato a ideia de acolher as crianças em sofrimento psicológico, pois é verdade que no interior dos kibutzim serão encontradas tantas crianças "problemáticas" quanto na cidade, e, também para elas, a educação coletiva deverá encontrar respostas adaptadas. Ya'akov "Poli" Padan aconselha limitar o número de crianças "problemáticas" vindas de fora e recebidas no Instituto Educacional. Zvi Sohar, de sua parte, opõe-se a toda e qualquer ideia de seleção ou de "pureza" no campo da educação coletiva, e se pronuncia a favor do livre acesso das crianças candidatas, sejam elas consideradas "problemáticas" ou não.[18]

O Instituto Educacional e os kibutzim do Ha-Shomer Ha-Tza'ir vão abrir progressivamente outras estruturas escolares nos moldes de Mishmar Ha-Émek; eles recebem várias crianças vindas de outros lugares, em ruptura parental, órfãos, adolescentes "irrecuperáveis", "desviantes" ou sofrendo de dificuldades psicológicas diversas. São especialmente os psicanalistas membros da Sociedade Psicanalítica da Palestina e, posteriormente, de Israel (Moshe Wulff, Josef Friedjung, Lizzi Rosenberg e Shmuel Nagler) que auxiliarão os pedagogos shomrianos a enfrentar situações psicopedagógicas às vezes muito difíceis.[19]

A tolerância e o traquejo dos kibutzim de Israel com crianças e adolescentes com problemas ficarão muito reputados, até mesmo para além de suas fronteiras. Depois da fundação do Estado de Israel, os kibutzim que funcionam de acordo com os princípios da educação coletiva do Ha-Shomer Ha-Tza'ir receberão milhares de crianças enviadas da Diáspora.[20]

---

18 Golan, S. Ha-Mossád Ha-Khinukhí Shomriya. Yeshivát va'ad ha-mossád. Protokoll [Instituto Educacional Shomriya. Reunião do comitê do instituto. Protocolo]. Sessões de 11 a 12 de fevereiro de 1938. A.K.M.H. (Mossád), Dossiê bet-1 (2).

19 Golan, S. Ha-Mossád Ha-Khinukhí Shomriya. Yeshivát va'ad ha-mossád. Protokoll. Sessões de 11 a 12 de fevereiro de 1938. A.K.M.H. (Mossád), Dossiê bet-1 (2).

20 Cf., a esse respeito, o filme de Miriam Spielmann *115 pensionnaires de Inetrnz Mishmar Ha-Émek*. Disponível em A.K.M.H. (Arquivos do Kibutz Mishmar Ha-Émek).

Por uma maternagem sem mãe nem neurose

A educação das crianças do kibutz sucede, em grande parte, longe dos adultos. A ideia de criá-las e educá-las afastadas dos pais não se deve apenas à necessidade de permitir que os adultos, especialmente as mulheres, dediquem uma parcela da jornada aos trabalhos necessários à vida da coletividade. Corresponde à vontade de educar de outra forma as crianças nascidas no kibutz: trata-se de erradicar a influência nefasta da família burguesa e da educação tradicional — consideradas fonte de neuroses pelos ideólogos do Ha-Shomer Ha-Tza'ir, como se sabe. Todavia, contrariamente ao que havia sido pregado nos anos de 1920 — quando ainda se pensava na abolição da família em uma sociedade nova —, o núcleo familiar e a referência parental, considerados indispensáveis para o bom desenvolvimento da criança e para o seu equilíbrio psicológico, são mantidos.[1]

1 Golan, S. (1961). *Collective education in the Kibbutz*. Education Department of the Kibbutz Artzi Hashomer Hatzair, p. 2.

A partir de 1927, Golan esteve muito interessado na psicologia do lactente, na do bebê, mas também na formação das educadoras de crianças pequenas, aquelas que iam ficar com o encargo de cuidar das crianças desde o nascimento e de educá-las. Seu papel e suas funções no sistema de educação coletiva serão determinantes: tanto para o futuro das crianças quanto para o futuro do kibutz, como consideravam os seus ideólogos. Mensura-se facilmente os riscos assumidos por esses jovens e audaciosos pedagogos quando imaginaram, no final daqueles anos de 1920 e início dos anos 1930, uma sociedade em que as crianças cresceriam afastadas dos pais e seriam educadas por uma outra pessoa, que não a mãe, o pai ou um membro qualquer da família.[2]

É a educadoras de crianças pequenas, isto é, a profissionais devidamente formadas, explica Golan, que cabe a tarefa de prodigalizar os cuidados necessários às crianças de menos de 6 anos, e de educá-las. Convencer, no início dos anos 1930, quanto à absoluta necessidade de atribuir à educadora de crianças pequenas um lugar privilegiado na educação coletiva não se mostrou uma tarefa fácil: foi preciso enfrentar pais que não confiavam no novo sistema educacional proposto pelos pedagogos do movimento, em particular o sistema das Casas de Crianças (*batei-yeladím*); mães que desconfiavam das educadoras de crianças pequenas e se recusavam confiar a elas os seus filhos; membros do kibutz que sustentavam que "nada

---

2 Golan, Y. (1990). *'Al Mílek* [A propósito de Mílek]. Entrevista realizada por Reuben Shapira e publicada em Shmuel Golan: Shloshím shaná shel Ptirató (número especial dedicado a Shmuel Golan), Ha-Khinúkh Ha-Meshutáf, (135), pp. 3-6.

poderia suplementar o instinto materno". Mesmo dentro do Ha-Shomer Ha-Tza'ir, Golan é acusado de fabricar uma educação "contra as leis da Natureza". A isso ele irá responder que aquilo que está em jogo na educação coletiva é uma transformação da natureza mesma da autoridade parental — encarnada até então, na sociedade capitalista, pelo pai. Trata-se de transferir essa autoridade para a coletividade, para o kibutz.[3] Decerto, também era preciso administrar os pais, visto que eram parte interessada nesse novo e revolucionário sistema educacional. Progressivamente, com o passar do tempo e diante da grande determinação dos pioneiros da educação coletiva, as resistências irão ceder.

A Casa dos Bebês e o Jardim de Infância

Com seis semanas de idade, as crianças nascidas no kibutz deixam então a casa dos pais, mas a separação não é completa. Golan justifica essa separação física fazendo referência ao psicanalista britânico John Bowlby — que, quando esteve em Israel nos anos 1950, se mostrou muito crítico aos princípios da educação coletiva.[4] Essa "separação" calculada dá às crianças e aos pais a oportunidade de estabelecer uma relação harmoniosa, da qual pouco se encontra equivalente nos ou-

---

3 Golan, S. (1951, sem data precisa). *Khinúkh lefí arakhei yessód* [Princípios de base da educação coletiva], p. 4, A.K.M.H.

4 Bowlby, J. (1953). *Child care and the growth of love*. Harmondsworth: Penguin Books, pp. 45-46.

tros tipos de organização social. Durante a semana, os pais encontram os filhos em casa, durante duas horas, geralmente à tarde, depois da jornada de trabalho; aos sábados e dias de festa, passam juntos uma boa parte do dia. Os pais vão, eles próprios, buscar os filhos na casa de crianças, levando-os de volta antes da hora de se deitar.

Desde o nascimento, a criança é acolhida por "sua" educadora numa Casa de Bebês (*Beit-Tinokót*), onde ela crescerá até os 18 meses; cada educadora de crianças pequenas tem sob sua responsabilidade um grupo de cinco ou seis crianças. Durante esse período, a mãe, sempre acompanhada da educadora, está muito presente e participa ativamente dos cuidados; ela deve inclusive retornar toda noite para colocar seu bebê para dormir — se necessário, um quarto pode ser posto à sua disposição. Quando a criança está com 6 semanas, a mãe retoma as atividades no kibutz, em meio período, a fim de poder continuar a amamentar a criança ou lhe dar a mamadeira, trocá-la, dar banho, falar e brincar com ela. As mães permanecem bastante presentes até o oitavo mês; a frequência e a duração de suas visitas se modulam segundo o ritmo e as necessidades da criança. Com muito gosto, após ter efetuado a parte do trabalho que lhes cabe na coletividade e nos dias de folga, os pais vão junto com elas. Às vezes eles também participam dos passeios vespertinos.

Essas visitas vão se espaçando com o tempo, e a mãe logo só será autorizada a permanecer ao lado do filho por alguns instantes, pouco antes de colocá-lo para se deitar. Ela será dali em diante considerada uma auxiliar da educadora, a quem cabe acompanhar as crianças até a chegada do sono, cantarolando cantigas de ninar ou lendo histórias. É ela quem assegura a sua educação e a quem será delegada a responsabilidade de acompanhar a criança em seu desenvolvimento, de estimulá-la na aquisição de sua autonomia.

Quando estão com 1 ano e meio, as crianças e suas educadoras juntam-se ao Jardim da Infância, que será ao mesmo tempo o local em que viverão e o local onde receberão a instrução primária. Os Jardins da Infância dispõem de quartos, uma sala de atividades, um espaço para jogos, uma cozinha, uma sala de banho compartilhada por crianças de ambos os sexos, um pátio que lhes é reservado, espaços que elas podem explorar livremente e lugares que elas podem transformar em jardins secretos. Os Jardins da Infância, explica Golan, são o centro do universo das crianças. No entanto, esclarece ele, seria errôneo acreditar que as crianças crescem completamente afastadas da sociedade dos adultos e da vida: as crianças do kibutz crescem em contato permanente com a natureza, participando das atividades agrícolas desde a mais tenra idade (a horta especialmente concebida para as crianças pequenas; a criação de cabras, galinhas, coelhos...). As crianças crescem não longe das fábricas, das oficinas e de muitos outros lugares frequentados pelos adultos — que habitam bem ao lado, às vezes a poucos metros apenas dessas casas.

Se a educadora de crianças pequenas é convocada a desempenhar esse papel primordial na educação das crianças, é para substituir a educação tradicional, "fonte de conflitos entre pais e filhos e geradora de perturbações psicológicas às vezes muito graves" — o que Golan chama de uma "educação das pulsões".[5] A relação entre criança e pais, liberada das tensões, será então mais "harmoniosa". Em vez de se identificar com um ou outro dos pais, a criança irá se identificar primeiro com a educadora; depois com o grupo de crianças ao qual ela pertence; depois com o kibutz e, por fim, com a Nação.[6]

Dormir e sonhar junto: os dormitórios comuns

Os dormitórios comuns para bebês e crianças pequenas já existiam nas comunidades da segunda onda de imigração. Isso respondia a uma necessidade prática e ideológica: era preciso liberar a mulher das tarefas da casa para que ela pudesse se dedicar ao trabalho e ficar em pé de igualdade com o homem.

Os pedagogos do Ha-Shomer Ha-Tza'ir também levam em conta aspectos práticos, como a segurança das crianças: a partir de 1936, com a eclosão dos levantes nacionalistas árabes no país, os kibutzim (especialmente Mishmar Ha-Émek) serão alvo dos tiros de obus e de ataques visando tanto as casas quanto os edifícios. Por conta disso, a partir de 1936, as casas dos bebês e das crianças são construídas em concreto, e não em madeira, e serão sistematicamente situadas nos locais

---

5 Cf. Golan, S. (n.d.). *Khinúkh ha-yietzarím* [A educação das pulsões]. Datiloscrito, p. 16. A.K.M.H., Golan, G/2/11.

6 Golan, S. (1949, dez.-1950, set.). Baiyót khinúkh ha-ófi [Educação e personalidade]. Haikobutz Ha-Artzí Ha-Shomer Ha-Tza'ir. Makhléket khinúkh. Mador ha-mossdót. Alón le informatzia u-bilbiografia, p. 4.

menos expostos aos disparos. Mas o que interessa a Shmuel Golan no dormitório comum é, em primeiro lugar, o seu valor estruturante para o desenvolvimento psicológico e afetivo do bebê e da criança pequena.[7]

O principal objetivo de sua implementação é evitar que bebês e crianças sejam expostos aos "maus hábitos" dos pais e à promiscuidade — nos primórdios, os jovens casais do kibutz viviam num único e pequeno cômodo. Era preciso suprimir todo e qualquer risco de sedução entre pais e filhos. O "dormitório comum", declara Golan, "é um dos 'pilares' da educação sexual no kibutz; ela é uma ferramenta educacional que simboliza a interdição do incesto".[8] A educação coletiva visa abolir o caráter exclusivo da relação pai-criança e operar um deslocamento para as outras figuras extrafamiliares, que são a educadora de crianças pequenas, os demais educadores e a Sociedade das Crianças. A coletividade das casas de bebês e crianças torna-se, assim, o centro da vida das crianças.

O dormitório comum faz parte de todo um dispositivo do cotidiano, com o aprendizado do asseio, os cuidados com o corpo, os rituais para adormecer (cantigas, contos), que permitem à criança fazer frente ao medo, à agressividade, ao sentimento de insegurança ou às angústias noturnas. É com certo

---

7 Golan, S. (1958, mar.). *Ha-láila ba-beit yeladím* [A noite na casa das crianças]. Discurso de abertura da Convenção das Comissões de Educação do Kibutz Artzí. Datiloscrito, p. 5.

8 Golan, S. (1958, mar.). *Ha-láila ba-beit yeladím* [A noite na casa das crianças]. Discurso de abertura da Convenção das Comissões de Educação do Kibutz Artzí. Datiloscrito, p. 5.

orgulho que Golan observa que é raro encontrar crianças sofrendo de sentimento de insegurança ou angústias noturnas.[9] É certo que muitas outras dificuldades continuarão a surgir desde a primeira infância, mas são as educadoras que deverão fazer frente a elas — razão pela qual o kibutz deve formá-las em psicologia moderna, em psicanálise.

A formação das educadoras de crianças pequenas

Shmuel Golan, em 1933, abre dois seminários de formação para as educadoras de crianças pequenas do Kibutz Artzí: um no kibutz Mishmar Ha-Émek, no norte da Palestina; outro em Tel Aviv, para acolher as educadoras das crianças pequenas dos kibutzim do centro e do sul da Palestina. O Instituto Educacional (Mossád Ha-Khinukhí), com base em Mishmar Ha-Émek, é transferido no final dos anos 1950 para Oranim, perto de Kiryat Tiv'on, mais próximo de Haifa. Além disso, em 1939, Mordechai Segal abre o Seminário Ha-Kibutzim em Tel Aviv.[10] Esses dois prestigiosos centros de formação se tornam, com o passar dos anos, os lugares fortes da pedagogia de vanguarda do país. Vários pedagogos encarregados da formação das educadoras de crianças pequenas marcarão, também eles, a história da educação coletiva no kibutz: Bertha

9 Golan, S. (1958, mar.). Ha-láila ba-beit yeladím. Discurso de abertura da Convenção das Comissões de Educação do Kibutz Artzí. Datiloscrito, p. 4.

10 Mordechai Segal (1900-1944), pedagogo do movimento Kibutz Ha-Meukhád que recapitulará os métodos do Ha-Shomer Ha-Tza'ir.

Hazan, Miriam Roth, Menachem Gerzson, Andre Fernstblau, Meir Weil, Siddy Goldschlager, Ya'akob Amit, Grisha Livnat e Rachel Manor. Assim, uma carta datada de 1º de outubro de 1933 nos informa que Shmuel Golan pediu a Mordechai Brachyahu, célebre pedopsiquiatra, que desempenhasse um papel de conselheiro para os cuidados a serem despendidos aos bebês e para a organização dos seminários de formação das educadoras de crianças pequenas.[11] Golan, nessa mesma época, endereça-se a Moshe Wulff para solicitar a sua participação na formação das educadoras. Outros, como Ron-Polani, também lecionam por um tempo no Seminário Ha-Kibutzim, em Tel Aviv, com Mordechai Segal.[12]

A formação das educadoras proposta por Golan em Tel Aviv inicia-se no verão de 1934. Conferências, reuniões e mesas-redondas reunindo profissionais da educação, *metaplót*, psicólogos e psicanalistas — para debater o desenvolvimento psicoafetivo do bebê, sua educação e seu ambiente familiar — multiplicam-se em 1934 e em 1935.[13] Durante um dos encontros organizados em Tel Aviv pelo Kibutz Artzí, Moshe Wulff e David Idelsohn evocam os temas relativos à psicologia do bebê e à educação aclarados pela teoria psicanalítica.[14]

---

11 Carta de Shmuel Golan a Zvi Sohar de 1º de outubro de 1933. A.H.H., Shmuel Golan, H, (3).1.1-95.

12 Circular de 27 de janeiro de 1942. Ha-Kibutz Artzí Ha-Shomer Ha-Tza'ir, Ha-makhlaká le-khinúkh [Departamento de educação], A.H.H., Aleph (7) 1.4.

13 Rivkai, I. (Org.). (1935). *Pa'utót* [A criança pequena]. Hotzaát ha-va'adá ha-beyin-kibutzít le-sheilát ha-tipúl ha-Meshutáf.

14 Wulff, M. (1935). "Psykhologuia ve-ha-khinúkh" [Psicologia e educação]. In I. Rivkai (Org.), *Pa'utót* [A criança pequena] (pp. 5-16). Hotzaát ha-va'adá ha-beyin-

Em seu discurso de abertura, o dr. Rivkai, um dos renomados pedagogos do país, explana o seguinte:

> Antes do ano de 1933-1934, o mundo da pedagogia quase não se interessava pelos problemas do bebê, a sua educação permanecendo uma questão que diz respeito tão somente à família; e o seu universo psíquico, um verdadeiro enigma. [...] a educação coletiva no kibutz levanta novas interrogações no que se refere à educação e ao universo psíquico da criança pequena. E isso uma vez que, até então, apenas as mães tinham responsabilidade pela educação da criança pequena, o que deixa — para o bem ou para o mal — marcas indeléveis no futuro de todo ser humano.

Depois ele acrescenta:

> É doravante à educadora de crianças pequenas que caberá oferecer à criança os cuidados necessários ao seu bem-estar físico e psicológico. É também a ela que caberá educar as crianças em função dos valores promovidos pela sociedade kibutziana, uma sociedade embasada no trabalho, na igualdade e na responsabilidade de seus membros, no respeito aos valores coletivos; em resumo, uma sociedade criadora, viva, que aspira oferecer aos seus filhos o mais alto nível de educação.

-kibutzít le-sheilát ha-tipúl ha-Meshutáf; Idelsohn, D. (1935). "La-psykhologuia shel ha-yiéled" [A psicologia da criança]. In I. Rivkai (Org.), *Pa'utót* [A criança pequena] (pp. 16-35). Hotzaát ha-va'adá ha-beyin-kibutzít le-sheilát ha-tipúl ha--Meshutáf.

As educadoras de crianças pequenas, continua Rivkai, devem então ser formadas do melhor jeito possível, e o Kibutz Artzí tem de estar aberto às críticas e sugestões dos profissionais da educação ou da saúde, bem como dos psicanalistas. O próprio Shmuel Golan aborda, sob o prisma psicanalítico, os problemas da educação alimentar da criança pequena.[15] Golan introduz a sua proposta da seguinte forma:

> O objetivo dos nossos encontros é descrever a estrutura psíquica da criança pequena e as diferentes etapas de sua maturação; estudar o desenvolvimento de sua personalidade e do seu ser social e intelectual, que estarão no fundamento mesmo da estrutura psíquica do adulto.[16]

Ele insiste quanto à necessidade de instaurar regras de conduta comuns para todas as educadoras de crianças pequenas do Ha-Shomer Ha-Tza'ir, "em função das aspirações do movimento e de acordo com as teorias do desenvolvimento da criança": diretrizes amparadas nos mesmos princípios, nas mesmas referências — isto é, do Ha-Shomer Ha-Tza'ir e da psicanálise.

---

15 Goldschein, S. (Golan). (1935). *'Al akhilato ve-ha-akhlato shel ha-yiéled* [O comportamento alimentar da criança]. In I. Rivkai (Org.). *Pa'utót* [A criança pequena] (pp. 48-55). Hotzaát ha-va'adá ha-beyin-kibutzít le-sheilát ha-tipúl ha-Meshutáf.

16 Goldschein, S. (Golan). (1935). *'Al akhilato ve-ha-akhlato shel ha-yiéled* [O comportamento alimentar da criança]. In I. Rivkai (Org.). *Pa'utót* [A criança pequena]. Hotzaát ha-va'adá ha-beyin-kibutzít le-sheilát ha-tipúl ha-Meshutáf, p. 48.

Os arquivos pessoais de Shmuel Golan contêm vários documentos que permitem uma visão muito precisa dos cursos e seminários de formação destinados às educadoras de crianças pequenas do Kibutz Artzí. Assim, são ensinadas a história da educação, a história dos métodos e reformas segundo Georg Kerschensteiner, Berthold Otto, Gustav Wyneken e Siegfried Bernfeld, bem como a psicologia na base da educação.[17] Na bibliografia proposta às educadoras há textos de psicologia de Alfred Adler, Manès Sperber, Erwin Wexberg, William Stern, Karl e Charlotte Bühler, assim como vários textos psicanalíticos assinados por Paul Federn, Heinrich Meng, Hanz Zulliger, August Aichhorn, Fritz Wittels, Gustav Bykowski e Anna Freud. Essas considerações sobre a psicologia e a educação das crianças ocupam, portanto, um lugar muito importante nos cursos e seminários propostos por Shmuel Golan às educadoras de crianças pequenas. E os diversos artigos publicados em língua hebraica pelo pedagogo shomriano constituem, também eles, objeto de estudo e discussão.

Por fim, no decorrer dos anos 1940 e 1950, uma nova disciplina é acrescentada ao programa de formação dos pedagogos do Ha-Shomer Ha-Tza'ir, educadoras de crianças pequenas e educadores: o marxismo. Sob a responsabilidade de Grisha Livnat, as educadoras de crianças pequenas do Kibutz Artzí estudam as obras de Marx, Engels, Lênin e Rosa Luxemburgo. As relações entre marxismo e psicanálise são discuti-

17 Cf. a lista bibliográfica em Seminar le-sheilát ha-khinúkh [Seminário sobre a questão da educação], datiloscrito com data de 3 de fevereiro de 1935, p. 5. A.H.H., Shmuel Golan, (1).1.4.

das a partir dos textos de Zvi Sohar (*Ha-Tarbút ve-ha-Dat* [*A cultura e a religião*]) ou dos escritos do psicanalista marxista Erich Fromm (traduzidos para o hebraico e publicados pelos intelectuais shomrianos).[18] Em todos os seus seminários, em todas as suas conferências, tanto em Mishmar Ha-Émek quanto em Tel Aviv, Shmuel Golan se dedica então a apresentar o funcionamento psíquico do bebê amparando-se na teoria das pulsões de Freud.[19]

As trocas epistolares entre as educadoras de crianças pequenas do Kibutz Artzí e Shmuel Golan, bem como outros documentos por ele escritos e conservados em seus arquivos, mostram a seriedade com a qual a teoria psicanalítica era oferecida e recebida. As notas escrupulosamente tomadas por uma de suas alunas em seu seminário permitem ver os pontos abordados: a formação da consciência moral em relação ao supereu; o ideal do eu; os mecanismos de identificação e imitação, a identificação ao desejo dos pais, a introjeção e as imagos parentais; o Édipo, a culpa e o desejo incestuoso em relação aos pais; a estruturação da personalidade; a diferenciação do eu; a ambivalência; a angústia; o trauma...[20]

É muito naturalmente a Shmuel Golan que se dirigem os vários militantes do Ha-Shomer Ha-Tza'ir que vislumbram uma formação psicanalítica, indagando sobre as modalidades,

---

18 Fromm, E. (n.d.). Psykhoanalyza ve-Marxism [Psicanálise e marxismo]. *Ofakím*.

19 Golan, S. (n.d.). *Khinúkh ha-yietzarím* [A educação das pulsões]. Datiloscrito, p. 1. A.K.M.H., Golan, G/2/11.

20 Suzmann (n.d.). *Kurs ha-metaplót II* [Curso para metaplot II] (cadernos de notas). A.K.M.H., Golan, G/3/11.

muitas vezes até mesmo perguntando a opinião dele e pedindo sua autorização. Poderíamos citar o exemplo de Yehudit Shapira,[21] *madrikhá* de Tel Aviv, que pergunta a Golan como ela pode fazer formação em psicanálise e se ele considera que ela tem de empreender uma análise pessoal. Como a maioria dos shomrianos, Yehudit Shapira tem ideias bastante precisas: ela sabe que, para praticar a psicanálise, cumpre ter passado por uma análise pessoal — uma análise de não médico, uma *Laienanalyse*. Ela se diz pronta para empreender um tratamento. Considera, contudo, que, apesar de algumas dificuldades pessoais, defeitos e fraquezas — dos quais ela se diz ciente —, ela é "suficientemente normal" e dispõe das capacidades suficientes para se lançar nessa aventura; aliás, o seu entorno, que a considera totalmente "sociável", compele-a a se engajar nessa via. Atravessada pela ideia de que a psicanálise se dirige a neuroses mais ou menos normais, ela afirma a Golan que deseja recorrer à análise com o único fim de fazer formação, e não para resolver seus próprios problemas: deseja apenas uma análise didática. Esclarece que, todavia, considerar deitar-se num divã não deixa de lhe causar apreensão: ela não possui uma confiança incondicional na psicanálise, mas há sobretudo o fato de que as suas atividades dentro do Ha-Shomer Ha-Tza'ir, entre cursos e militância, deixam-lhe pouco tempo disponível. No que concerne ao financiamento de sua formação, seus pais, que moram na cidade e dispõem de uma boa situação, irão ajudá-la. Felizmente, o seu kibutz não fica muito

---

21 Carta de Yehudit Shapira a Shmuel Golan, Tel Aviv, sem data. A.K.M.H., Golan, G/3/9.

longe do Instituto Psicanalítico de Tel Aviv.[22] A propósito, ela deseja encontrar Golan em Tel Aviv, caso seja possível, quando de uma de suas intervenções no Seminário Ha-Kibutzim — ir a Mishmar Ha-Émek é muito difícil para ela, pois fica longe demais; senão, ele pode responder por escrito, seja por correio, seja por intermédio de uma outra militante do Ha-Shomer Ha-Tza'ir que é conhecida dos dois.

Esta demanda é exemplar: empenhar-se numa análise não "para si mesmo", mas porque um tratamento era então considerado a única via pertinente para se tornar um bom pedagogo, um militante consumado. É certo que isso não deixou de ser danoso para a disciplina: a ausência de um desejo pessoal de análise, a banalização do tratamento e as interrupções diante do aparecimento da menor dificuldade o deterioraram, o desnaturalizaram.[23]

Num primeiro momento, o único psicanalista a atuar no Seminário de Psicologia e Pedagogia dos kibutzim é Moshe Wulff. Ele colabora com os pedagogos *shomrím* desde 1934 e sempre ocupará um lugar central dentro do Kibutz Artzí: seu nome figura em todos os relatórios das reuniões do Departamento de Educação, nos resumos dos seminários para

---

22 O Instituto Psicanalítico com o nome de "Eder" em Tel Aviv, aberto por Wulff, com a colaboração de David Idelsohn e Martin Pappenheim, em 1938. Cf. Liebermann, G. (2012/2023). *A psicanálise em Israel: sobre as origens do movimento freudiano na Palestina britânica (1918-1948)* (2ª ed., P. S. de Souza Jr., trad.). São Paulo: Annablume, pp. 293-ss.

23 Cf., a esse respeito, Mannoni, M. (1979). *La théorie comme fiction*. Paris: Seuil; Mannoni, M. (1985). *Un savoir qui ne se sait pas*. Paris: Denoël; e Mannoni, M. (1988). *De la passion de l'Être à la "Folie" de savoir*. Paris: Denoël.

educadoras de crianças pequenas e monitores que tratam da psicologia da criança e do bebê, e em inúmeros documentos relativos à formação do corpo educacional no interior do movimento Ha-Shomer Ha-Tza'ir.[24] Esse mentor psicanalítico, de certa maneira, está presente em todos os momentos cruciais: ele não apenas intervém na formação das educadoras de crianças pequenas, como também desfralda seus talentos de psicanalista em diversas ocasiões, propondo entrevistas à equipe (Golan empreenderá um trabalho com ela) ou às crianças com dificuldades; instaurando uma colaboração entre o Kibutz Artzí e as instituições que estavam sob sua responsabilidade, para assegurar às crianças um acompanhamento psiquiátrico. Com Lizzi Rosemberg, que será designada nos anos 1950 como "a psicóloga do Ha-Shomer Ha-Tza'ir", ele organiza e promove uma comissão encarregada de redigir as indicações de tratamento para as crianças,[25] ou ainda aquelas relativas aos pedagogos-analistas — indicação que se impunha espe-

---

24 Cf., em especial, os dossiês do Departamento de Educação do Kibutz Artzí e os documentos estabelecidos por Shmuel Golan e Zvi Sohar relativos aos seminários de formação para as educadoras de crianças pequenas, nos arquivos do Ha-Shomer Ha-Tza'ir no kibutz Guiv'át Haviva.

25 *Ha-kibutz Ha-Artzí Ha-Shomer Ha-Tza'ir. Beit Yieladím "Vradím". Hatza'ót lesikúm 'avodá mumkhei khutz be-beit yieladím "Vradím"* [Kibutz Artzí Ha-Shomer Ha-Tza'ir. Jardim da infância "Vradim" (Rosas). Resumo das propostas de trabalho dos especialistas externos que trabalham no jardim da infância "Vradím"] (1953, 26 mai.). A.H.H., (1).6.4. Cf. também: *Tipulím shoním she nitnú be-Vradím beshlóshet ha-shaním ha-rishonót le-kiumó ('al eleméntim shel ha-tipúl ha-sbibatí hakholé)* [Diferentes tratamentos ministrados em "Vradím" nos três primeiros anos de sua existência (a propósito dos elementos das intervenções no círculo próximo do doente)]. (n.d.). Datiloscrito, 2 p. A.K.M.H., Golan, G/11.

cialmente quando se tratava de prevenir "condutas desviantes", "perversões" graves. Alguns dos alunos de Wulff também lecionam no Kibutz Artzí; membros da primeira Sociedade de Psiquiatria Infantil da Palestina, que ele funda em 1941, Julius Zellermayer e Gottfried Bloch atuam como consultores no Jardim da Infância "As Rosas", criado pelo Kibutz Artzí em Tel Aviv para receber as "crianças com problemas".[26]

Apesar disso, a maioria das crianças com sofrimento psicológico são acompanhadas e tratadas no kibutz. Trata-se de ajudar a criança a superar suas dificuldades a fim de preservar o seu lugar enquanto membro pleno, e de evitar que ela seja estigmatizada pela sociedade: os arquivos que testemunham transtornos psicológicos, até mesmo transtornos psiquiátricos graves, são destruídos para não deixar rastros de um passado difícil e doloroso. O kibutz mobiliza esforços consideráveis para que crianças e adolescentes psicóticos sejam acompanhados 24 horas por dia por educadoras devidamente formadas para essa tarefa (às vezes duas), a fim de que possam continuar participando das atividades ao lado das outras crianças do Instituto Educacional. É certo que todos os esforços mobilizados pelos pedagogos e membros do kibutz não foram recompensados com os resultados esperados; contudo, via de regra, a comunidade kibutziana não condenou a loucura enquanto tal.

26 Para os adultos, se a urgência de uma hospitalização se dá a ver, o kibutz fará então o seu melhor para que a pessoa possa continuar recebendo o tratamento em hospital-dia, beneficiando-se de um alojamento situado próximo ao hospital, que o kibutz colocará à sua disposição, podendo também levar outro membro como acompanhante (às vezes parte de sua família, mas não necessariamente).

No início dos anos 1940, outros psicanalistas começam a participar da formação das educadoras de crianças pequenas e dos educadores nas escolas do Kibutz Artzí: na lista de docentes aparecem nomes de outros membros da Sociedade Psicanalítica da Palestina: Alice Weiss-Stadthagen, que oferece, com Wulff, um curso intitulado "Brincadeira e imaginação",[27] ou ainda Erwin Hirsch, que dedica uma série de conferências à questão da agressividade na criança. O grupo psicanalítico de Haifa colabora também muito regularmente com as formações do Kibutz Artzí: Ilja Shalit, Josef Friedjung e Bertha Grünspan vão para Mishmar Ha-Émek, depois, a partir de 1948, é a vez de Shmuel Nagler, que desempenha um papel preponderante na formação psicanalítica dos pedagogos do Ha-Shomer Ha-Tza'ir no Seminário Oranim, em Kiryat Tiv'on.

---

27 *Tokhnít séfer 'al ha-khinúkh ha-kibutzí be-guil ha-rakh* [Projeto de livro sobre a educação do bebê e da criança pequena (de 0 a 5-6 anos) no kibutz]. (1944, 10 jul.). Datiloscrito, A.H.H., Shmuel Golan, (3).1.4.

"Educar a pulsão"

Golan estima que um bom conhecimento da teoria das pulsões é fundamental para a formação das educadoras de crianças pequenas. O recém-nascido não pode ser reduzido nem a um "sistema de reflexos", como sustentava a reflexologia pavloviana, nem a uma "folha em branco na qual viria a ser impressa toda sorte de estímulos oriundos do exterior [ou dos sentidos]", como sustentava a psicologia experimental.[1] O recém-nascido é um "ser de pulsões, com moções de desejo". Em sua teoria das pulsões, Golan enfatiza as necessidades fisiológicas do recém-nascido e seu desenvolvimento psicoafetivo, e descreve longamente as fases do desenvolvimento psicossexual da criança — os estágios oral, anal e genital

1 *Sheilón mikré akhád shel yiéled agressívi* [Relato de um caso de criança agressiva]. (1947, 16 jun.). Datiloscrito, kibutz Merchavia. A.H.H., Shmuel Golan, (1).2.4. Cf. também, no mesmo dossiê, a circular n. 79, datada de 7 de julho de 1947, destinada às gananót [jardineiras] do kibutz Artzí.

ilustram a incidência das pulsões na vida social da criança e do adulto.[2]

Contudo, se aparentemente Golan oferece um ensino semelhante ao que Moshe Wulff propõe, na mesma época, às instrutoras de maternal de Tel Aviv, Golan continua sendo, antes de qualquer coisa, um pedagogo, esbanjando recomendações e instruções. Wulff, mais respeitoso com relação a uma posição analítica, se mostrava bem mais reservado em matéria de sugestões educativas, chegando até a denunciá-las: o campo da psicanálise não teria como se confundir com o da educação, o da medicina e, menos ainda, o da política. Apegado, até o fim da vida, à posição pedagógica, Shmuel Golan acredita ser possível educar as pulsões, isto é, dominá-las, orientá-las de forma a levar a criança a comportamentos socialmente admissíveis e respeitosos quanto aos valores da sociedade. Ora, essa noção de "educação das pulsões" é estranha à psicanálise e pode até mesmo ser paradoxal. Afinal, a pulsão não permanece indomável pela via educativa?

É especialmente numa série de conferências publicadas na forma de artigo em 1941,[3] destinadas às educadoras de crianças pequenas em formação no âmbito do Kibutz Artzí em Tel

---

2 Golan, S. (n.d.). *Khinúkh ha-yietzarím* [A educação das pulsões]. Datiloscrito, p. 1. A.K.M.H., Golan, G/2/11.

3 Golan, S. (1941, set.). Sikumím be-sheilát ha-yiessód shel ha-hinúkh be-guil ha-rakh: Hinúkh ha-yietzarím be-guil ha-rakh [Relatórios a propósito da questão fundamental da educação da criança pequena: Educação das pulsões no lactente]. *Ha-Khinúkh Ha-Meshutáf*, (15), pp. 7-18. Cf. também as notas pessoais de Golan: A.H.H., Ha-kibutz Artzí Ha-Shomer Ha-Tza'ir. Makhléket Khinúkh, "Sikumím be-sheilat ha-yiessod shel ha-hinúkh be-guil ha-rakh", 27.3.1941, 9 p.

Aviv e em Mishmar Ha-Émek, que Shmuel Golan apresenta vários conceitos freudianos — dentre eles o de pulsão — aplicados aos cuidados e à educação das crianças nascidas e criadas no contexto da educação coletiva.

Para esses pedagogos, as pulsões e suas manifestações na criança pequena não são, enquanto tais, um comportamento desviante. Para o pedagogo shomriano, as pulsões são a própria força da natureza humana; como é que o educador poderia então "declarar guerra às forças da natureza", isto é, digladiar-se com as pulsões? A pulsão é uma energia psíquica, insiste Golan; ela é "a matéria-prima do psiquismo" que cumpre uma função crucial no desenvolvimento psicoafetivo da criança. A função do educador shomriano não consiste, portanto, em inibir as manifestações pulsionais da criança pequena, e ele tampouco tem de "treiná-las mecânica e sistematicamente": ele deve ajudar a criança a orientá-las de outro modo, "educá-las". "Educar as pulsões", precisa ele, leva o educador a propor à criança outras modalidades de satisfação pulsional não diretas; modalidades que lhe permitem uma satisfação decerto parcial, mas que apesar disso resulta em seu alívio, favorecendo assim a sua transformação e a sua cativação. O objetivo principal do educador shomriano é fazer com que, a partir de uma privação mínima, o "pequeno selvagem" se torne um ser social, um ser de cultura.

As pulsões se implementam e se organizam progressivamente segundo uma lógica imanente ao corpo, que delimita "zonas erógenas" (oral, anal e genital), cada uma delas sendo a origem de um processo psicológico fundamental que a abordagem pedagógica das educadoras de crianças pequenas não deve ignorar.

Golan chama a atenção das educadoras para o fato de que, em seu trabalho cotidiano, elas devem atribuir uma atenção particular às diversas manifestações pulsionais da criança pequena, desde a mais tenra idade, especialmente as que são atinentes à esfera da sexualidade. A criança do kibutz, de uma certa maneira, encontra-se bem mais exposta a toda sorte de excitações pulsionais do que a criança criada na cidade: por exemplo, elas crescem perto dos animais, assistem ao acasalamento dos bovinos ou ao nascimento dos cervos. É impossível resguardar as crianças de ver atos de acasalamento dos animais, sobretudo quando caminham livremente. As crianças devem, então, abordar o tema da sexualidade dos animais a partir de discussões, e a educadora de crianças pequenas tem de explicar a elas a diferença entre o acasalamento dos animais e a sexualidade dos humanos. Além disso, elas pedirão, por exemplo, que os responsáveis pela criação do gado vigiem para que o acasalamento dos bovinos não ocorra nas horas em que as crianças estão passeando pelos arredores dos estábulos.[4]

Quanto ao estágio "oral", explica Golan, a educadora deve considerar esse momento da vida da criança com uma atenção particular. A sucção desempenha um papel fundamental na

---

4 Golan, S. (1941, set.). Sikumím be-sheilát ha-yiessód shel ha-hinúkh be-guil ha-rakh: Hinúkh ha-yietzarím be-guil ha-rakh [Relatórios a propósito da questão fundamental da educação da criança pequena: Educação das pulsões no lactente]. *Ha-Khinúkh Ha-Meshutáf*, (15), p. 8.

estruturação do psiquismo da criança; ela lhe permite desconectar-se do mundo externo, e da mãe, antes de qualquer coisa. Esse período, que culmina com o desmame do seio materno, não ocorre sem dor. É por isso que a educadora deve zelar para que o desmame não seja brutal, mas progressivo. Dessa forma, continua ele, denunciamos as reprimendas, as punições e o recurso a diversos métodos pretensamente pedagógicos que visam impedir a sucção do polegar — passar mostarda no dedo da criança, por exemplo.

Se a sucção, que é uma atividade natural, continua para além dos 4 anos, é preciso sobretudo não tentar reprimi-la; isso necessita a intervenção da educadora de crianças pequenas, que deve convidar a criança a se distrair de outro modo: ela se esforça por atrair sua atenção com jogos, cuidando para não intervir diretamente retirando o polegar ou o objeto da boca da criança. Pois os comportamentos de sucção compulsiva ou persistente são expressão de um sofrimento psicológico ou a marca de uma ferida narcísica. Nesses casos, a educadora deve dar provas de tolerância e de muita paciência; ela deve também procurar a origem da perturbação psicológica da criança. No caso em que a retração e a atividade afetam a capacidade da criança de brincar com o outro, é preciso lhe falar, sempre cara a cara, nunca na frente das outras crianças. Cumpre igualmente conceder a ela o tempo necessário para que possa abandonar suas atividades de sucção compulsiva, e sobretudo não tentar substituir o polegar pela chupeta. E se a criança tem sucesso em se desmamar, por iniciativa própria, a sua educadora deverá então felicitá-la e, eventualmente, recompensá-la com um presentinho.

Golan explica em seguida qual deve ser a abordagem educativa da educadora de crianças pequenas quando do "estágio anal", associado ao controle esfincteriano e à aquisição das regras de asseio. A criança renuncia às fezes quando está pronta, e para agradar a educadora. Esta também não deve, portanto, obrigar a criança a controlar as suas atividades esfincterianas o mais cedo possível. Ela deve dar provas de tolerância e paciência, pois é inútil obrigar uma criança com menos de 10 meses a ficar sentada no vaso. É somente por volta dos 2 anos e meio de idade que ela adquire a sua autonomia, e ainda é preciso levar em conta as necessidades específicas da criança. Golan aconselha, então, não se precipitar ansiosamente sobre a criança que, distraída em suas brincadeiras, não retém seus excrementos. E tampouco se deve reagir excessivamente ao surpreender a criança brincando com eles; nesse caso, é preciso propor a ela outros materiais para brincar, por exemplo: massa de modelar, areia, cerâmica, lápis de cor...

Golan ensina que os "palavrões" pronunciados pelas crianças são expressões da pulsão anal. É por isso que, também aqui, o educador deve cuidar para não repreender e punir a criança. Pois "palavrões" e xingamentos são ações verbais que suplementam um ato motor interditado; eles cumprem uma função de acomodação da pulsão agressiva que regra as relações entre as crianças. Também não se deve declarar guerra às crianças que pronunciam "palavrões" antes dos 4 anos de idade. Quanto à enurese, sobretudo à noite, ela faz parte das preocupações dos pedagogos da educação coletiva. Mais que repreender e punir, é preciso empreender uma conversa serena e tranquilizadora com a criança. O educador deve conceber a enurese infantil como a manifestação de uma atividade sexual proibida e recalcada, ou então como sinal de uma regressão da criança rumo a um estádio anterior do desenvolvimento psicoafetivo e que solicita maior atenção.

Continuando com as suas propostas relativas às prescrições educativas apoiadas na teoria psicanalítica, Golan explica ainda que, tendo chegado ao estádio chamado por Freud de "estádio genital", a criança pequena focaliza a sua atenção em seus órgãos genitais e nos de seus congêneres. Sua primeira manifestação é a masturbação. Desde o primeiro ano, pode-se facilmente observar que a criança se masturba manipulando e brincando com seu sexo. Cumpre evitar as ameaças, como cortar o "pipi" ou o dedo; esse gênero de falas é muito perigoso, pois a criança interpreta uma ameaça real à sua pessoa como uma verdadeira mutilação imaginária de seu sexo, e isso irá provocar sentimentos de pavor e horror, responsáveis pelo surgimento imediato de toda sorte de transtornos psicológicos graves. Golan aconselha fortemente não passar tempo demais limpando as partes íntimas da criança e não esfregar excessivamente o corpo dela com a toalha depois do banho. Ele sugere vestir as crianças com roupas confortáveis, não apertadas demais.

No dia a dia, é frequente surpreender as crianças se entregando a brincadeiras sexuais. Essas brincadeiras não são nada danosas para o espírito da criança; pelo contrário, desempenham um papel estruturante que o educador deve respeitar sem intervir. As crianças poderão brincar de "médico" e paciente, poderão falar entre elas a respeito de seus corpos: são jogos sadios que permitem que a criança descubra o seu corpo, o do outro, e descubra a diferença sexual, cujo reconhecimento é indispensável à maturação psicológica.

Essas brincadeiras sexuais às vezes perturbam o espírito da menina, que pode se sentir "desfavorecida" em relação aos meninos, explica Golan: é o que Freud chama de *Penisneid* (inveja do pênis). Ele escreve que não se deve, então, procurar apagar a diferença sexual, mas valorizar junto à criança a identidade feminina (possuir seios, colocar crianças no mundo, ter os cabelos longos...).[5] Naturalmente, a educação coletiva por si só não teria como garantir às crianças um desenvolvimento sexual harmonioso. Outros fatores podem perturbar o espírito da criança: atitudes eróticas, condutas perversas dos adultos de dentro ou de fora; o linguajar dos adultos. Para fazer frente a isso, só há uma arma pedagógica: a palavra — a disponibilidade do educador para conversar individualmente com cada criança e a discussão do problema com o grupo.[6]

---

5 Golan, S. (1941, set.). Sikumím be-sheilát ha-yiessód shel ha-hinúkh be-guil ha-rakh: Hinúkh ha-yietzarím be-guil ha-rakh [Relatórios a propósito da questão fundamental da educação da criança pequena: Educação das pulsões no lactente]. *Ha-Khinúkh Ha-Meshutáf*, (15), pp. 7-18. Cf. também as notas pessoais de Golan: A.H.H., Ha-kibutz Artzí Ha-Shomer Ha-Tza'ir. Makhléket Khinúkh, "Sikumím be-sheilat ha-yiessod shel ha-hinúkh be-guil ha-rakh", 27.3.1941., 9 p.

6 Golan, S. (1941, set.). Sikumím be-sheilát ha-yiessód shel ha-hinúkh be-guil ha-rakh: Hinúkh ha-yietzarím be-guil ha-rakh [Relatórios a propósito da questão fundamental da educação da criança pequena: Educação das pulsões no lactente]. *Ha-Khinúkh Ha-Meshutáf*, (15), p. 8.

uma educação sexual no kibutz.[4] Esse projeto parece só ter encontrado sua forma definitiva uma década depois, com a publicação de uma brochura tratando da sexualidade das crianças e dos adolescentes no kibutz.[5] A essa brochura destinada às educadoras de crianças pequenas e aos educadores irão se juntar uma série de artigos sobre o mesmo tema, publicados na revista *Ha-Khinúkh Ha-Meshutáf* [*Educação coletiva*],[6] e em seguida publicados na forma de uma obra coletiva em 1944: *Programa de educação sexual para a sociedade de jovens*.[7]

Sohar acusa a educação tradicional de reprimir a sexualidade dos adolescentes e dar provas de hipocrisia ao justificar essa repressão com argumentos psicológicos pseudomodernos sobre o amor.[8] Ele sustenta que o Ha-Shomer Ha-Tza'ir não atingirá seus objetivos, tanto no plano social como no espi-

---

4 Ha-vikúakh 'al matarát ha-khinúkh ha-miní [Discussão sobre os objetivos da educação sexual]. (1935, 22 mar.). Datiloscrito, Kibutz Mishmar Ha-Émek, p. 4. A.H.H., Golan (1).1.4.

5 Be-nissayión shel hatza'át ha-khovéret le-khinúkh be-guil ha-rakh — hassbará ha-minít [Esboço de uma proposta para a redação de uma brochura explicativa referente à educação de crianças pequenas — abordagem da sexualidade]. (n.d.). p. 1, A.H.H., Golan (1).1.4.

6 *Yiessodót ha-khinúkh ha-miní be-Kibutz Artzí Ha-Shomer Ha-Tza'ir* [Fundamentos da educação sexual no Kibutz Artzí Ha-Shomer Ha-Tza'ir]. (1937, mai.). Texto coletivo, *Ha-Khinúkh Ha-Meshutáf*, (1), pp. 28-34.

7 Sohar, Z. & Golan, S. (Org.). (1944). *Tokhnít le-khinúkh ha-miní be-khevrót ha--nó'ar* [Programa de educação sexual para a sociedade de jovens]. Ha-lishká le--aliyát yeladím venó'ar. Hotzaát va'ad ha-irgún shel ha-madrikhím.

8 Ha-vikúakh 'al matarát ha-khinúkh ha-miní [Discussão sobre os objetivos da educação sexual]. (1935, 22 mar.). Datiloscrito, Kibutz Mishmar Ha-Émek, p. 1. A.H.H., Golan (1).1.4.

ritual, enquanto os seus membros não conhecerem uma vida sexual plenamente desabrochada e não atingirem uma "verdadeira satisfação sexual": "A não satisfação das pulsões sexuais as desvia de sua meta primeira. Elas sofrerão, por conta dessa não satisfação, transformações que irão convertê-las em algo antissocial e destruidor [...] o que deveria chamar toda a atenção do nosso movimento". Então são debatidas questões como: com que idade é atingida a maturidade sexual? É preciso determinar a idade a partir da qual o adolescente pode ter relações sexuais? Qual seria a idade ótima?...

A masturbação

A questão da masturbação é abordada com frequência. Sohar e Golan se pronunciam a favor da abolição da regra de abstinência prescrita pelos ideólogos do Ha-Shomer Ha-Tza'ir na aurora do movimento.[9] Dentro da comissão de trabalho, Ya'akob Hazan,[10] em contrapartida, defenderá essa antiga regra, pois continua

> persuadido de que a regra de abstinência se revela de grande valia. Todas essas fantasias aventadas por Mílek [Shmuel Golan], ninguém nunca as colocou à prova;

9 Ha-vikúakh 'al matarát ha-khinúkh ha-miní [Discussão sobre os objetivos da educação sexual]. (1935, 22 mar.). Datiloscrito, Kibutz Mishmar Ha-Émek, p. 3. A.H.H., Golan (1).1.4.

10 Homem forte do Ha-Shomer Ha-Tza'ir e personalidade da história do sionismo e da vida política de Israel.

> divirjo dele no que concerne ao valor positivo de suas aplicações e de seus resultados. Não foi realizada nenhuma experiência até o momento demonstrando que a vida sexual fora do Ha-Shomer Ha-Tza'ir é mais sadia do que entre nós. Também não há nada que demonstre que a vida sexual noutros kibutzim [pertencentes a outros movimentos ideológicos e políticos] é melhor que a dos kibutzim do Ha-Shomer Ha-Tza'ir. E, enquanto provas científicas não venham demonstrar o contrário, não temos razão alguma para renunciar a essa regra de abstinência, que é justamente um dos principais eixos em torno dos quais se articula o nosso movimento.[11]

No decorrer dessas discussões, com frequência acusarão Shmuel Golan por dar um lugar excessivo à psicanálise e à sexualidade infantil, em detrimento da "nossa erótica" (no velho linguajar do movimento), isto é, dos preceitos shomrianos outrora formulados por Ya'ari, ainda defendidos por seus adeptos que se tornaram apoiadores do marxismo.[12]

---

11 Ha-vikúakh 'al matarát ha-khinúkh ha-miní [Discussão sobre os objetivos da educação sexual]. (1935, 22 mar.). Datiloscrito, Kibutz Mishmar Ha-Émek, p. 4. A.H.H., Golan (1).1.4.

12 Assim, por exemplo, durante a segunda reunião da comissão do Kibutz Artzí encarregada de examinar as questões relativas à sexualidade no kibutz, Yudkdes Talmi dirigiu-se a Shmuel Golan da seguinte maneira: "Deve-se igualmente ter em conta a importância dos fatores sociológicos que possuem uma incidência sobre a vida sexual, fatores que o movimento socialista na Rússia soviética e o movimento dos trabalhadores em geral colocaram em evidência". Yeshivát ha-shniyá shel ha-va'ad le-khinúh ha-miní [Segundo Encontro da Comissão de Estudo sobre a Educação Sexual]. (1935). p. 1. A.H.H., guimel (1).1.4.

Quanto à masturbação, Shmuel Golan insiste na necessidade de desculpabilizar a criança; ele sustenta que esse é um fenômeno natural que possui uma função reguladora em sua vida: ela lhe permite libertar-se das tensões engendradas pelo empuxo das pulsões sexuais, que podem então ser investidos noutras atividades — sublimatórias. É uma "atividade sexual de pleno direito", "um mal menor" que é preciso tolerar, pois, como mostra Freud em vários de seus textos — Golan cita três —,[13] não é das atividades sexuais propriamente ditas que a pulsão sexual tira a sua maior satisfação, mas das atividades culturais, ao que deve tender a educação das crianças e adolescentes do kibutz.[14] Por outro lado, para as crianças pequenas ou o adolescente, a abstinência nada tem de natural. A masturbação para o adolescente, ele dirá noutro momento,[15] é uma passagem entre a sexualidade infantil e a do adulto. Dito isso, é em vão que se tenta determinar a idade precisa da passagem da infância à adolescência ou da adolescência à idade adulta. Deve-se prestar atenção, frisa ele ainda, pois a neurose

---

13 Freud, S. (1905/2016). Três ensaios sobre a teoria da sexualidade. In *Três ensaios sobre a teoria da sexualidade, Análise fragmentária de uma histeria [O caso Dora] e outros textos* (pp. 13-172; P. C. de Souza, trad.) (Obras completas, Vol. 6). São Paulo: Companhia das Letras; Freud, S. (1912-1913/2012). Totem e tabu. In *Totem e tabu, Contribuição à história do movimento psicanalítico e outros textos* (pp. 13-244; P. C. de Souza, trad.) (Obras completas, Vol. 11). São Paulo: Companhia das Letras; Freud, S. (1916-1917/2014). *Conferências introdutórias à psicanálise* (S. Tellaroli, trad.) (Obras completas, Vol. 13). São Paulo: Companhia das Letras.

14 Golan, S. Sifrút be-sheilát ha-khinúkh ha-miní [A educação sexual: referências bibliográficas]. A.K.M.H., Golan, G/2/11.

15 Golan, S. Sifrút be-sheilát ha-khinúkh ha-miní [A educação sexual: referências bibliográficas]. A.K.M.H., Golan, G/2/11.

é muitas vezes causada por uma forte repressão da atividade sexual da criança.

As relações sexuais no grupo de adolescentes

Para Zvi Sohar, que parece ter sido o participante mais ativo nessa reunião, determinar uma idade para a prática sexual entre os jovens não é algo que se pode ter em vista, "pois nenhuma pesquisa científica, até então, se mostrou capaz tirar uma conclusão a esse respeito". A ideia segundo a qual é a partir dos 16 anos que os jovens estão maduros para ter relações sexuais, como alguns membros do movimento defendem, é arbitrária. Zvi Sohar também sustenta que os adultos não devem intervir na vida sexual dos adolescentes.

Estabelecendo um paralelo com uma proposta radical outrora aventada pelo psiquiatra suíço August Forel num congresso em Viena sobre a sexualidade, em 1930, e que sugeria audaciosamente a criação de recintos nos arredores das cidades para que os adolescentes pudessem manter relações sexuais livremente sem temer a condenação pelos adultos, Zvi Sohar explica que é da responsabilidade do kibutz oferecer à juventude a possibilidade de viver sua sexualidade sem culpa, para cruzar harmoniosamente o limiar que separa a adolescência da maturidade, "acesso à vida do trabalho e à vida comunitária do kibutz, único passo que deveríamos ter em conta". Sohar propõe confiar na responsabilidade dos jovens parceiros, de forma que eles julguem o momento em que poderiam começar a ter relações sexuais. Ele conclui de modo solene: "Seja como for, nunca veremos, no kibutz, nas atividades sexuais dos jovens, atos criminosos; e também nunca criaremos uma atmosfera de medo e ameaça em torno da sexualidade da nossa juventude".[16]

Segundo Golan, "o kibutz não pode se transformar em local de experimentação": ele deve se embasar em descobertas científicas para se determinar, "a fim de evitar que, como no passado, tenhamos mais uma vez de pagar por nos fiarmos tão somente em nossa experiência". Assim ele faz alusão ao fracasso das experiências sexuais conduzidas no início da aventura shomriana na Palestina, bem no começo dos anos 1920: "Nossa juventude na Palestina, no decorrer da qual pudemos levar uma vida sexual quase sem entraves, merece também ela uma observação séria e prudente".[17] Os educadores deverão ter referenciais científicos para se orientar no trabalho com os adolescentes acerca da sexualidade. E Golan sustenta que o adolescente não teria como ser o único juiz da idade em que poderá ter a sua primeira relação sexual; que essa decisão deve ser tomada em função de outros critérios, em função especialmente "de seu desenvolvimento pessoal e dos objetivos do nosso movimento, no qual ele foi criado". Assim, ele não consegue se apartar completamente dos ideais do Ha-Shomer Ha-Tza'ir, nem no que concerne à sexualidade dos adolescentes, enquan-

---

16 A.H.H., Shmuel Golan (1).1.4, "Ha-vikuakh 'al matarat ha-khinúkh ha-mini" [Discussão acerca do objetivo da educação sexual]. Datiloscrito, Kibutz Mishmar Ha-Émek, 22 de março de 1935, p. 1.

17 Golan, S. (n.d.). Sifrút be-sheilát ha-khinúkh ha-miní [A educação sexual: referências bibliográficas]. A.K.M.H., Golan, G/2/11.

to Sohar prega pela livre decisão dos jovens. Portanto, trata-se de responsabilizá-los, de ajudá-los a tomar as suas próprias decisões, com a parcela de risco que isso comporta, oferecendo-lhes uma escuta atenta, que também pode modificar radicalmente a decisão do adolescente — que pode então preferir postergar a consumação do ato sexual, em prol da realização de outras atividades que Sohar qualifica como "sublimatórias".

Sobre todas essas questões, Shmuel Golan e, depois dele, outros pedagogos shomrianos atribuem uma importância muito grande aos posicionamentos do psicanalista Wilhelm Reich a respeito da vida sexual dos adolescentes, e seus textos figuram nos programas de formação dos pedagogos do Kibutz Artzí[18] — ainda que não aquiesçam, necessariamente, a todas as suas propostas. A educação coletiva não busca nem enco-

---

18 Golan, S. Sifrút be-sheilát ha-khinúkh ha-miní [A educação sexual: referências bibliográficas]. A.K.M.H., Golan, G/2/11. Quando estava em formação no Instituto Psicanalítico de Berlim, Golan descobriu Reich por meio de uma obra de Bronisław Malinowski. Em fevereiro de 1933, ele escreve a Yona, sua companheira: "Tanto do ponto de vista pedagógico quanto psicológico, a propósito da sexualidade infantil — vivida sem limitação nenhuma, nem restrição de nenhuma ordem —, Wilhelm Reich tentou demonstrar em seu livro [...] como, na futura sociedade comunista, as interdições das atividades sexuais durante a infância irão se tornar caducas, e desaparecerão". Segundo ele, "essa seria a única via pela qual o homem poderia se livrar de suas neuroses. Ele tenta demonstrar como a forma atual de conceber a sexualidade não passa da consequência direta, do produto do poder capitalista". "Ainda não li o livro [de Reich]", precisa Golan em sua carta, "mas mesmo sem tê-lo lido, os fatos relatados por Malinowski em sua obra me bastam: são fatos de grande importância e de grande interesse". Carta de Shmuel Golan a Yona de 22 de fevereiro de 1933. A.H.H., Shmuel Golan, (1).1.1-95. Cf. também, em Reich, W. (1936). *Die Sexualität im Kulturkampf* [A sexualidade na Guerra de Cultura]. København: Sexpol Verlag, o capítulo intitulado "Bloqueio da revolução sexual".

rajar, nem dissuadir os adolescentes a terem relações sexuais entre si; ela quer permitir que eles concebam livremente a própria sexualidade, vivam-na sem culpa. Ela fixa como objetivo principal acompanhá-los em sua maturação sexual, transformando e flexibilizando, no seio da sociedade kibutziana, um determinado número de regras da sociedade burguesa. De toda forma, declara Golan, visto que não existe sexualidade ideal, tampouco será encontrada a "via régia" para a educação sexual. A época em que os jovens shomrianos sonhavam com um novo ideal sexual havia, portanto, chegado ao fim.

As duchas comuns

Neste capítulo dedicado à educação sexual, não teríamos como omitir a experiência, que se tornou célebre, do compartilhamento das duchas comuns pelas crianças e pelos adolescentes de ambos os sexos. Golan tem a ideia das duchas comuns ao ler, com entusiasmo, o livro de Bronisław Malinowski tratando da sexualidade dos aborígenes australianos jovens. Ele sonha em ver os jovens adolescentes do kibutz vivendo a própria sexualidade tão livre e harmoniosamente quanto os jovens aborígenes. Golan é muito especialmente sensível ao fato de que, entre os povos primitivos da Oceania, as crianças com 4 ou 5 anos de idade vivem a sexualidade de forma livre, sem nenhuma intervenção dos adultos do vilarejo, sem vergonha ou culpa, assim como os adolescentes levam uma vida sexual sem outro controle além do seu próprio. Nesse povo dito "primitivo", tão distante da civilização moderna, essas crianças que vivem a sexualidade livremente estão, segundo Malinowski, isentas de neurose e perversão. E Golan escreve à sua esposa: "É o único povo que não apresenta nem neuroses, nem perversões [...] o que estaria justamente de acordo com as conclusões da psicanálise, de que elas não passariam da consequência de perturbações na vida sexual, de transtornos da sexualidade".[19]

A implementação das duchas comuns é considerada por Shmuel Golan e seus colaboradores próximos no Instituto Educacional como um dos principais dispositivos da educação sexual, cujo objetivo é reduzir — e não suprimir — a excitação sexual das crianças e dos adolescentes; é desviar, para o mundo externo, as preocupações sexuais inerentes às suas idades e investi-las na realidade, na curiosidade intelectual, na cultura, na atenção com o outro. Em resumo, trata-se de "sublimá-las", no linguajar dos pedagogos shomrianos. Livre da escravidão, a sociedade moderna também deve se alforriar da repressão sexual imposta pelo capitalismo e pela religião, mas também do segredo, da interdição, da culpa, do cinismo, da representação da sexualidade enquanto "coisa suja" — vestígios ou efeitos secundários de uma sociedade capitalista decadente. As duchas comuns também possuem como função suprimir o sentimento de vergonha, especialmente nas meninas, e permitir que os adolescentes tenham um outro

---

19 Carta a Yona de 22 de fevereiro de 1933, A.H.H., Shmuel Golan (1).1.1-95. No entanto, será que Golan não estaria confundindo aqui o sexual da teoria freudiana, fundador do inconsciente e da estrutura psíquica em geral, com o sexual colocado em ato, isto é, com o genital e as relações sexuais entre homem e mulher?

olhar sobre o próprio corpo e sobre o corpo do outro. Instaurar as condições para o bom desenvolvimento certamente não é algo fácil. Isso requer um clima de confiança no grupo de adolescentes: confiança em si, no grupo e nos valores da sociedade (o kibutz) em que vivem.[20]

A experimentação com duchas comuns começa no início do ano de 1935 — não com crianças nascidas no kibutz, mas com um grupo de adolescentes imigrantes chegados da Alemanha em 1933, acolhidos em Mishmar Ha-Émek naquele ano,[21] e depois de muitas hesitações. No início, a ideia das duchas comuns, compartilhadas pelos adolescentes de ambos os sexos, não fazia parte dos programas educacionais do Kibutz Artzí.

Golan se ocupa pessoalmente, e com muito orgulho e apego, desse primeiro grupo de adolescentes que se tornou célebre sob o nome de "Grupo 'Olím". Ele irá se tornar o arquétipo dos grupos de adolescentes que serão criados ao longo dos anos em Mishmar Ha-Émek e que serão compostos de adolescentes nascidos no kibutz e crianças vindas de fora — de outros kibutzim e cidades.[22]

---

20 Golan, S. (1949). 'Al ha-miklákhat ha-meshutéfet. Pitkúakh le-sikhá [A propósito das duchas comuns. Introdução à discussão]. Datiloscrito, A.K.M.H (Mossád), dossiê 1-Bet (2).

21 Atribuindo a si uma missão humanitária, até o fim da Segunda Guerra Mundial — e mesmo depois —, alinhados com a organização Aliyát Ha-Nó'ar dirigida por Henrietta Szod, os kibutzim da Palestina acolherão um número muito grande de crianças vítimas das perseguições nazistas na Europa, imigrando da Bulgária, Iugoslávia, Romênia, Tchecoslováquia, Alemanha, Polônia, Ucrânia...

22 Entre 1933 e 1939, seis grupos, totalizando 96 crianças e adolescentes, serão formados no Mossád Ha-Khinukhí em Mishmar Ha-Émek, cada um deles

Golan está ciente de que essa audaciosa experiência educacional não deixava de ter riscos. Para efetuá-la, ele conta com o apoio de Zvi Sohar e, mais tarde, do pedagogo Menachem Gerzson,[23] do kibutz Ha-Zore'a, perto de Mishmar Ha-Émek, do qual ele havia tomado conhecimento em Berlim. Mas é sobretudo graças a Ya'akob "Poli" Padan,[24] outra grande figura do mundo da pedagogia no Instituto Educacional do Kibutz Mishmar Ha-Émek, que Golan poderá concretizar o projeto. Ainda que menos interessado nos aspectos teóricos da edu-

---

contendo entre 5 e 16 internos. Esses grupos carregavam nomes de árvores ou animais: "Alón" [Carvalho], "Erez" [Cedro], "Khavatzélet" [Lírio], "Aiyalá" [Corça], "Shákhaf" [Gaivota], "Eshel" [Tamarisco]... Trinta e nove crianças e adolescentes eram nascidos nos kibutzim do Ha-Shomer Ha-Tza'ir (os mais velhos nasceram em 1928): em Mishmar Ha-Émek, em Sarid, Mizra, Ein Ha-Shofet, Merhavia, Gan Shmuel, Ein Shémer, Beit Alfa, Beit Ezra, Ma'abarót, Ein Ha-Horesh, Kfar Menachem, Négba, Kfar Massárik, Ein Ha-Mifratz, Sha'ar Ha-Golan, Messilót, Tel-Amal. Cinquenta e sete adolescentes eram "externos", isto é, crianças vindas de diferentes cidades e vilarejos da Palestina, ou então nascidas no exterior, vindas principalmente da Alemanha, da Tchecoslováquia e da Polônia. Cf. listas de internos e dados estatísticos do Mossád Ha-Khinukhí em Mishmar Ha-Émek em *Boletim* (Sociedade das crianças do Ha-Shomer Ha-Tza'ir em Mishmar Ha-Émek), março de 1939, pp. 1-2. Cf. também: Ha-Kibutz Ha-Artzi Ha-Shomer Ha-Tza'ir. Makhléket khinúkh. Mador ha-mossedót [Kibutz Artzí Ha-Shomer Ha-Tza'ir. Departamento de Educação. Seção "institutos"]. (1949, dez.). *Alón o informatzia u-bilbiografia*, (4), pp. 4-5. Após a fundação do Estado de Israel, os kibutzim começarão a receber crianças judias vindas dos países árabes, Turquia, Irã...

23 Golan, Y. (1990). 'Al Mílek [A propósito de Mílek]. Entrevista realizada por Reuben Shapira e publicada em *Shmuel Golan: Shloshím shaná shel Ptirató* (número especial dedicado a Shmuel Golan), *Ha-Khinúkh Ha-Meshutáf*, (135), p. 3.

24 Nascido em 10 de março de 1903 num vilarejo perto de Tchernivtsi, então Romênia, Ya'akob Polisiuk junta-se ao movimento Ha-Shomer Ha-Tza'ir romeno aos 15 anos de idade, antes de galgar todos os degraus da hierarquia do movimento até se tornar, em meados dos anos 1920, o seu líder no país.

cação coletiva, é Poli Padan que fica encarregado de aplicar, durante anos, as prescrições da educação coletiva elaboradas por seu camarada Shmuel Golan. Homem cheio de humanidade, paciência, tolerância, sempre disponível, Poli era objeto de verdadeira adoração por parte das crianças.

"Criar as condições necessárias para a coesão do grupo e iniciar a experiência das duchas compartilhadas não era algo óbvio", conta Golan. O primeiro grupo de sete crianças formado em 1933 era heterogêneo: as crianças tinham de 9 a 13 anos de idade; recém-chegadas da Alemanha, tinham dificuldades de adaptação ao novo país e vinham de horizontes sociais e culturais muito diversos.[25] Desse primeiro grupo, somente algumas permanecerão em Mishmar Ha-Émek. No ano seguinte, nove outros residentes integram o Grupo 'Olím, sete vindos da Alemanha e duas irmãs nascidas num outro kibutz do Ha-Shomer Ha-Tza'ir. Golan observa que as crianças alemãs estavam inclinadas ao individualismo e apresentaram graves dificuldades de adaptação às condições da vida em coletividade do kibutz. Rapidamente, Golan e Poli se dão conta de que as tensões e os sentimentos de rivalidade são inerentes ao narcisismo dos pequenos grupos; que as "pequenas diferenças" e as rixas de poder entre as crianças são irredutíveis, e que se trata apenas de reduzi-las ao máximo graças a um trabalho permanente dos educadores — que propunham, notadamente, grandes e benéficas caminhadas pela natureza, nos campos, bosques e desertos da Palestina. Essas caminhadas

---

25 Discurso de Mílek sobre o Kvutzát Olím de 12 de fevereiro de 1938. Notas 2 – 1 – Tik – Bet-1 (2).

se mostraram favorecer a coesão do grupo, do Grupo 'Olím. Golan terá orgulho de, "apesar das dificuldades", ter conseguido transformar essas crianças individualistas em "verdadeiros filhos do kibutz".

A vida em grupo, observa ele, não tem somente um valor educativo, ela faz parte de toda sociedade sadia — e, nesse sentido, compete aos grandes princípios que orientam o Ha-Shomer Ha-Tza'ir.[26] Até os 18 anos de idade, então, esse primeiro grupo de adolescentes vai viver junto; eles compartilham tudo: os dormitórios, os pátios, as refeições, as horas de repouso, a intimidade... Vão acabar compondo uma "fratria", explica ele, e estabelecendo as suas próprias regras de vida, diferentes daquelas da sociedade dos adultos. Assim, cabe aos próprios adolescentes fixar os limites de sua liberdade, definir suas relações com o kibutz e seus ideais, isto é, os ideais do Ha-Shomer Ha-Tza'ir. Os adolescentes, que não haviam nascido no kibutz, e sim fora,[27] viam nele o modelo de uma sociedade ideal e, na educação coletiva, a expressão de uma educação de vanguarda.

Um texto escrito por Shmuel Golan e por esses adolescentes do grupo de crianças imigrantes[28] testemunha essa expe-

---

26 Discurso de Mílek sobre o Kvutzát Olím de 12 de fevereiro de 1938. Notas 2 – 1 – Tik – Bet-1 (2).

27 Em 1935, os primeiros filhos dos militantes do Ha-Shomer Ha-Tza'ir nascidos na Palestina não haviam atingido a adolescência: os adolescentes que participaram dessa primeira experiência eram todos, como indicamos, imigrantes.

28 'Al davar ha-mikllákhat ha-meshutéfet [A propósito da "ducha comum"]. (1935, jul.). Khevrát ha-yieladím shel Ha-Shomer Ha-Tza'ir be-Mishmar Ha-Émek, p. 1. A.H.H., aleph, (2).10.4.

riência original que irá se tornar uma das "normas educacionais" do kibutz do Ha-Shomer Ha-Tza'ir.[29] Esse texto relata um diálogo entre adolescentes de 14 a 16 anos a propósito de suas primeiras experiências com as duchas comuns e outras questões relativas à sexualidade. Nas discussões, da forma como nos foram relatadas, os adolescentes estão de acordo quanto aos resultados positivos da ducha coletiva e se pronunciam a favor da continuidade dessa experiência. Eles também relatam as dificuldades que tiveram, num primeiro momento, de ficarem nus diante dos representantes do outro sexo. Contudo, concordam com a jovem Ruth H. quando ela afirma "que, ao longo do tempo, essa dificuldade pôde ser superada; a nossa nudez e a do outro foi se tornando uma coisa natural".[30] Essa jovem moça se diz orgulhosa do fato de que o seu grupo tenha conseguido superar a repressão sexual e o que ela chama, com desdém, de "repugnante moral da sociedade urbana". Uma outra jovem participante do fórum dos adolescentes, Rachel, afirma que todo corpo é bonito em si, e acrescenta: "Não cabe a nós ter vergonha, mas a essas '*dames*'[31] da cidade que pintam os lábios de vermelho, e o que é bonito e natural, com outros produtos artificiais". Durante muito tempo, a maquiagem foi considerada pelas mulheres do kibutz uma conduta burguesa e

29 Golan, S. (1990). Kvuztát 'Olím' — Mikłákhat hameshutéfet. *Shmuel Golan: Shloshím shaná shel ptirató*, *Ha-Khinúkh Ha-Meshutáf*, (135), p. 79.

30 Segundo as palavras de H. Ruth, em: 'Al davar ha-miklákhat ha-meshutéfet [A propósito da "ducha comum"]. (1935, jul.). Khevrát ha-yieladím shel Ha-Shomer Ha-Tza'ir be-Mishmar Ha-Émek, p. 1. A.H.H., aleph, (2).10.4. Nesse texto não aparece nenhum sobrenome, a não ser o de Golan.

31 Do francês, "damas" [N.T.].

situada a alguns metros do prédio do Instituto, e utilizada pelos membros do kibutz que voltavam do dia de trabalho no campo; essa ducha, na verdade, era proibida para os residentes do Instituto, e aqueles que se arriscavam a utilizá-la eram duramente repreendidos. A ducha comum era considerada um preceito importante do kibutz, e as crianças não ousavam se manifestar contra os princípios do Ha-Shomer Ha-Tza'ir. No entanto, em certos grupos, as moças impunham aos meninos que eles se sentassem um rente ao outro no banco disposto ao lado das duchas e elas os obrigavam a fechar os olhos enquanto elas tomavam banho e se vestiam.[35] Outras crianças manifestavam uma viva oposição e organizavam "boicotes". Essas dificuldades, bem reais, serão superadas graças às explicações dos educadores.[36] Com efeito, cumpria evitar alertar as autoridades educacionais do país, de antemão muito desconfiadas com os métodos pedagógicos dos kibutzim e do Ha-Shomer Ha-Tza'ir. Os meios conservadores opunham-se ferozmente às duas "pragas"... o marxismo e a psicanálise. A leitura de uma correspondência endereçada ao psicanalista Josef Karl Friedjung nos informa que, nos anos 1940, a prática das duchas comuns dos kibutzim do Ha-Shomer Ha-Tza'ir havia escandalizado alguns meios da comunidade judaica religiosa da Palestina, e que o psicanalista havia sido solicitado por um dos

35 Testemunho de Tamar Snir.

36 Padan, P. (1938-1939). Hatzaót al khinúkh ha-miní: Ha-miklákhat ha-meshutéfet [Proposta para uma síntese sobre a educação sexual: A ducha comum], relatórios das reuniões dos membros da Comissão de Educação do Mossád. Datiloscrito. A.K.M.H (Mossád), dossiê 2/1-Bet. Cf. a carta do dr. A. Kamminker a Josef Friedjung de 18 de março de 1944. Arquivo particular de Rafael Friedjung.

representantes dessa comunidade, que lhe havia pedido que interviesse para acabar com essa prática.[37]

Nas entrevistas com pessoas oriundas do kibutz ou enviadas ao kibutz durante a adolescência para os estudos secundários, muitas vezes nos foi confidenciado que a experiência das duchas comuns nem sempre era muito pedagógica ou feliz... Os membros de Mishmar Ha-Émek não serão menos críticos; alguns pais temiam os abusos sexuais.[38] Poli respondia aos camaradas que é claro que essa prática pode ser perigosa: não enquanto tal, mas sim por conta de uma aplicação desajeitada ou dogmática pelos pedagogos e educadores, insuficientemente advertidos do valor educativo desse método. Os adolescentes não devem, sobretudo, ter a sensação de estarem passando pelo experimento: é aí que mora o verdadeiro perigo. Não obstante, apesar das críticas, Golan e Poli não estimam ter de interromper o experimento; se ele tivesse de cessar, seria tão somente por decisão coletiva e levando em conta as opiniões dos principais interessados: os próprios adolescentes.[39]

---

37 Carta do dr. A. Kamminker a Josef Friedjung de 18 de março de 1944. Arquivo particular de Rafael Friedjung.

38 Golan, S. (n.d.). Hartzaót 'al khinúkh ha-miní be-khevrát ha-yieladím bifnei khavréi Ha-Ovdím Mishmar Ha-Émek 05.09.1937 [Conferências sobre a educação sexual na sociedade das crianças perante os membros trabalhadores de Mishmar Ha-Émek].

39 Padan, P. (1938-1939). Hatzaót al khinúkh ha-miní. Ha-miklákhat ha-meshutéfet [Proposta para uma síntese sobre a educação sexual. A ducha comum], relatórios das reuniões dos membros da Comissão de Educação do Mossád. Datiloscrito. A.K.M.H (Mossád), dossiê 2/1-Bet.

O programa no Instituto Educacional pode se resumir assim: os grupos de crianças recebem explicações sobre a sexualidade. Entre 12 e 14 anos: sobre o corpo humano, anatomia, biologia, e sobre a incidência psicológica das questões de ordem social e educacional. Entre 14 e 16 anos, os adolescentes recebem explicações mais precisas sobre os aspectos "científicos" da sexualidade; sobre os instintos e pulsões, o sentido da renúncia à satisfação pulsional direta; sobre a vida sexual da menina, da família, sobre a capacidade de amar, sobre a beleza... Eles estudam as questões ligadas à sociedade e ao socialismo (por meio dos textos de August Bebel), à emancipação da mulher ou da família e do Estado (Friedrich Engels). Entre 16 e 17 anos, é o preparo para a vida em casal e em família: os meios de contracepção; a sexualidade; os aspectos corporais, psicológicos e espirituais; as dificuldades, as negligências, as doenças, o aborto... Os educadores devem estar preparados para responder a toda sorte de perguntas. Aborda-se igualmente o sentido do casamento e da família na sociedade burguesa e no kibutz, a noção de responsabilidade e o "conhecimento de si", por meio de textos que vão de Sócrates até Freud.[40]

A prática das duchas comuns continuou até os anos 1950 e 1960. Não sabemos a data exata de sua supressão, nem as razões que a motivaram. Ignoramos também a posição que os

40 Padan, P. (1938-1939). Hatza'ót al khinúkh ha-miní: Ha-miklákhat ha-meshutéfet [Proposta para uma síntese sobre a educação sexual: A ducha comum], relatórios das reuniões dos membros da Comissão de Educação do Mossád. Datiloscrito. A.K.M.H (Mossád), dossiê 2/1-Bet.

psicanalistas adotaram com relação a essa experiência educacional. Contudo, ela teve um impacto real sobre a sociedade israelense e pertence à mitologia atrelada à vida nos kibutzim.

O lugar do educador

A pessoa que se ocupava das crianças era, ao mesmo tempo, um educador, um modelo ao qual se identificar, e um confidente com o qual elas devem poder abordar livremente as mais diversas questões. Os *madrikhím* eram, na maior parte dos casos, jovens entre 16 e 22 anos, educados e formados no Mossád Ha-Khinukhí.[41] Shmuel Golan e Poli Padan[42] atribuem uma importância crucial à conversa individual com a criança e às conversas com cada grupo de adolescentes no Instituto Educacional. Nem Shmuel Golan — que, por conta de suas funções no Kibutz Artzí, reduz o seu trabalho de pedagogo a Mishmar Ha-Émek —, nem Poli — sempre à escuta — podem assumir sozinhos essa delicada tarefa. Eles delegam essa missão aos educadores.

---

41 Cf. Golan, S. Yeshivát Khaverím (Assembleia geral dos membros do Kibutz Mishmar Ha-Émek de 5 de outubro de 1937, A.K.M.H., datiloscrito) e Golan, S. (1940). Hirhurím ʿal ha-khinúkh ba-kibútz [Reflexões sobre a educação no kibutz]. *Boletim*, n. 195. Merchavia: Ha-kibútz Ha-Artzi Ha-Shomer Ha-Tzaʾir, p. 6.

42 Golan, S. (n.d.). Hartzaót ʿal khinúkh ha-miní be-khevrát ha-yieladím bifnei khavréi Ha-Ovdím Mishmar Ha-Émek 1937 [Conferências sobre a educação sexual na sociedade das crianças perante os membros trabalhadores de Mishmar Ha-Émek].

O lugar do educador é importante na educação coletiva. Em Viena, Golan certamente se havia formado nas noções de autogestão e educação livre, herdadas de Wyeneken e Bernfeld. Mas chega à conclusão de que, no kibutz, não se pode deixar que os adolescentes decidam sozinhos, e que a tarefa de educar cabe, em última instância, ao adulto. A educação comporta uma dimensão identificatória à imagem (idealizada) do adulto. Golan propõe dar aos educadores referenciais tomados do campo da biologia, da pedagogia e da psicologia — ele não fala explicitamente da psicanálise —, e da sexualidade, evidentemente, a fim de que eles possam auxiliar os adolescentes a enfrentar todas as questões relativas à sexualidade. Quem não consegue trazer ao pupilo respostas adequadas para as suas perguntas vê ameaçada a confiança fundamental que o liga ao adolescente, e a relação entre eles ficará comprometida, ao mesmo tempo "que o adolescente, que se depara novamente com a situação edipiana, tem de atravessar um período difícil na vida — situação que ele incumbe o educador de ajudar o adolescente a ultrapassar".[43] Insistindo na importância de garantir o ultrapassamento do Édipo durante a adolescência, ele diz ainda aos pedagogos:

> Acaso não somos, nós mesmos, testemunhas de conflitos violentos entre os membros adultos do kibutz, conflitos acalorados por toda sorte de razões supostamente "objetivas", mas por trás das quais, na verdade,

---

43 Ha-vikúakh 'al matarát ha-khinúkh ha-miní [Discussão sobre os objetivos da educação sexual]. (1935, 22 mar.). Datiloscrito, Kibutz Mishmar Ha-Émek, p. 4. A.H.H., Golan (1).1.4.

se escondem situações edipianas não resolvidas que as determinam?[44]

Os educadores encontram os adolescentes pelos quais se encarregam três ou quatro vezes por dia, sempre de maneira breve. Essas medidas estavam destinadas a favorecer a aquisição da autonomia individual do adolescente e do grupo ao qual ele pertence, mas também a impedir um contato demasiado próximo entre eles e os seus pupilos. Shmuel Golan e Poli Padan, conta Yitzhak Plateck,[45] às vezes faziam intervenções nos grupos dos adolescentes, fazendo entrevistas ou engrenando conversas para evocar sua relação com os educadores; e, sem nunca os julgar ou condená-los, impedir os transbordamentos em suas relações "românticas" com eles. Eles consideravam que, em vista do tempo passado juntos e do fato de que a maioria era composta por jovens solteiros, assim como da imagem idealizada que o adolescente podia forjar para si, era totalmente natural e lógico que os dois parceiros pudessem se apaixonar um pelo outro, eventualmente. Quando relações amorosas entre educadores e adolescentes começavam a surgir no interior de um grupo, pedia-se que o educador desaparecesse por um tempo, para voltar a assumir suas funções noutro momento.

---

44 Ha-vikúakh 'al matarát ha-khinúkh ha-miní [Discussão sobre os objetivos da educação sexual]. (1935, 22 mar.). Datiloscrito, Kibutz Mishmar Ha-Émek, p. 4. A.H.H., Golan (1).1.4.

45 Cf. Plateck, Y. (1989). *Ha-Mossad: Beit Ha-séfer Ha-rishón shel Ha-Shomer Ha--Tza'ir Be-Mishmar Ha-Émek 1931-1940 [The Mossad: The First Hashomer Hatzair School in Mishmar HaEmek 1931-1940]*. Yad Tabenkin/Guiv'át Haviva, pp. 21, 57.

Friedjung, Marcuse, sexologia e psicanálise

Para formar os educadores em questões relativas à sexualidade, Shmuel Golan se ampara em sua formação no campo psicanalítico. Ele tem o apoio ocasional de seu ex-analista e mestre Moshe Wulff e o amparo de Ilja Shalit em Haifa — que às vezes se deslocava até Mishmar Ha-Émek para aconselhar Golan e aplicar nas crianças do kibutz o teste de Rorschach, no qual era especialista.[46] Golan também mantém uma correspondência com Max Marcuse, simpatizante dos psicanalistas, antigo amigo de Freud que participou dos célebres "encontros das noites de quarta-feira", e instalado em Tel Aviv depois de fugir do nazismo na Alemanha.[47]

Golan consulta Marcuse a fim de estabelecer um diagnóstico acerca da sexualidade das crianças e obter conselhos sobre o plano prático e cotidiano em matéria de "profilaxia sexual" das crianças, dos adolescentes, mas também dos adultos. Marcuse aconselha, por exemplo, fomentar entre os jovens, especialmente as moças, o gosto pelo teatro, os passeios, a ginástica, a escrita de artigos e diários — com vistas à sublimação. A partir de 1938, Shmuel Golan pode contar com o apoio de Friedjung, grande psicanalista austríaco que imigrou para a Palestina:[48] membro da Sociedade Psicanalítica de

---

46 Carta de Ilja Shalit a Shmuel Golan de 22 de novembro de 1935. A.K.M.H (Mossád), dossiê aleph-8 (1).

47 Carta de Max Marcuse a Shmuel Golan de 23 de junho de 1935. A.K.M.H. (Mossad) dossiê bet-1 (1).

48 Cf. Liebermann, G. (2012/2023). *A psicanálise em Israel: sobre as origens do*

Viena, era um dirigente social-democrata reconhecido como um dos grandes especialistas em psicologia infantil e da educação. Ao chegar à Palestina, é contratado por Henrietta Szold para trabalhar com crianças acolhidas pela Aliyat Ha-Nó'ar e para formar os diversos educadores em psicologia infantil e educação sexual. De seus cinco anos de trabalho intensivo com crianças e adolescentes migrantes da Aliyat Ha-Nó'ar e com seus educadores, Josef Friedjung nos deixou um precioso testemunho, que se pode encontrar na coletânea de textos publicada em 1950 em memória de Max Eitingon.[49]

Henrietta Szold e Josef Friedjung trabalham juntos para o bem-estar das crianças judias imigrantes na Palestina, para a paz entre os povos árabe e judeu naquele solo, e contra o fascismo na Europa.[50] Até à morte de Henrietta Szold, em 1945, sua amizade será inabalável. Apegado aos valores do socialismo, Josef Friedjung milita por uma "educação socialista", considerando ser essa a única via para atingir o ideal socialista e a plena realização do ser humano. Não surpreende em nada o fato de que, na Palestina, Friedjung tenha se sentido próxi-

---

movimento freudiano na Palestina britânica (1918-1948) (2a ed., P. S. de Souza Jr., trad.). São Paulo: Annablume, pp. 150-162.

49 Friedjung, J. (1950). 5 Years Psycho-analytical educational work among Jewish Youth Immigrants. *Max Eitingon in Memoriam*, Israel Psycho-Analytic Society, pp. 256-267.

50 Henrietta Szold participará, com Josef Friedjung, Max Eitingon, Moshe Wulff, Arnold Zweig, Judah Magnes e Martin Buber, notadamente, da Liga V: uma organização de apoio ao Exército Vermelho contra o avanço das tropas nazistas em Stalingrado, fundada por Zweig em 1941.

mo das concepções educacionais do Ha-Shomer Ha-Tza'ir[51] — sem que deixasse de criticar severamente a intenção que eles possuíam de transmitir a crianças e adolescentes dos kibutzim a sua ideologia, a sua visão de mundo, por meio dos métodos pedagógicos e educacionais que haviam forjado.[52]

Desde a sua chegada na Palestina, em 1938, Josef Friedjung é acolhido por Shmuel Golan em Mishmar Ha-Émek; depois, estabelece-se no Monte Carmelo, em Haifa.[53] Desse ano em diante, trabalha com os educadores da Aliyat Ha-Nó'ar e vai até Mishmar Ha-Émek para aconselhar Golan. Em outubro 1939, Golan pede que Henrietta Szold contrate "oficialmente" Friedjung como conselheiro dos educadores do kibutz. Szold propõe inscrever Friedjung num projeto maior, envolvendo a formação dos educadores da Aliyat Ha-Nó'ar, da Aliyat Ha-Nó'ar Hadatí (religiosos) e do Ha-Shomer Ha-Tza'ir.[54] Entre 1940 e 1945, apesar do peso da idade, debaixo de chuva ou nos calorões de verão, Friedjung visita implacavelmente centros para crianças e adolescentes no norte do país, forma os *madrikhím* e escuta as crianças imigrantes em sofrimento

---

51 Golan, S. (1946, 13 mai.). Le-zikhró shel Dr. Friedjung [Em memória do Dr. Friedjung]. *'Al Ha-Mishmar*, p. 8.

52 Friedjung, J. (1946). Ha-khinúkh likrát ha-sotzializm. *Ofakím*, (1), pp. 20-26; carta de Josef Karl Friedjung a Shmuel Golan de 18 de novembro de 1938. A.K.M.H. (Mossád), dossiê aleph-8 (1).

53 Carta de Josef Karl Friedjung a Shmuel Golan de 14 de novembro de 1939. A.K.M.H. (Mossád), dossiê aleph-8 (1).

54 Carta de resposta de Henrietta Szold a Shmuel Golan de 22 de outubro de 1939. A.K.M.H. (Mossád), dossiê aleph-10 (4).

psicológico.[55] Ele nota que algumas delas manifestam grande entusiasmo pela tarefa educativa, ao passo que noutras detecta uma aversão a esse trabalho; também lhe aconteceu de observar neuróticos, ou mesmo esquizofrênicos.[56] Friedjung acrescenta que, mesmo no interior da tão "progressista" e "vanguardista" comunidade dos kibutzim, às vezes as concepções se revelam simplistas, moldadas por um sistema ideológico que só faz camuflar a neurose individual do educador:[57] os "métodos" educativos preconizados pela ideologia kibutziana "não passam de uma resistência oposta por um sistema ideológico pseudorrevolucionário e conservador", estima ele. Eles têm como finalidade preservar o narcisismo individual, e as crianças e os adolescentes correm o risco de permanecer sem resposta quanto às suas indagações a respeito da sexualidade, ou de ficar à mercê da neurose do educador,[58] escondida sob o dogmatismo ideológico.[59] Friedjung constata que um grande

---

55 Carta de Zvi Sohar a Shmuel Golan de 6 de julho de 1940. A.K.M.H. (Mossád), dossiê aleph, *4*(10).

56 Friedjung, J. (1950). 5 Years Psycho-analytical educational work among Jewish Youth Immigrants. *Max Eitingon in Memoriam*, Israel Psycho-Analytic Society, p. 258.

57 Friedjung, J. (1950). 5 Years Psycho-analytical educational work among Jewish Youth Immigrants. *Max Eitingon in Memoriam*, Israel Psycho-Analytic Society, p. 258.

58 Friedjung, J. (1950). 5 Years Psycho-analytical educational work among Jewish Youth Immigrants. *Max Eitingon in Memoriam*, Israel Psycho-Analytic Society, p. 261.

59 Friedjung, J. (1950). 5 Years Psycho-analytical educational work among Jewish Youth Immigrants. *Max Eitingon in Memoriam*, Israel Psycho-Analytic Society, p. 259.

mal-estar reinava nessa comunidade a propósito da sexualidade dos jovens; e, sobretudo, que existia entre eles uma disparidade de visões muito grande. No mais das vezes, nunca ousavam abordar a questão da sexualidade na puberdade, nem aprofundar a sua própria concepção.[60] Alguns reagiam com desprezo e perguntavam: "De que servem as visitas dele, se tudo o que ele faz limita-se a encorajar nossa juventude a praticar uma masturbação desenfreada?".[61] Com efeito, o tema da masturbação ocupava um lugar importante nas entrevistas e conversas com Friedjung. Os educadores tinham o benefício de consultas coletivas e individuais; Friedjung teve de confrontar as resistências daqueles que estavam fracassando com um pupilo ou outro. Ele também os ajudava a preparar e organizar o trabalho, trazendo-lhes literatura acerca de questões relativas à sexualidade, mas também a outros assuntos; propondo-lhes conferências seguidas de debates, cujo tema podia ser escolhido por eles. Em menor medida, o psicanalista também recebia adolescentes em consulta, e a masturbação era naturalmente o assunto que abordavam com maior frequência.[62]

No longo prazo, Friedjung naturalmente atraiu o ódio dos conservadores e religiosos da Palestina: socialista fervoroso,

---

60 Friedjung, J. (1950). 5 Years Psycho-analytical educational work among Jewish Youth Immigrants. *Max Eitingon in Memoriam*, Israel Psycho-Analytic Society.

61 Friedjung, J. (1950). 5 Years Psycho-analytical educational work among Jewish Youth Immigrants. *Max Eitingon in Memoriam*, Israel Psycho-Analytic Society, p. 259.

62 Friedjung, J. (1950). 5 Years Psycho-analytical educational work among Jewish Youth Immigrants. *Max Eitingon in Memoriam*, Israel Psycho-Analytic Society, pp. 263-264.

franco-maçom e psicanalista, ele é aliado dos membros do Ha-Shomer Ha-Tza'ir. Toda vez que for caluniado, ameaçado de demissão ou atacado, Shmuel Golan e Henrietta Szold irão defendê-lo.[63] Pois ninguém no país era mais bem qualificado para realizar essa formação. Reconhecido em Viena como eminente especialista em pediatria, na Palestina ele não havia obtido a licença para atuar como médico, mas, a pedido de Golan, atendia as crianças doentes do kibutz. Médicos do Kupát Holím da cidade de Hadera não deixam de atacar o psicanalista no terreno da lei, acusando-o de exercício ilegal da medicina e de prestar tratamentos médicos inadequados às crianças dos kibutzim. É uma aluna de Shmuel Golan, com o nome de Shoshana (provavelmente Shoshana Mushkatblit), quem o informa da intenção desses médicos de prestar queixa contra os kibutzim. Esses médicos manifestavam uma enorme aversão pela psicanálise e protestavam violentamente contra as conferências de Friedjung.[64]

Shmuel Golan prestou uma vibrante homenagem ao psicanalista,[65] ressaltando que Friedjung jamais havia renunciado

---

63 Cf. a esse respeito: A.K.M.H., Golan, G/3/9, Carta a Shmuel Golan de Hanoch Rinhold, da Jewish Agency For Palestine. Central Bureau for the Settlements of German Jews, de 7 de setembro de 1941; e a Carta de David Omiansky a Shmuel Golan, com data de 24 de dezembro de 1941 (na qual ele comunica a Golan sua conversa com Henrietta Szold a propósito de Friedjung).

64 Carta de "Shoshana" (provavelmente Shoshana Mushkatblit, docente que participava dos seminários de psicologia e pedagogia do Kibutz Artzí) a Shmuel Golan de 30 de setembro de 1939. A.K.M.H., Golan, G/3/9.

65 Golan, S. (1946, 13 mai.). Le-zikhró shel Dr. Friedjung [Em memória do Dr. Friedjung]. *'Al Ha-Mishmar*, p. 8.

à sua visão da educação sexual dos jovens, nem à sua maneira de lhes ensinar; havia enfrentado, com grande coragem e muita paciência, as críticas e as resistências.

Pedagogia, educação e psicanálise

Shmuel Golan e Zvi Sohar atribuem à pedagogia e à educação um poder que os psicanalistas consideram excessivo. Alguns criticaram os métodos dos shomrianos. Siegfried Bernfeld[66] foi o primeiro a condenar o caráter coercitivo dessa educação. Josef Friedjung denuncia o idealismo pedagógico dos pedagogos que se dizem aderentes ao marxismo oficial e a influência nefasta do dogmatismo "pseudorrevolucionário" dos educadores que, na verdade, esconde as suas neuroses pessoais.

Lizzi Rosemberg critica a rigidez extrema com a qual os pedagogos do Ha-Shomer Ha-Tza'ir se apegam aos princípios e métodos do kibutz. Segundo sua filha, Timna Ranon — que passou a adolescência no Instituto Educacional de Mishmar Ha-Émek e cujos dizeres reportamos aqui —, a mãe acusava Shmuel Golan e Ya'akob Hazan "de ficarem prisioneiros de uma fantasia de ideal pedagógico nocivo ao psiquismo das crianças; de compelir as crianças ao intelectualismo procurando inculcar nelas, a todo custo, o dogmatismo ideológico do movimento e de fazer com que as crianças acreditassem na existência de um amor ideal; isso ao mesmo tempo que

66 Hoffer, W. (1965). Siegfried Bernfeld and 'Jerubaal'. *Leo Baeck Year Book*, *10*(1), p. 151.

promoviam um amor quase obsessivo pelo trabalho, a ponto de fazer vista grossa para a mazela das crianças e obrigá-las a trabalhar quando precisavam de repouso: aos adolescentes do Instituto Educacional era então proibido ficarem doentes. Em nome do sistema, em nome da "autonomia das crianças", negligenciou-se o sofrimento e a demanda dos jovens [...]" que, por outro lado — assegurou-nos Timna Ranon, nossa interlocutora —, viviam suas faltas ao trabalho com muita culpa e vergonha.[67]

Shlomo Nitzan,[68] antigo redator-chefe do jornal *'Al Ha-Mishmar* [*Em alerta*] — o órgão de imprensa do Ha-Shomer Ha-Tza'ir — e ex-aluno de Moshe Wulff, nos garantiu que alguns costumes e comportamentos em voga no seio do movimento Ha-Shomer Ha-Tza'ir foram se transformando, até se tornarem, sob a influência do marxismo, "condutas quase stalinistas" que se refletiam tanto nas relações entre os membros do kibutz como no domínio da educação, e especialmente nos círculos dos educadores. No kibutz, no início dos anos 1940, as pessoas se cumprimentavam, falavam e agiam segundo códigos pré-estabelecidos, que hoje Shlomo Nitzan descreve como extremamente rígidos, conformes ao dogmatismo que imperava no movimento de então. Para ilustrar essa tendência dogmática, Shlomo Nitzan nos conta que membros de uma

---

67 Entrevista com Timna Ranon de 30 de setembro de 1999. Timna Ranon foi, ela própria, educada segundo a educação coletiva em Mishmar Ha-Émek; conheceu muito bem Shmuel Golan e Ya'akob Hazan, que eram amigos de sua mãe, assim como Moshe Wulff, que foi seu analista.

68 Entrevista com Shlomo Nitzan de 11 de setembro de 1997.

mesma família e amigos de longa data ficaram sem se falar por anos, até deixaram o kibutz para fundar outro bem em frente do primeiro, depois de terem disputado muito violentamente para saber "se era mesmo preciso, ou não, colocar um hífen nos termos marxismo-leninismo".

Uma das críticas mais lúcidas desse sistema educacional será apresentada em 1963 por Shmuel Nagler,[69] psicanalista membro da CPEI (Khevrah Psykhoanalytit B'Eretz Israel) e da Sociedade Psicanalítica de Israel, que garantia a formação em psicanálise para os educadores do kibutz em Oranim. Procurando caracterizar, à luz da teoria psicanalítica, a psicologia — e uma eventual psicopatologia — específica das crianças nascidas e criadas no kibutz, Nagler relata observações muito interessantes, que lhe permitem melhor apreender a incidência da educação coletiva sobre o psiquismo das crianças, dos pais e das educadoras de crianças pequenas. Ele confirma primeiro o que Golan havia relatado, com uma ligeira exceção: os conflitos entre mães e educadoras nunca cessaram; e esses conflitos, às vezes muito graves, estiveram indiscutivelmente na origem de perturbações psicológicas apresentadas pelas crianças. Nagler faz dessa "relação patológica", como observada por ele muito frequentemente nos kibutzim, uma de suas "patologias específicas".[70] Todavia, como esperado, essa

69 Nagler, S. (1963). Clinical observations on Kibbutz children. *The Israel Annals of Psychiatry and Related Disciplines*, *1*(2), pp. 201-216.

70 O trabalho de Bruno Bethelheim, que vai além dos kibutzim do Ha-Shomer Ha-Tza'ir, também oferece um quadro bastante justo das descrições psicológicas das crianças do kibutz.

é a única diferença verdadeira que ele reconhece entre o psicológico das crianças do kibutz e o das crianças que crescem noutros tipos de organização social. "Enquanto psicanalista", escreve ele,

> e para a grande decepção dos precursores da educação coletiva, não me surpreendo com não encontrar significativas diferenças entre os distúrbios psicológicos que se podem encontrar nas crianças que cresceram nos kibutzim e os que habitualmente se encontram noutras crianças que cresceram noutras sociedades.[71]

Ele esclarece, contudo, que são relativamente poucos os casos de delinquência e homossexualidade encontrados, e muito poucas as patologias neuróticas e perturbações "pré-neuróticas", nos seus termos. Por outro lado, ao contrário, no primeiro ano de vida das crianças do kibutz encontram-se, com mais frequência que nas demais, perturbações psicológicas que devem ser atribuídas às falhas do sistema educacional e, em primeira instância, aos conflitos que opõem as mães às educadoras de crianças pequenas.

Assim, Nagler faz uma lista das situações que estima serem patogênicas para as crianças nascidas no kibutz. Podemos citar: a mudança de educadora durante a primeira infância; a separação precoce da mãe e da criança — prática que, aliás, segundo ele, será progressivamente abandonada —; insufi-

71 Nagler, S. (1963). Clinical observations on Kibbutz children. *The Israel Annals of Psychiatry and Related Disciplines*, *1*(2), p. 203.

ciência de maternagem suficiente por parte da mãe — quando a mãe "pouco maternante" deixa demasiadamente rápido os cuidados da criança ao encargo das educadoras de crianças pequenas. O psicanalista considera igualmente nocivos, para o equilíbrio psicológico de um recém-nascido, os gritos emitidos por outros bebês na Casa de Bebês no momento em que estão cuidando dele — para lavá-lo, trocá-lo, alimentá-lo —, ou quando ele está com a mãe numa relação de proximidade, de trocas sutis; o mesmo acontece com falatórios de mães e educadoras quando a criança pequena precisa justamente de calma ou de saborear esses momentos de intimidade.

Um uso do tempo imposto de modo demasiadamente estrito, e cuidados aplicados com demasiada rigidez por educadoras de crianças pequenas obsessivas também são responsáveis por distúrbios psicológicos apresentados por essas crianças. Segundo Nagler, em 70% dos casos, a enurese apresentada pelas crianças entre 7 e 8 anos, de famílias muito diferentes, é a expressão de uma "rebelião" contra a conduta obsessiva da educadora. Não menos nocivas — para o equilíbrio psicológico da criança, mas também para os objetivos da educação coletiva — são as educadoras narcisistas, que, tirando proveito de sua função, de sua especialização e de seu saber, aviltam a posição e as competências das mães, por vezes chegando a impedi-las de realizar os cuidados cotidianos com seu bebê, ao passo que a educação coletiva no kibutz atribuía essa tarefa às mães. Essas educadoras narcisistas estimam que o amor da mãe pela criança é "superficial" e que a sua presença é "perturbadora", o que as compele a toda sorte de acusações injustificadas. Isso é interpretado por Nagler como uma inconsciente identificação à criança, ou uma posição imaginária de "salvadora" das crianças, que elas procuram "proteger" de suas mães, as quais chegam a ser consideradas verdadeiros obstáculos para a realização da missão educativa que lhes é confiada: a dedicação delas em prol da educação de "suas" crianças, e os sacrifícios de que elas se mostram capazes, persuadem-nas de que mãe alguma poderia estar à altura de suas competências — devidamente adquiridas — ou teria como rivalizar com elas em suas funções.

A supervisão de um certo número dessas educadoras de crianças pequenas havia permitido a Nagler observar que muitas vezes elas próprias haviam conhecido relações muito decepcionantes com as suas próprias mães, e que era preciso ver aí o motivo, inconsciente, que as impelia a aviltar as mães das crianças de que cuidavam. Aliás, a função educativa que lhes é designada pelo kibutz representa, na cena inconsciente das educadoras narcísicas, acrescenta Nagler, uma "compensação" aos desejos de rivalizar com a própria mãe, e lhes permite mostrar a elas que, no que concerne às funções maternas, "elas podem fazer melhor" que ela. Nagler irá insistir, bem mais que Shmuel Golan, na importância e na incidência da personalidade do educador — ou da neurose do educador, se preferir — na realização de suas funções, e ainda mais quando se trata da relação criança-educadora — relação decisiva, e totalmente determinante para o futuro e o equilíbrio psicológico das crianças nascidas no kibutz.

Freudismo *versus* marxismo

Após a fundação do Kibutz Artzí em 1927, o Ha-Shomer Ha-Tza'ir se torna a terceira força política da esquerda na Palestina e, a partir o início dos anos 1930, fica atrás apenas do marxismo oficial da União Soviética. Com efeito, se num primeiro momento, na Europa, antes da imigração para a Palestina no começo dos anos 1920, seus membros se haviam recusado a introduzir as teorias de Marx e a Revolução de Outubro de 1917 em seu edifício ideológico, na segunda metade dos anos 1920, no contato com as formações socialistas próximas do marxismo, muito ativas na Galileia, Meir Ya'ari e seus camaradas decidem politizar o Ha-Shomer Ha-Tza'ir e fazer dele um movimento político marxista que apoia abertamente o regime de Stálin até a sua morte, em 1953.

Diferentemente do Partido Comunista da Palestina (PKP), que operava na mais completa clandestinidade sob as ordens do Komintern de Moscou e era considerado, por Londres, uma verdadeira ameaça, o Ha-Shomer Ha-Tza'ir permanece um movimento marxista e sionista, tolerado pelas autoridades britânicas. Intelectualmente, ele é conhecido por suas afinidades com o freudismo, e é o movimento ideológico e político em que os debates sobre as ideias de Marx e Freud são mais densos: nele se discute, interminavelmente, a compatibilidade ou o antagonismo entre as duas teorias. Dito isso, essas questões existem entre os intelectuais que se afirmam aderentes a outros movimentos da esquerda sionista da Palestina, especialmente os do MAPAI (Mifléguet Po'alím be-Eretz Israel), encabeçados pelo jornalista e escritor Israel Cohen. Na Palestina dos anos 1930, os intelectuais da esquerda sionista de todas as partes, tentados pelo socialismo, debatem e se digladiam na imprensa em língua hebraica. É a vivacidade dessas polêmicas que iremos estudar a seguir.

Israel Cohen, defensor de Marx e de Freud no MAPAI

Nascido na Galícia em 1905, escritor e jornalista de língua hebraica, Israel Cohen está entre os brilhantes alunos formados pelos pedagogos e intelectuais sionistas Yosef Luria e Chaim Harari, fundador da Sociedade de Arte Dramática de Tel Aviv, e simpatizante dos psicanalistas.

Militante pelo movimento político Ha-Po'el Ha-Tza'ir, Israel Cohen integra o MAPAI quando de sua fundação em 1930. Foi redator-chefe da revista *Ha-Po'el Ha-Tza'ir*, fundada em 1908 e que foi, a partir de 1925, uma das tribunas mais importantes do socialismo na Palestina. Ainda que tenha deixado de ser publicada quando da integração ao MAPAI, ela contribuiu amplamente para dar a conhecer aos leitores de língua hebraica as obras de Marx e Freud. Cohen torna-se, assim, uma figura incontornável da *intelligentsia* socialista na Palestina, ocupando uma posição singular dentro do MAPAI, um pouco parecida com a de seu rival Zvi Sohar no interior do Ha-Shomer Ha-Tza'ir: tanto um como outro conservam certa liberdade em relação à linha de sua formação política, mas gozam da estima e da confiança de seus camaradas de movimento.

Foi para Israel Cohen que, no fim dos anos 1920, antes da criação do MAPAI, os intelectuais shomrianos se voltaram para traduzir para o hebraico *Das psychoanalytische Volksbuch* [*O manual popular de psicanálise*], organizado por Paul Federn e Heinrich Meng.[1] Os conceitos da psicanálise e da psicologia, e também os de Marx, sempre fizeram parte de seu pensamento; ele também é muito crítico, em suas análises políticas ou sociológicas, aos que deformam o pensamento de Marx e Freud. Num artigo publicado no *Ha-Po'el Ha-Tza'ir* em 1933, intitulado "La-Psykhologuia shel ha-burganut ha-yehudit ba-Aretz" ["A psicologia da burguesia judia na Palestina"],[2] denuncia as novas orientações de seus "antigos camaradas e dirigentes de movimento" (ele não cita nomes), que, outrora

1 Federn, P., & Meng, H. (Org.). (1926). *Das psychoanalytische Volksbuch*. Bern/ Stuttgart: Verlag Hans Huber; Federn, P. & Meng, H. (Org.). (1932). *Psykhoanalyza la'am* (I. Cohen, trad.). Hotza'at Ha-Shomer Ha-Tza'ir. Warszawa: Haszomer Haçair.

2 Cohen, I. (1933, 15 dez.). La-psykhologuia shel ha-burganút ha-yehudít ba-Aretz [Sobre a psicologia da burguesia Judaica em Eretz Israel]. *Ha-Po'el Ha-Tza'ir*, pp. 3-6.

aderindo ao "Socialismo esclarecido de Marx", agora se voltam para a burguesia e o liberalismo, e buscam "apropriar--se da consciência do povo" — enquanto, segundo ele, "nem a consciência do povo, nem a justiça, nem o ideal socialista são propriedade privada, nem monopólio de quem quer que seja". É em seu texto "Karl Marx 'al ha-shulkhán nitúakh shel ha-psykhoanalyza" ["Karl Marx na mesa de cirurgia da psicanálise"][3] (seria possível dizer: no divã), que, de uma maneira um pouco mais circunstanciada, Israel Cohen retoma em 1936 essas críticas, acusando dessa vez seus camaradas socialistas, os escritores Schmaryahu Gorelik e Raphael Seligmann, que, ao mesmo tempo que alegavam ser marxistas, buscavam "enterrar demasiadamente cedo" Marx por meio de análises redutoras de sua obra. Ele ataca Moshe Glickson, diretor do jornal liberal *Ha-Aretz*, que, numa de suas obras, havia declarado que "o ensino de Marx era ultrapassado".

Israel Cohen se esforça por demonstrar a compatibilidade das teorias de Marx com as de Freud: primeiro, num artigo de 1935 intitulado "Materializm dialecti ve-psykhoanalyza" ["Materialismo dialético e psicanálise"];[4] depois, num segundo texto publicado no ano seguinte em *Davar* [*Palavra*], por ocasião do aniversário de Freud, sob o título "Torat Freud ve--ha-mishtár ["A teoria de Freud e o regime no poder"].[5] Ele

3 Cohen, I. (1936, 14 abr.). Karl Marx 'al ha-shulkhán nituákh shel ha-psykhoanalyza. *Ha-Po'el Ha-Tza'ir*, pp. 13-14.

4 Cohen, I. (1935, 15 mar.). Materializm dialecti ve-psykhoanalyza, *Ha-Po'el Ha--Tza'ir*, pp. 16-18.

5 Torat Freud ve-ha-mishtár. (1936, 15 mai.). *Davar*, pp. 5-6. Publicado por ocasião do 80º aniversário de Freud

comenta e se apoia nos textos do freudo-marxista Wilhelm Reich para esclarecer e justificar as suas próprias posições, especialmente num opúsculo que data de 1929 e tem como título *Dialektischer Materialismus und Psychoanalyse* [*Materialismo dialético e psicanálise*], publicado na forma de artigo em 1934.[6]

Cohen concorda com Reich ao dizer que Freud é um pensador da Natureza que deixa à sociologia a tarefa de tirar todas as suas conclusões no campo social, o que o aproxima do materialismo dialético.[7] Desse ponto de vista, a psicanálise, segundo ele, não contradiz os princípios do marxismo e do socialismo; ela é dedicada, segundo as teorias do materialismo dialético, a evoluir, a se transformar, a mudar de natureza; em resumo, a se superar em seu próprio movimento. Que ela (ainda) seja "uma ciência burguesa", um "produto da sociedade capitalista em vias de desaparecimento", isso não justifica que se a exclua do campo de investigação marxista. Assim como o marxismo não pode rejeitar o sistema econômico capitalista, mas deve se apropriar dele para transformá-lo e colocá-lo a seu serviço seguindo as prescrições do materialismo dialético, ele deve incluir a psicanálise em seu aparelho ideológico, pois ela contribuirá para a edificação do novo regime social. E se o marxismo é, com efeito, uma teoria do social — e a psicanálise, uma teoria do psiquismo —, as duas disciplinas são comple-

6 Reich, W. (1934). *Dialektischer Materialismus und Psychoanalyse*. København: Sexualpolitik Verlag. Esse artigo logo foi notado e comentado na Palestina por Israel Cohen.

7 Cohen menciona o texto de Engels a esse respeito. Cf. Engels, F. (1925/2020). *Dialética da natureza* (N. Schneider, trad.). São Paulo: Boitempo.

mentares. Por essa razão, o pensamento de Marx e o de Freud devem ser considerados em pé de igualdade.

Marxista versado no materialismo dialético, Cohen acusa os apoiadores do regime estalinista de desviar o sentido original do materialismo dialético, apresentando-o como uma "visão de mundo [*Weltanschauung*] do proletariado", ao passo que se trata de um método de pesquisa e de um instrumento de investigação. Ele acusa os marxistas oficiais da Palestina de brincar com uma ou outra das acepções do materialismo dialético, e de falseá-lo a fim de opô-lo à psicanálise — apresentada, também ela, de modo espelhado, como uma "visão de mundo burguesa". Cohen acusa "os amigos de Moscou" de fazerem a psicanálise passar por uma nova forma de ideologia comparável à religião, e de apresentá-la como uma disciplina metafísica, escamoteando o determinismo pulsional evidenciado por Freud, assim como o papel desempenhado pelas pulsões na dinâmica da sociedade capitalista. Marx, declara Cohen, seguramente teria tido interesse pelas pulsões, compreendidas como uma realidade material que intervém na constituição e no funcionamento do psiquismo do homem. Aliás, acrescenta ele, as descobertas da química, assim como as pesquisas do psicólogo russo Pavlov — fundamentadas em bases materialistas e geralmente opostas, pelas pessoas, à psicanálise —, na verdade confirmam as descobertas freudianas, especialmente as que concernem à formação das representações conscientes e inconscientes ou à constituição dos afetos, das emoções, e de muitos outros fenômenos psíquicos.

Teatro freudo-marxista

Numa didática metafórica, Cohen apresenta ao leitor um teatro imaginário cujos personagens são as instâncias psíquicas freudianas e os conceitos da ideologia marxista. Ele propõe substituir o conceito freudiano de "princípio de realidade" por uma definição mais explícita, o "princípio da sociedade capitalista", baseado na propriedade privada. A realidade é "a realidade do mundo capitalista". O "princípio da sociedade capitalista", esclarece ele, está em flagrante contradição com o psiquismo e o "princípio de prazer": a sociedade capitalista, guardiã da propriedade privada, impõe o seu veto aos indivíduos que procuram ter acesso aos objetos de consumo, isto é, de uma maneira mais geral, a todo e qualquer objeto suscetível de oferecer prazer. Ela exige do proletário que ele reduza as suas necessidades ao extremo; que ele dê prova de humildade, de submissão; que ele renuncie ao gozo. O princípio de realidade, ou "princípio da sociedade capitalista", é de fato uma isca criada pelo mundo capitalista para dominar os homens, escravizá-los, explorá-los... Para esse fim, o capitalismo procura, primeiro, exercer uma dominação sobre as pulsões sexuais dos indivíduos, a respeito das quais sabemos, graças a Freud, que elas regulam o psiquismo humano. O homem vem ao mundo com pulsões que se articulam segundo uma ordem precisa, imposta pela sociedade capitalista por meio da família tradicional: a família é a guardiã dos valores econômicos, morais, culturais e sexuais do capitalismo. É por meio dela, primeiramente, que se procura desviar a atenção do proletariado em relação aos objetos de satisfação. As pulsões sexuais, às quais Freud atribui uma função fundamental na dinâmica psíquica dos indivíduos, são assim recuperadas pelo capitalismo, depois desviadas de seu objetivo primeiro (obtenção do prazer sexual) e colocadas a serviço da reprodução a fim de que nasçam novos indivíduos que irão trabalhar, muito bem-comportados, nas fábricas e nas instituições.

Usando da metáfora, Israel Cohen propõe identificar o proletariado a uma outra instância freudiana: o eu. O eu, declara ele, é o "eu-proletariado"! É um eu enfraquecido por seus conflitos com o isso, designado por Freud como a fonte das pulsões. Toda exigência de satisfação pulsional na realidade será percebida pelo eu como perigosa. Sob efeito da repressão, as pulsões serão satisfeitas, mas de uma maneira desviada: não é na realidade que elas vão encontrar satisfação, mas nos sintomas da neurose.

Cohen considera que a família burguesa é um produto da sociedade capitalista patriarcal. Ele explica o complexo de Édipo aos leitores de *Davar* de uma forma um pouco redutora: é um fenômeno real e observável na constelação familiar, um esquema psíquico preestabelecido antes do nascimento da criança, enxertado no psiquismo do homem pela sociedade capitalista, mas fadado a ser ultrapassado, como previsto pelo materialismo dialético, quando a família patriarcal for abolida.

A psicanálise detém um saber sobre a sexualidade da sociedade capitalista: ela é, portanto, a única disciplina capaz de compreender e analisar corretamente a repressão sexual imposta aos indivíduos pela sociedade burguesa; ela nos esclarece acerca das modalidades de funcionamento do capitalismo fundamentado na exploração de uma maioria por um minoria, e, por conta disso, merece ser considerada pelo marxismo como um marco no caminho da Revolução, permitindo que a juventude se liberte dos entraves sexuais impostos pela sociedade burguesa. A psicanálise, enquanto teoria psicológica rigorosa, associada a uma economia socialista, permitirá evitar os distúrbios psicológicos e lançar as bases de um novo sistema educacional.

Os dizeres perturbadores de Freud

Quando, em 1927, em seu texto *O futuro de uma ilusão*, Freud ataca as ilusões promovidas pela religião, ele ateia fogo nos meios religiosos. Para combater o seu poder, esse texto é logo brandido pelos laicos e socialistas na Palestina. Mas, em 1933, na 35ª Conferência das *Novas conferências introdutórias à psicanálise*,[8] Freud abala socialistas e marxistas ao denunciar

8 Freud, S. ([1932]1933). Über eine Weltanschauung. In *Studienausgabe* (Vol. 1; pp. 448-608): "'Al hashkafat 'olam akhat" (I. Cohen, trad. e pref.), *Guilyionót*, 1934, *1*(3), pp. 251-268; e, com o mesmo título, *Ha-Shomer Ha-Tza'ir* (Sh. Golan, trad.), 1936, citado em Sifriát Po'alím. Mikhtáv la-ma'arékhet [Sifriát Po'alím. Carta à redação]. (1943, 20 mai.). *Ha-Po'el Ha-Tza'ir*, (36), p. 12, e publicado em Sohar, Z. (Org.). (1943). *Sigmund Freud: Ha-tarbút ve-ha-dat* [Sigmund Freud: A cultura e a religião]. Merchavia: Sifriát Po'alím. Em português brasileiro: Freud, S. ([1932]1933/2010). Novas conferências introdutórias à psicanálise. In *O mal-estar na civilização, Novas conferências introdutórias à psicanálise e outros textos* (pp. 124-354; P. C. de Souza, trad.) (Obras completas, Vol. 18). São Paulo: Companhia das Letras.

a visão de mundo promovida pelos sistemas ideológicos — dentre eles, o marxismo.

As *Novas conferências* são vivamente elogiadas pela imprensa hebraica da Palestina, e o capítulo consagrado à visão de mundo é abundantemente comentado pelos intelectuais do Yishúv. Num artigo publicado em 1934 no periódico dos escritores judeus da Palestina e trazendo como título "A psicanálise, uma visão de mundo?", o escritor e tradutor Dov Stück (Dov Sadan) elogia a publicação da nova obra de Freud.[9] Ele remete o leitor ao último capítulo: cumpre, com efeito — escreve ele —, esperar o fim da obra para tomar conhecimento da resposta de Freud: a psicanálise não é uma visão de mundo: não é uma "ditadura do intelecto", mas uma "construção intelectual". E Stück insiste na importância dessa asserção: a ciência deverá levar em conta descobertas da psicanálise, visto que ela mesma é a "ciência do psiquismo que permite encontrar as raízes da ilusão". Ele também esclarece que, segundo Freud, toda visão de mundo corresponde a "representações infantis" relacionadas à questão das origens, e que a psicanálise vê na religião (que é visão de mundo) uma manifestação da impotência e do desamparo (*Hilflösigkeit*) da criança e do ser humano.

Publicada com o título de "Acerca de uma visão de mundo" em 1934, a 35ª Conferência é traduzida para o hebraico pela primeira vez por Israel Cohen.[10] Dois anos mais tarde, é

---

9 Stück, D. (Dov Sadan). (1934, out-1935, fev.). Psykhoanaliza ha-shakafat ha-'olam? [A psicanálise, uma visão de mundo?]. *Moznayim*, *1*(1-6), Tishrei-Adar Tartzad, pp. 100-105.

10 Freud, S. ([1932]1933/1934). Al ha-shakafát 'olám akhát (I. Cohen, trad. e

Shmuel Golan quem empreende uma nova tradução para o jornal *Ha-Shomer Ha-Tza'ir.*[11] Esse texto está na origem dos debates apaixonados que opõem Israel Cohen aos intelectuais do Ha-Shomer Ha-Tza'ir. Ele os acusa de deformar a obra de Freud e censurar justamente as passagens em que Freud critica o marxismo e o bolchevismo.

Em seu prefácio de 1934[12] à tradução do último capítulo das *Novas conferências*, Cohen elogia primeiramente a clareza de Freud; depois, como Stück, ele insiste no fato de que esse texto, publicado em 1933, não é uma simples retomada das teorias desenvolvidas das *Conferências* proferidas na Universidade de Viena em 1916 e 1917:[13] revisitando as suas próprias teses e referindo-se também às de seus discípulos, Freud expõe

---

pref.). *Guilyionót, 1*(3), pp. 251-268. Trata-se da 35ª Conferência das *Neue Folge der Vorlesungen zur Einführung in die Psychoanalyse*: Freud, S. ([1932]1933). Über eine Weltanschauung. In *Studienausgabe* (Vol. 1; pp. 448-608). Em português brasileiro: Freud, S. ([1932]1933/2010). Novas conferências introdutórias à psicanálise. In *O mal-estar na civilização, Novas conferências introdutórias à psicanálise e outros textos* (pp. 321-354; P. C. de Souza, trad.) (Obras completas, Vol. 18). São Paulo: Companhia das Letras.

11 Freud, S. (1936). Al ha-shakafát 'olám akhát [Acerca de uma visão de mundo]. *Ha-Shomer Ha-Tza'ir*, citado em Sifriát Po'alím. Mikhtáv la-ma'arékhet [Sifriát Po'alím. Carta à redação]. (1943, 20 mai.). *Ha-Po'el Ha-Tza'ir*, (36), p. 12.

12 Freud, S. ([1932]1933/1934). Al ha-shakafát 'olám akhát (I. Cohen, trad. e pref.). *Guilyionót, 1*(3), p. 252.

13 Freud, S. ([1915-17]1916-17). *Vorlesungen zur Einführung in die Psychoanalyse. Studienausgabe* (Vol. 1; pp. 34-445); Freud, S. (1934-1935/1934). *Kitvei-Freud. Shi'uriím be-mavó la-psykhoanalyza* (Vol. 1; S. Freud (1930), pref.; J. Dwossis, trad.). Tel Aviv: Stybel. Em português brasileiro: Freud, S. (1916-1917/2014). *Conferências introdutórias à psicanálise* (S. Tellaroli, trad.). São Paulo: Companhia das Letras.

e precisa os remanejamentos importantes operados em sua metapsicologia, na definição das instâncias psíquicas ("isso", "eu" e "supereu"), ou ainda na teoria das pulsões (à qual integrou o conceito de "pulsão de morte" em 1919). Freud amplia também o seu campo de reflexão para a telepatia, para a psicologia da mulher, e sobretudo para o campo social — retomando, aliás, sobre esse ponto, algumas ideias originais apresentadas em *Futuro de uma ilusão* (1927) e *Mal-estar na civilização* (1930). O que retém a atenção de Israel Cohen é sobretudo a crítica dos sistemas religiosos, filosóficos, da ideologia marxista,[14] apresentados como "concepções de mundo" globalizantes e fundamentadas em ilusões. Freud critica a concepção materialista do marxismo, que, levando em conta apenas os fatores econômicos e sociais, enjeita de seu campo de análise os fatores psíquicos determinantes do comportamento humano. Ora, desde os tempos da "horda primitiva", o narcisismo das "pequenas diferenças" divide os seres humanos. O marxismo, especifica ele, poderia ter sido considerado uma ciência, caso ele não tivesse negligenciado a importância das pulsões, da diversidade das raças, dos modelos socioculturais... O marxismo, que sempre considerou seguir os passos da ciência, acabou elaborando uma outra visão de mundo; o bolchevismo russo se transformou numa visão de mundo absolutista, inimiga do livre pensamento:

---

14 Freud, S. ([1932]1933). Über eine Weltanschauung. In *Studienausgabe* (Vol. 1, pp. 448-608). Em português brasileiro: Freud, S. ([1932]1933/2010). Novas conferências introdutórias à psicanálise. In *O mal-estar na civilização, Novas conferências introdutórias à psicanálise e outros textos* (pp. 321-354; P. C. de Souza, trad.) (Obras completas, Vol. 18). São Paulo: Companhia das Letras.

> As obras de Marx tomaram o lugar da Bíblia e do Corão como fonte de revelação, embora não devam ser mais isentas de contradições e obscuridades do que esses dois livros sagrados mais antigos. E, embora o marxismo prático tenha removido impiedosamente todos os sistemas e ilusões idealistas, ele próprio desenvolveu ilusões que não são menos discutíveis e indemonstráveis do que as anteriores.[15]

Parafraseando Freud, Cohen escreve, como conclusão ao seu curto prefácio, que se a psicanálise decerto possui um comportamento comparável ao do marxismo quanto a adotar os métodos da ciência, em contrapartida — contrariamente à filosofia, ao marxismo e à religião —, ela não pretende, de forma alguma, fornecer à humanidade uma nova concepção de mundo.[16]

Guerra de tradução, guerra de interpretação

As oposições e as aproximações entre as doutrinas de Freud e Marx também interessam a Shmuel Golan, especialmente durante o período que passa em Berlim para fazer uma for-

15 Freud, S. ([1932]1933/2010). Novas conferências introdutórias à psicanálise. In *O mal-estar na civilização, Novas conferências introdutórias à psicanálise e outros textos* (pp. 321-354; P. C. de Souza, trad.) (Obras completas, Vol. 18). São Paulo: Companhia das Letras, p. 351.

16 Freud, S. ([1932]1933/1934). Al ha-shakafát 'olám akhát (I. Cohen, trad. e pref.). *Guilyionót*, *1*(3), p. 252.

mação psicanalítica, entre 1931 e 1933, quando assiste ao fracasso da tentativa comunista e à ascensão triunfal do nazismo na Alemanha.[17] Em março de 1934, Golan escreve ao amigo Zvi Sohar dizendo que está finalizando a tradução de um dos capítulos de uma grande obra de Freud,[18] *Novas conferências introdutórias à psicanálise*, dedicada ao problema da visão de mundo.[19] É, com efeito, a Shmuel Golan que se deve uma segunda tradução desse capítulo, em 1936, como já apontamos.[20]

Mas por que os intelectuais do Ha-Shomer Ha-Tza'ir julgaram necessário estabelecer uma nova tradução desse texto de Freud? Por causa da rivalidade que tinham com os inimigos do MAPAI? Certamente, mas não só. Quais são as questões de fundo? Foi lendo a imprensa hebraica da Palestina do início dos anos 1940 que encontramos uma resposta para essa pergunta.

Em 1943, sob a direção e responsabilidade de Zvi Sohar e Shmuel Golan, o Ha-Shomer Ha-Tza'ir funda sua própria editora, a Sifriát Po'alím. Nesse mesmo ano, Zvi Sohar publica uma coletânea de textos de Freud, *Sigmund Freud: Ha-tarbút*

---

17 Carta de Shmuel Golan a Yona de 1º de março de 1933, A.H.H., Shmuel Golan, H, (1).1.1-95.

18 Carta de Shmuel Golan a Zvi Sohar de 20 de março de 1934, A.H.H., Shmuel Golan, H, (3).1.1-95.

19 Freud, S. ([1932]1933/2010). Novas conferências introdutórias à psicanálise. In *O mal-estar na civilização, Novas conferências introdutórias à psicanálise e outros textos* (pp. 321-354; P. C. de Souza, trad.) (Obras completas, Vol. 18). São Paulo: Companhia das Letras.

20 Freud, S. (1936). Al ha-shakafát 'olám akhát [Acerca de uma visão de mundo]. *Ha-Shomer Ha-Tza'ir*, citado em Sifriát Po'alím. Mikhtáv la-ma'arékhet [Sifriát Po'alím. Carta à redação]. (1943, 20 mai.). *Ha-Po'el Ha-Tza'ir*, (36), p. 12.

ve-ha-dat [*Sigmund Freud: A cultura e a religião*].[21] O volume é composto pela tradução hebraica da 35ª aula das *Novas conferências introdutórias à psicanálise* por Shmuel Golan. Essa publicação provoca uma viva reação da parte de Israel Cohen e marca o início de uma polêmica entre a direção do jornal *Ha-Po'el Ha-Tza'ir* e os responsáveis pela Sifriát Po'alím (cujo diretor era Zvi Sohar). A particularidade dessa tradução shomriana era que ela cortava a célebre passagem em que Freud ataca o marxismo — uma vez que o Ha-Shomer Ha--Tza'ir se havia tornado, a partir dos anos 1930, um movimento político marxista.

Num artigo intitulado "Freud metukán" ["Freud corrigido"], Israel Cohen fica indignado com esse corte, que acarreta "um grave prejuízo à obra e ao pensamento freudiano".[22] Ele acusa os shomrianos de terem censurado a passagem na qual Freud criticava o marxismo; e o tradutor e o editor, de enganar o público e "se empenhar diligentemente em desviar da pena de Freud, ao passo que, como se sabe, Freud iria se opor

---

21 Sohar, Z. (Org.). (1943). *Sigmund Freud: Ha-tarbút ve-ha-dat* [Sigmund Freud: A cultura e a religião]. Merchavia: Sifriát Po'alím, coletânea de textos reunidos por Zvi Sohar (com um artigo de Sohar intitulado "Freud u-bikóret ha-tarbút" [Freud e a crítica da civilização]), que contém os seguintes textos: "'Atidá shel ashlaiyá" (Die Zukunft einer Illusion [O futuro de uma ilusão], 1927; D. Shapira, trad.); "Ha-réguesh ha-okeani" ([O sentimento oceânico] [excerto] — trata-se de um dos capítulos de *Das Unbehagen in der Kultur* [O mal-estar na civilização, 1930] —; I. Rosenzweig, trad.); "'Al ha-shkafát ha-'olám akhát" (1931 [excerto] — trata-se da tradução da 35ª Conferência das *Neue Folge der Vorlesungen zur Einführung in die Psychoanalyse* [Novas conferências introdutórias à psicanálise], intitulada "Über eine Weltanschauung"; pp. 448-608; Sh. Golan, trad.).

22 Cohen, I. (1943, 29 abr.). Freud metukán. *Ha-Po'el Ha-Tza'ir*, (33).

ferozmente a tal ato, como demonstra uma troca de cartas a esse respeito".

Freud critica severamente a religião, escreve Cohen, mas não criticou menos o marxismo.[23]

A essas acusações, a direção da Sifriát Po'alím se contenta em responder laconicamente, no mesmo jornal, três semanas mais tarde, que "é direito de cada um interpretar e transmitir ao leitor hebraico, à sua maneira, a obra de Freud e de Marx, assim como cada um tem o direito de criticar a tradução"[24] — dito de outro modo, a dos intelectuais do Ha-Shomer Ha-Tza'ir. Zvi Sohar lembra que, no prefácio que acompanhava a coletânea, havia sido deixado claro que apenas *O futuro de uma ilusão* estava traduzido em sua integralidade, e que para os demais textos de Freud, reunidos sob o título *Sigmund Freud: Ha-tarbút ve-ha-dat*,[25] o leitor encontraria, no lugar das passagens não publicadas, nove notas de rodapé para explicar as posições da psicanálise em relação ao marxismo.[26] Mas isso não apazigua a polêmica: Israel Cohen contra-ataca,

---

23 Pode-se indagar, com razão, como Israel Cohen e os *shomrím* puderam traduzir o texto de Freud sem a sua autorização; isso sem ignorar que Freud já havia dado esse direito a Judah Dwossis, seu tradutor oficial desde 1928, e que por essa razão, em 1933, ele recusará a proposta feita por seu discípulo Moshe Wulff de assumir a responsabilidade pela tradução hebraica de seus escritos.

24 Sifriát Po'alím: Mikhtáv la-ma'arékhet [Sifriát Po'alím: Carta à redação]. (1943, 20 mai.). *Ha-Po'el Ha-Tza'ir*, (36).

25 Sohar, Z. (Org.). (1943). *Sigmund Freud: Ha-tarbút ve-ha-dat* [Sigmund Freud: A cultura e a religião]. Merchavia: Sifriát Po'alím.

26 Sohar, Z. (Org.). (1943). *Sigmund Freud: Ha-tarbút ve-ha-dat* [Sigmund Freud: A cultura e a religião]. Merchavia: Sifriát Po'alím.

acrescentando que nem o prefácio de Zvi Sohar, nem as notas de rodapé teriam como substituir o texto freudiano "censurado".[27] Duas semanas mais tarde, em 7 de junho de 1943, num terceiro artigo, Israel Cohen publica excertos do texto "censurado", de acordo com a sua expressão, pelos "tradutores" do Ha-Shomer Ha-Tza'ir.[28]

Freud e Édipo no banco dos réus do marxismo revolucionário

Em 1952, a editora Sifriát Po'alím publica um opúsculo de setenta páginas dedicado exclusivamente às relações entre a teoria freudiana e o marxismo.[29] O autor é Yehuda Gothelf, ex-dirigente do Ha-Shomer Ha-Tza'ir originário de Varsóvia, que chegou à Palestina em 1929, deixando o Ha-Shomer Ha-Tza'ir em 1938, após divergências ideológicas com a direção do movimento. Tendo deixado o kibutz Ein Ha-Horesh, Gothelf se instala em Tel Aviv e trabalha no mundo da edição e da imprensa do país. Ele também se torna redator-chefe do *Davar*, o jornal do movimento trabalhista, e será igualmente considerado uma das principais figuras da esquerda israelense.

---

27 Sifriát Po'alím: Mikhtáv la-ma'arékhet [Sifriát Po'alím: Carta à redação]. (1943, 20 mai.). *Ha-Po'el Ha-Tza'ir*, (36), 12.

28 Cohen, I. (1943, 7 jun.). Hashmatót [Omissões]. *Ha-Po'el Ha-Tza'ir*, (38), pp. 14-15.

29 Gothelf, Y. (1952). Torat Freud ve-ha-marxism [A teoria de Freud e o marxismo]. Merchavia: Sifriát Po'alím.

Esse opúsculo de Gothelf, repleto de preconceitos, erros e deformações do pensamento freudiano, pode ser acrescentado à longa lista de obras e artigos publicados, desde os contemporâneos de Freud até hoje, pelos inimigos da psicanálise. Não deixa de ser interessante, entretanto, detalhar o seu conteúdo. Após algumas páginas aparentemente conciliatórias, Gothelf se lança numa violenta acusação contra *O mal-estar na civilização*, denunciando, por um lado, o pessimismo de Freud; contestando, por outro, o postulado freudiano segundo o qual a cultura seria o resultado da repressão das pulsões. Ao contrário: segundo ele, é a pulsão freudiana que ameaça a cultura. Ele não admite que Freud reduza assim os homens ao pessimismo e ao desamparo. Acrescenta, ainda, que a psicanálise pode coabitar com o marxismo, contanto que restrinja as suas atividades apenas ao âmbito da terapia. Gothelf declara não contestar os resultados da psicanálise no plano psicoterapêutico, e chega até a exaltar a contribuição dessa disciplina nos domínios da pedagogia, da psicologia — da psicologia do bebê, em particular —, assim como a sua abordagem da sexualidade. Em contrapartida, é o valor científico da psicanálise que ele contesta. Afirma que as conclusões dessa disciplina são amplamente ultrapassadas pelas novas descobertas do materialismo dialético realizadas nos países socialistas, enquanto essa "ciência psicológica do Ocidente", que se desenvolve apartada da União Soviética e dos demais países do bloco socialista, está em atraso em relação aos progressos da ciência marxista no campo do psiquismo, iluminada pelo materialismo dialético. O marxismo, escreve ele, não traz somente uma nova leitura da sociedade e da cultura: ele também deve elucidar o psiquismo.

Enquanto lamenta vivamente o afastamento existente entre os cientistas ocidentais e seus homólogos soviéticos, Gothelf conserva, apesar de tudo, a esperança de que os "médicos de Israel" terão oportunidade de encontrar os representantes do mundo da psiquiatria na União Soviética a fim de estabelecer fecundas trocas profissionais.

Gothelf deplora que os discípulos de Freud se obstinem em negligenciar as descobertas efetuadas pela psiquiatria soviética nos campos da neurologia, da psicologia e da psicopatologia, assim como os formidáveis sucessos, obtidos graças aos trabalhos de Pavlov e de sua escola, pois, no futuro, "não haverá escola de psicologia que não leve em conta as descobertas de Pavlov e da doutrina marxista".

Gothelf acusa Freud de má-fé quando este aborda questões relativas ao social e ao cultural sem levar as obras de Marx em consideração. Freud, segundo ele, se contradiz, pretendendo, por um lado, que a título individual o homem pode efetivamente escapar da neurose, ao passo que, por outro, ele só vislumbra o seu devir coletivo no impasse da cultura (neurótica) da religião, da superstição ou da droga. Gothelf também contesta que se possa elucidar as modalidades da cultura à luz dos mecanismos do psíquico individual, que se possa explicar o funcionamento do social a partir de conflitos existentes entre as instâncias psíquicas, a saber: o isso, o eu e o supereu.[30]

Ao longo das páginas, os ataques contra Freud e a psicanálise vão se tornando cada vez mais virulentos. A propósito

---

30 Gothelf, Y. (1952). Torat Freud ve-ha-marxism [A teoria de Freud e o marxismo]. Merchavia: Sifriát Po'alím.

do complexo de Édipo, por exemplo, Gothelf declara que, se é verdade que se pode observar alguns casos raros de crianças que apresentam comportamentos patológicos semelhantes aos do complexo de Édipo, não é de modo algum possível, no entanto, encontrar em cada um de nós "essa asquerosa e nauseabunda ideia" de Freud.[31] Gothelf aquiesce à importância do Eros e à crítica da religião, e reconhece em Freud o mérito de ter feito ir pelos ares a hipocrisia do regime social e da religião. Nesse ponto, nós, marxistas não iremos criticar Freud — declara ele. Em contrapartida, critica-o por supervalorizar a influência da sexualidade na vida dos indivíduos. Essa inflação do sexual é como a emissão excessiva de "papel-moeda freudiano com o timbre da sexualidade, conduzindo inexoravelmente à desvalorização da noção de Eros!". Freud permanece prisioneiro de uma visão pessimista e não dialética do mundo, concebendo a pulsão como um fenômeno psíquico oriundo do biológico. *A interpretação dos sonhos* é da ordem de uma ideologia irracional, pela qual ele desvia a atenção das massas da incidência dos fatores sociais e econômicos. E Gothelf se deixa levar:

> Não tentem tomar ciência, visto que, de toda forma, como indica Freud, mesmo a consciência — que, para ele, representa apenas a ponta do iceberg do mundo psíquico —, é constituída por elementos irracionais isolados. Seja lá o que fizermos, o isso, que é a instân-

31 Gothelf, Y. (1952). Torat Freud ve-ha-marxism [A teoria de Freud e o marxismo]. Merchavia: Sifriát Po'alím, p. 24.

impaciência, dia após dia, o momento oportuno para escalar as paredes dos prédios onde as meninas moravam, para observá-las tirando a roupa.

Um outro afirma que as duchas comuns lhes permitiram encontrar a resposta para várias questões que se impunham no que se refere à sua própria sexualidade.[33] Na opinião de um tal de Aryeh, que meninas e meninos tomem banho junto lhes permite não ficar pensando, o dia inteiro, em questões de ordem sexual, as quais ele considera "nocivas para a maturação"; isso deixa o campo livre para outras relações entre meninos e meninas, embasadas na amizade, em "relações mais profundas e mais espirituais".[34]

Suspeita-se de que a aplicação das duchas comuns não tenha sido tão simples, e que foi preciso encontrar soluções para responder às dificuldades dos adolescentes. Por exemplo, implementar determinadas exceções: alguns eram autorizados a não compartilhar a ducha com os camaradas de grupo, quando as moças tinham suas regras ou quando dois adolescentes apaixonados ficavam embaraçados com a ducha comum. Os adolescentes utilizavam a única ducha individual,

---

[Direção Central do Ha-Shomer Ha-Tza'ir] no Kibutz Merchavia, (n.d). A.H.H., 7 aleph.1.4.

33 'Al davar ha-miklákhat ha-meshutéfet [A propósito da "ducha comum"]. (1935, jul.). Khevrát ha-yieladím shel Ha-Shomer Ha-Tza'ir be-Mishmar Ha-Émek, p. 1. A.H.H., aleph, (2).10.4.

34 'Al davar ha-miklákhat ha-meshutéfet [A propósito da "ducha comum"]. (1935, jul.). Khevrát ha-yieladím shel Ha-Shomer Ha-Tza'ir be-Mishmar Ha-Émek, julho de 1935, p. 7. A.H.H., aleph, (2).10.4.

contrária aos valores e à imagem da pioneira. Decerto, ouve-se aí algo de militante, de muito doutrinal. Assim, Ruth M. declara: "Somos os filhos do Ha-Shomer Ha-Tza'ir; somos moças e rapazes que vivem juntos, que estudam juntos e tomam banho juntos". Contudo, em todas as suas trocas, os adolescentes do Grupo 'Olím debatem questões relativas ao corpo, ao olhar, à vergonha e à sexualidade em geral, com uma grande paixão e muita seriedade. Evocar essa experiência é a oportunidade de falar da "vergonha para a mulher", do "poder do homem sobre a mulher na sociedade cristã", do "desabrochar da sexualidade feminina nas sociedades matriarcais", por exemplo. Ruth H., já citada, observa que, se é verdade que a nudez do corpo provoca excitação sexual, aprende-se facilmente a controlá-la no âmbito da ducha coletiva, a tal ponto que ver a nudez do outro se torna "uma coisa natural, óbvia". Um dos garotos do grupo, que pede a palavra para intervir sobre esse mesmo assunto, declara que na ducha coletiva a excitação sexual é bem menor que na realidade, e evoca uma experiência contrária para ilustrar o que está dizendo: no vilarejo de crianças de Ben Shemen,[32] onde ele vivia, os meninos esperavam com

---

32 Trata-se, é claro, do vilarejo de crianças coordenado por Siegfried Lehmann. Em 1929, Lehman pede para colaborar com o Departamento de Educação do Kibutz Artzí (cf. A.H.H., Ha-makhlaká le-hinúkh – meikhal 134-98 aleph 1/1/4). Não obstante, as relações entre Lehmann e os responsáveis pela educação do Ha-Shomer Ha-Tza'ir ficarão tensas: ele se queixará de que os shomrianos doutrinam os internos em sua ideologia, após ter acolhido em Ben Shemen um grupo de adolescentes enviado pelo Ha-Shomer Ha-Tza'ir, que começaram a fazer propaganda dentro do estabelecimento. Lehmann, que fará uma advertência aos representantes do Ha-Shomer Ha-Tza'ir, ameaçará expulsar os adolescentes. Carta de Siegfried Lehmann endereçada à 'Hanhagát ha-rashít shel Ha-Shomer Ha-Tza'ir

PARTE III

Entre freudismo e marxismo

de seus dirigentes.[1] No relatório da primeira assembleia dedicada exclusivamente ao tema, em 1934, os apoiadores de Meir Ya'ari defendem a abstinência sexual dos adolescentes; abstinência que, segundo eles, iria favorecer a sublimação e a "elevação do espírito" dos jovens shomrianos. Mas outro participante retorque:

> Antigamente, passamos ao largo do problema aderindo cegamente a teorias que afundaram num copo d'água e que não nos trouxeram nada. Não tínhamos compreendido nada da psicologia da mulher, e nos deixamos levar por teorias materialistas e simplistas no que se refere à vida sexual.[2]

Uma comissão de trabalho encarregada de afirmar os fundamentos de uma educação sexual no kibutz é criada em 1935, composta por Zvi Sohar, Shmuel Golan, Ya'akob Hazan, Bertha Hazan e outros pedagogos do movimento.[3] Após uma discussão animada que dá a ver os diferentes pontos de vista dos membros dessa comissão, Zvi Sohar e Shmuel Golan se acham com a tarefa de elaborar um projeto preliminar para

---

1 *Boletim*. (1934). (Relatório da Assembleia Geral do Kibutz Artzí). Ordem do dia: 'Le-birúr ha-sheilá ha-miníť' [Debate sobre a sexualidade]. Datiloscrito, Kibutz Ein Ha-Mifratz, pp. 10-11. Os nomes dos participantes não são especificados. A.H.H., Golan (1).1.4.

2 Golan, S. Yeshivát Khaverím (Assembleia geral dos membros do Kibutz Mishmar Ha-Émek de 5 de outubro de 1937, A.K.M.H., datiloscrito).

3 Ha-vikúakh 'al matarát ha-khinúkh ha-miní [Discussão sobre os objetivos da educação sexual]. (1935, 22 mar.). Datiloscrito, Kibutz Mishmar Ha-Émek, p. 4. A.H.H., Golan (1).1.4.

A educação sexual no kibutz

As teorias de Bernfeld e de Blüher a respeito da sexualidade dos jovens haviam ocupado um lugar importante nas preocupações dos jovens dirigentes do Ha-Shomer Ha-Tza'ir — em Viena, durante a Primeira Guerra Mundial e logo depois; e então na Palestina, a partir de 1920. Após o fracasso da Comunidade de Partilha Erótica de Betânia, onde Meir Ya'ari havia tentado aplicar sua teoria acerca do Eros shomriano, os dirigentes do Ha-Shomer haviam continuado no Kibutz Artzí os seus debates sobre a sexualidade.

No início dos anos 1930, já não se trata de criar um modelo ideal de sexualidade, mas, mais concretamente, de preparar os adolescentes para uma vida sexual "harmoniosa". O programa e os preceitos da educação coletiva devem, doravante, incluir a questão da sexualidade dos adolescentes e de sua educação sexual. Os relatórios das reuniões da Comissão de Educação do Kibutz Artzí que datam dos anos 1930 revelam, sobre esse assunto, a diversidade dos pontos de vista

> cia psíquica que contém as forças arcaicas e associais do homem, e que não possuem relação alguma com o mundo externo, continua sendo o verdadeiro senhor da casa![32]

Não ficaremos surpresos, portanto, que atualmente, nos países capitalistas, especialmente nos anglo-saxões, sirvam-se da teoria freudiana para criticar a teoria de Marx.

Gothelf acusa Freud de não levar em conta nada da teoria evolucionista de Darwin, nem dos desenvolvimentos do psicólogo Wilhelm Wundt. O biologismo de Freud, precisa ele, funda-se em processos "míticos". Não surpreende que Freud tenha se interessado pela telepatia, como mostra o seu discípulo Mordechai Brachyahu em *Torat Freud* [*A teoria de Freud*].[33] A psicanálise é, assim, uma teoria idealista em total contradição com os princípios do materialismo dialético, segundo o qual os processos psíquicos interagem com os processos biológicos — eles próprios suscetíveis de mudança, como demonstra Friedrich Engels em sua *Dialética da natureza.*[34]

Freud, observa ainda Gothelf, é também anti-histórico: ele continua prisioneiro da ideia de que "o Inconsciente não conhece a noção de tempo" e do conceito de "compulsão à repetição", isto é, da impossibilidade de conceber um ultrapas-

---

32 Gothelf, Y. (1952). Torat Freud ve-ha-marxism [A teoria de Freud e o marxismo]. Merchavia: Sifriát Po'alím, pp. 38-39.

33 Brachyhahu, M. (1944). *Torat Freud* [A teoria de Freud]. Yerushaláyim: Yavneh.

34 Brachyhahu, M. (1944). *Torat Freud* [A teoria de Freud]. Yerushaláyim: Yavneh, p. 22.

samento. A psicologia marxista, ao contrário, considera que o psiquismo não é uma realidade imóvel, mas em constante mudança, por conta da influência do ambiente; ela concebe a consciência como o estágio supremo do psiquismo e o horizonte que todo indivíduo deve buscar atingir.

Como tantos outros defensores do socialismo e do marxismo, Gothelf critica duramente o conceito de pulsão de morte, que, segundo ele, não passa da justificação da razão do mais forte — e, portanto, do capitalismo —, ordenada segundo os princípios de dominação, competição e rivalidade. E, se é verdade que, no plano terapêutico, a psicanálise conhece alguns resultados satisfatórios, declara ele, isso só se dá na medida em que o doente crê e toma para si as interpretações que o analista confere a suas palavras, a seus sonhos e a seus sintomas no decorrer do tratamento. Dito de outro modo, o que atribui um valor de verdade às interpretações do psicanalista é unicamente a crença. Eis aí, exclama ele, uma teoria burguesa errônea e sem valor algum!

Por mais caricatural que seja, esse processo instaurado contra Freud resume o essencial das críticas dirigidas à psicanálise na época pelos diferentes movimentos do marxismo, em Israel e no exterior. Um determinado número de personalidades do Ha-Shomer Ha-Tza'ir reagiu a essa obra, para tentar reunir os ensinamentos da psicanálise e a nova ideologia shomriana do final dos anos 1940 e do início dos anos 1950.

Zvi Sohar: Freud e o socialismo

Na época em que, no interior do Ha-Shomer Ha-Tza'ir, a crítica marxista da psicanálise vai se tornando cada vez mais viva, em um artigo publicado em 1953 na revista *Ofakím* com o título "Sigmund Freud ve-ha-Sotzializm" ["Sigmund Freud e o Socialismo"],[35] Zvi Sohar explicita seus posicionamentos. Assim como o seu rival do MAPAI, Israel Cohen, Sohar se esforça por demonstrar como a psicanálise é compatível com o marxismo e deve, portanto, ser levada em consideração em seu campo de estudos. Ele retoma a questão de saber se a psicanálise é, ou não, uma visão de mundo, ou até mesmo uma "concepção social do mundo", de acordo com os seus próprios termos.[36] Tratar esse problema, escreve ele, responde à exigência do campo socialista.

Todo intelectual, declara ele, toda pessoa que luta pelo socialismo, deve expor clara e rigorosamente as suas próprias concepções sobre homem e sociedade. O conhecimento da psicanálise, na medida em que ela se interroga acerca do lugar do homem na sociedade, deve imperativamente ser levada em consideração pelo marxismo. E não é possível eliminar a psicanálise do campo da reflexão marxista, dado que diversos médicos e pedagogos que aderem ao marxismo já levaram em conta ensinamentos dessa disciplina em suas pesquisas.

---

35 Sohar, Z. (1953). Sigmund Freud ve-ha-Sotzializm [Sigmund Freud e o Socialismo]. *Ofakím*, pp. 122-132.

36 Sohar, Z. (1953). Sigmund Freud ve-ha-Sotzializm [Sigmund Freud e o Socialismo]. *Ofakím*, p. 122.

A psicanálise, contudo, não pode ser considerada uma "concepção de mundo", no sentido filosófico do termo — Freud recusou categoricamente essa ideia —, nem uma "concepção científica do mundo". Se a psicanálise, com efeito, oferece sua contribuição à ciência, ela não teria, no entanto, como resolver todos os problemas do mundo. Em contrapartida, a psicanálise pode auxiliar a comunidade científica a forjar para si uma visão mais lúcida, mais rigorosa do mundo e dos objetos de sua investigação, mas também a se conscientizar a respeito dos seus limites. E ela é ainda mais necessária à ciência por evidenciar a incidência dos fatores psicológicos e emocionais em ação tanto no funcionamento da sociedade quanto na ideia que se faz dela. Ela também é indispensável à ciência na medida em que lhe permite se livrar das ilusões. Ora, uma concepção científica do mundo em busca da verdade deve ter o cuidado de não tomar para si ideias que são preconcebidas. Assim, a psicanálise, segundo Sohar, contribui com a ciência preservando-a das ilusões.

Dirigindo-se aos seus leitores supostamente marxistas, Zvi Sohar explica que a psicanálise, contrariamente às intenções de seu criador, não é uma disciplina "neutra", no sentido de que ela infringe e ameaça os valores da burguesia. A história da psicanálise é uma sucessão de lutas contra resistências e oposições de toda sorte. Os fascistas, no ódio ao racionalismo iluminista do qual Freud é representante, qualificam o pai da psicanálise como "micróbio judeu" e não economizam insultos. Os comunistas, que outrora haviam acolhido a psicanálise nos salões de vanguarda, hoje não lhe atribuem lugar algum.

E quanto à burguesia, se ela se esforça por ignorar a psicanálise, é porque reconhece nessa disciplina o seu caráter subversivo e revolucionário, que ameaça os fundamentos da sociedade burguesa. A psicanálise, com efeito, destrói as ilusões mantidas pela sociedade burguesa e pela religião. Freud, por outro lado, evidencia o caráter ilusório da imagem que o homem faz de si mesmo, imagem enganosa que esconde as forças inconscientes que determinam a sua verdadeira natureza — daí a viva oposição que as suas teses encontraram tanto no mundo médico quanto nas universidades.[37] Para Sohar, a psicanálise é portadora de ensinamentos para a edificação de uma nova ordem social.[38]

Mais de vinte anos depois de sua primeira defesa da psicanálise dentro do Kibutz Artzí, em 1953, Zvi Sohar sustenta mais uma vez que só a psicanálise é capaz de preencher o vazio que a psicologia experimental deixa no campo social. A psicanálise, escreve ele, é uma disciplina que aclara a sociologia e a psicologia social, na medida em que deixa em aberto a questão da cultura e não cessa de interrogar e de tirar novos ensinamentos dela.[39] Sohar admite, no entanto, que é verdade que Freud era pessimista quanto ao futuro da sociedade; porém, contrariamente ao que sustentam os meios marxistas em

---

37 Sohar, Z. (1953). Sigmund Freud ve-ha-Sotzializm [Sigmund Freud e o Socialismo]. *Ofakím*, pp. 123-124.

38 Sohar, Z. (1953). Sigmund Freud ve-ha-Sotzializm [Sigmund Freud e o Socialismo]. *Ofakím*, p. 124.

39 Sohar, Z. (1953). Sigmund Freud ve-ha-Sotzializm [Sigmund Freud e o Socialismo]. *Ofakím*, p. 125.

geral, ele não se fez advogado da sociedade patriarcal: trata-se aí, declara Sohar, de uma flagrante deformação da teoria freudiana.[40] Se Freud denunciou a pretensa "objetividade" reivindicada por todos os sistemas ideológicos contemporâneos, ele também reconheceu que a teoria de Marx era autoridade no terreno da economia. Para ele, o marxismo é uma teoria que tenta explicar as origens e o funcionamento da sociedade a partir das leis da economia, e cujo principal defeito é ignorar a incidência dos fatores psicológicos.

Aliás, a teoria freudiana não pretende, de modo algum, se ocupar de aspectos étnicos, sociológicos ou materiais na origem de toda e qualquer sociedade, quer se trate da organização interna das tribos, da organização de classes, da posse de armas… A psicanálise se interessa unicamente pelos fatores psicológicos que intervêm na fundação e no funcionamento de uma sociedade: ela estuda, assim, por exemplo, os mecanismos psicológicos subjacentes ao desejo de dominação do homem pelo homem, ao desejo de se apropriar dos bens e de dominar a Natureza a fim da colocá-la a seu serviço.[41]

Sohar reprova seus camaradas marxistas por recusarem admitir que uma parte da natureza humana resiste obstinadamente ao progresso e às promessas de ultrapassamento contidas no materialismo dialético. O homem, declara ele, nunca poderá se livrar completamente do supereu, pois ele resiste

---

40 Sohar, Z. (1953). Sigmund Freud ve-ha-Sotzializm [Sigmund Freud e o Socialismo]. *Ofakím*, p. 126.

41 Sohar, Z. (1953). Sigmund Freud ve-ha-Sotzializm [Sigmund Freud e o Socialismo]. *Ofakím*, p. 127.

(consciente ou inconscientemente) à nova ordem econômica promovida pelo marxismo. Este não pode, então, continuar ignorando a existência das pulsões, nem o fato de que elas resistem em ser nomeadas, incorretamente, como "evolução natural". A teoria das pulsões é justamente o que falta à doutrina marxista; assim, a psicanálise deveria, segundo Sohar, ser considerada, a partir de então, *a* teoria psicológica a complementar o marxismo. E se Marx e Engels não levaram em conta aspectos psicológicos do homem na elaboração de sua doutrina, é muito simplesmente porque a psicologia de antes de Freud não dispunha de uma base científica e materialista sólida. Trata-se de um "mal-entendido da História", de um "não cruzamento dos caminhos" de Marx e de Freud.

Em seguida, Zvi Sohar retoma a questão de saber qual foi a posição de Freud sobre a Revolução de Outubro. A esse respeito, exclama ele, muitas coisas foram ditas;[42] e a verdade é que, a propósito da "experiência conduzida na Rússia socialista", Freud não se pronunciou nem a favor, nem contra. O que o preocupava era refletir sobre as condições de uma nova cultura que permitiria fazer desaparecer o ódio e a destruição, pensando que existem tendências destruidoras no psiquismo do ser humano.[43] É por isso que Freud não partilhou do otimismo geral que acompanhou a Revolução de Outubro nos seus primeiros anos. E Zvi Sohar, que diz compreender o pessimismo

---

42 Sohar, Z. (1953). Sigmund Freud ve-ha-Sotzializm [Sigmund Freud e o Socialismo]. *Ofakím*, p. 128.

43 Sohar, Z. (1953). Sigmund Freud ve-ha-Sotzializm [Sigmund Freud e o Socialismo]. *Ofakím*, pp. 128-129.

de Freud, frisa que, se a abolição da propriedade privada pode contribuir incontestavelmente para reduzir a intensidade das pulsões de posse, isso não será o bastante para erradicar toda e qualquer agressividade, na medida em que a sexualidade humana é, também ela, portadora de agressividade: mesmo liberada dos entraves que a sociedade capitalista lhe impõe, a sexualidade permanece uma fonte de sentimentos de inveja, ciúme e hostilidade. Freud, apesar disso, continua prudente; ele não propõe nenhuma solução alternativa, e diz da sua admiração pelos homens que lutam assim pelas suas convicções. Zvi Sohar está convencido de que é por isso que o socialismo deve tributo a Freud, pois sua prudência e seu ceticismo em relação à Revolução, mas também sua discrição e sua humildade, são a prova da honestidade de um homem de ciência.

Ao final de seu artigo, Sohar exorta seus camaradas leitores a não se esquecerem destes dois grandes legados do movimento, a herança freudiana e a da Revolução de Outubro:

> Nossa geração, que, entre as duas guerras, assistiu aos debates de ideias e às lutas dentro do movimento dos trabalhadores; que atravessou muitas crises internas; que colocou a Revolução Russa no centro de suas discussões; e que, por conta disso, foi objeto do desprezo e dos ataques lançados pelos partidos socialistas que execram o marxismo e a Revolução Soviética: pois bem, essa geração de que fazemos parte sabia apreciar as análises prudentes, a parcela de verdade e as corajosas ideias formuladas pelo inventor da psicanálise — essa ciência que, no entanto, nasceu e se desenvolveu nos salões do mundo intelectual de uma burguesia decadente.

A psicanálise freudiana e a *ego psychology*

Zvi Lavih, a psicanálise revista e corrigida pela ego psychology

Tendo se tornado um dos colaboradores próximos de Shmuel Golan no Instituto Educacional de Mishmar Ha-Émek no final dos anos 1940, Zvi Lavih faz parte da nova geração de pedagogos e militantes shomrianos que participaram ativamente dos debates relativos à introdução da psicanálise. Como outros shomrianos no início dos anos 1950, ele reivindica em alto e bom som a sua adesão ao marxismo soviético e se mostra muitíssimo crítico em relação à psicanálise freudiana. No entanto, argumenta a favor de que ela se torne a "psicologia adaptada aos princípios e valores do movimento", uma vez adaptada à *ego psychology* (psicologia do eu), nova corrente da psicanálise nascida na América do pós-guerra e recém-introduzida no seio do Ha-Shomer Ha-Tza'ir por Shmuel Golan no início dos anos 1950. Essa *ego psychology* preconiza a adaptação do indivíduo à sociedade na qual ele vive, o que os shomrianos traduzem como "adaptação do indivíduo à sociedade kibutziana", segundo o ideal dos membros do Ha-Shomer Ha-Tza'ir.

Em 1953, em seu artigo intitulado "Le-matzáv shel ha-psykhologuia be-yiaméinu" ["Situação da psicologia nos dias de hoje"], Lavih denuncia a confusão que impera no campo da psicologia há mais de setenta anos.[1] Entre as várias correntes da psicologia, a psicanálise, "essa ciência burguesa", decerto continua sendo a escola mais importante. Apesar disso, ela não poderá ser integrada ao sistema de pensamento marxista, pois não dispõe da unidade e da coerência necessárias para chegar à patente de ciência, como é o caso do materialismo dialético.

A psicologia moderna oriunda da sociedade burguesa, de que faz parte a psicanálise, permanece impregnada de idealismo e de positivismo empírico. Somente a psicologia soviética, embasada nos princípios do materialismo dialético, teve como se desembaraçar dos preconceitos e preconcebidos impostos pelo capitalismo, como demonstrou um congresso de psicologia organizado na União Soviética, reunindo quatrocentos psicólogos oriundos de todas as províncias do país. Já contestada pelos marxistas ocidentais, a psicanálise foi proibida na União Soviética; ela era entendida como instrumento a serviço das ideologias reacionárias do Imperialismo.[2]

---

1 Lavih, Z. (1952). La-matzáv shel ha-psykhologuia be-yiaméinu [Situação da psicologia nos dias de hoje]. *Ofakím*, (2-5), p. 2.

2 Cf. Etkind, A. (1993/1995). *Histoire de la psychanalyse en Russie*. Paris: Presses Universitaires de France.

Não obstante, escreve Lavih, os marxistas não podem dispensar a psicanálise tão facilmente, pois isso redundaria em renunciar à psicologia de uma maneira geral, dado que não existe teoria tão avançada quanto a psicanálise. É certo que foram desenvolvidos outros modelos psicológicos, mas inspirando-se amplamente na psicanálise e assumindo para si um determinado número das suas conclusões. Uma teoria sobre a educação digna desse nome não pode prescindir de uma teoria psicológica, e a psicanálise continua sendo a mais apta para acompanhar todo sistema educacional, pois ela permite explicar um certo número de comportamentos da infância que, caso contrário, seriam totalmente incompreensíveis e irracionais. A psicanálise é, pois, um apoio essencial à educação coletiva, especialmente na formação das educadoras de crianças pequenas, pois oferece elementos sobre o atendimento dos bebês, a educação das crianças, o tratamento das afecções neuróticas e do sofrimento psíquico em geral. Foi também graças a Freud que a psiquiatria moderna realizou progressos consideráveis no seu campo de pesquisa.[3]

Contudo, para Lavih, não é necessário levar em conta todas as ideias desenvolvidas por Freud, notadamente a sua visão da história e da sociedade, suas concepções duvidosas sobre a universalidade do complexo de Édipo, o complexo de castração, a pulsão de morte etc. De toda forma, diz ele, o próprio Freud declarou que a psicanálise nunca pretendeu ser uma teoria total e fechada em si mesma, e nunca hesitou em

---

3 Lavih, Z. (1952). La-matzáv shel ha-psykhologuia be-yiaméinu [Situação da psicologia nos dias de hoje]. *Ofakím*, (2-5), pp. 3-4.

remanejá-la. São muitos os seus alunos que se mostram críticos e não hesitam em propor adaptações inéditas à luz de novos desenvolvimentos teóricos. Certas correntes frisam mais a influência dos fatores sociais e minimizam os parâmetros biológicos e hereditários caros a Freud. É o caso da *ego psychology*, segundo a qual a sociedade não é somente o produto da repressão das pulsões, mas um fator externo desempenhando um papel determinante na construção da subjetividade e no equilíbrio psicológico de todo indivíduo. A *ego psychology* atribui ao eu um papel central na economia psíquica e atribui toda a importância à consciência, tão negligenciada por Freud e por alguns de seus discípulos.

É por isso que o marxismo deve livrar a psicanálise de seus aspectos especulativos, tingidos de idealismo, misticismo e irracionalismo, conservando apenas os seus aspectos positivos, que serão integrados à doutrina marxista. Pois o marxismo não rejeita o que já existe, mas se apropria dos instrumentos e das teorias do capitalismo a fim de transformá-los e reembasá-los em seu aparelho conceitual. Após ter sido submetido ao exame rigoroso do materialismo dialético, conclui Zvi Lavih em seu artigo, a psicanálise oferecerá, incontestavelmente, os conceitos científicos necessários à construção da nova psicologia do marxismo.[4]

4 Lavih, Z. (1952). La-matzáv shel ha-psykhologuia be-yiaméinu [Situação da psicologia nos dias de hoje]. *Ofakím*, (2-5), p. 5.

Shmuel Golan, últimas batalhas para a psicanálise

Entre 1953 e 1961 (ano de sua morte), Shmuel Golan, a fim de preservar o tão contestado lugar da psicanálise no interior do Ha-Shomer Ha-Tza'ir, é compelido a reconsiderar as suas próprias posições sobre a teoria freudiana. Ele expõe o essencial de suas novas reflexões num artigo publicado na revista *Ofakím*, em 1953,[5] e em diversas notas pessoais inéditas, redigidas durante os anos 1950, as quais pudemos consultar.[6]

Na busca de um compromisso entre o freudismo e o marxismo, ele também admite que a psicanálise não está isenta de erros e imprecisões — imputáveis, na verdade, às concepções científicas do final século do XVIII e do início do XIX, períodos ainda marcados por um biologismo excessivo. Mas, segundo ele, as diversas contradições entre as teorias de Marx e de Freud não são razão suficiente para invalidar as descobertas da psicanálise. Seus êxitos são demasiado evidentes para que se renuncie a eles; e mesmo se, depois de Freud, outras escolas de psicologia conheceram a luz do dia, nenhuma delas, nem sequer a psicologia soviética, pode substituí-la. É certo que Freud não adota o materialismo dialético, mas os partidários do marxismo devem continuar estudando psicanálise, mesmo

5 Golan, S. (1953). Le-bayiát ha-dkhafím ha-yietzarím be-psykhoanalyza. *Ofakím*, *7*(7), pp. 6-9.

6 Golan, S. (n.d.). Notas e reflexões diversas destinadas à redação de um artigo de Golan. Vários pontos: 1) "Ha-psykhoanalyza be-shévi ha-shkafát Yiotzrá" [A psicanálise prisioneira das concepções de seu criador]; 2) "Ha-psykhoanalyza ve-trumatá la-mad'á ha-psykhologuit" [A psicanálise e sua contribuição para a ciência psicológica]. A.K.M.H., G/11/3.

que isso signifique suprimir os aspectos que não resistem à crítica marxista. Golan se propõe a iniciar esse trabalho de revisão. Ele escreve que, se Freud reconheceu a importância dos fatores sociais e o das instituições sobre o funcionamento do psiquismo, mesmo escrevendo nas *Novas conferências introdutórias* à psicanálise que "a força motriz da sociedade humana é de natureza essencialmente econômica", ele nunca renunciou à universalidade do complexo de Édipo, determinado por fatores biológicos:

> Essa concepção de complexo de Édipo segundo Freud, fundamentada em bases biológicas e possuindo um caráter universal, não a aceitei quando de minha estada em Berlim; já nessa época eu havia externado dúvidas quanto à validade desse conceito, e proposto que se empreendessem pesquisas sobre esse assunto no kibutz.[7]

O complexo de Édipo explicado unicamente de um ângulo biológico é um impasse conceitual, segundo Golan. Ele lembra os comentários de seu amigo Otto Fenichel, segundo o qual Freud teria dado várias versões do complexo de Édipo. E o próprio Fenichel, que era freudo-marxista, havia dado uma outra, que Golan tem a impressão de ser mais convincente: diferentemente de outros mamíferos, o filhote de gente vem ao mundo desmunido e fraco, do ponto de vista biológico; e, para

7 Golan, S. (n.d.). Notas e reflexões diversas destinadas à redação de um artigo de Golan. Vários pontos: 1) "Ha-psykhoanalyza be-shévi ha-shkafát Yiotzrá" [A psicanálise prisioneira das concepções de seu criador]; 2) "Ha-psykhoanalyza ve-trumatá la-mad'á ha-psykhologuit" [A psicanálise e sua contribuição para a ciência psicológica]. A.K.M.H., G/11/3.

sobreviver, necessita da presença do adulto, principalmente da mãe. A criança pequena espera que a mãe satisfaça as suas necessidades; que ela lhe forneça os cuidados indispensáveis à sua sobrevivência; que ela o proteja e, sobretudo, lhe ofereça amor. As manifestações do complexo de Édipo surgem a partir do momento em que a criança desenvolve sentimentos de ciúme e de ódio em relação a toda e qualquer pessoa que ameace privá-la do amor da mãe e das prerrogativas que ela lhe confere, e das quais ela acredita ser a única beneficiária. Após ter comentado as considerações de Fenichel, Golan se apoia num outro freudo-marxista, Erich Fromm — que, por sua vez, contesta o caráter universal atribuído por Freud a certo número de conceitos. Amparado em estudos sociológicos realizados por seu mestre, o filósofo e sociólogo Max Horkheimer, Erich Fromm demonstra que as conclusões de Freud são, na verdade, influenciadas pelo contexto ideológico de sua época e pela sociedade patriarcal na qual ele viveu. Assim, Freud permanece prisioneiro de uma visão patriarcal do homem e da sociedade, e se engana a propósito da universalidade do complexo de Édipo e do *Penisneid* (inveja do pênis). Se a diferença anatômica dos sexos tem, com efeito, uma incidência na psicologia da mulher, frisa Golan, é na medida em que o fator anatômico e fisiológico *participa* da estruturação do psiquismo da menina e da mulher por vir, mas é necessário acrescentar a isso a influência do contexto social. Se Freud tira disso conclusões errôneas a respeito da psicologia da mulher, é porque ele próprio pensa no contexto de uma sociedade "androcêntrica e patriarcal". Assim, ao contrário, numa sociedade embasada na igualdade dos sexos, a psicologia da mulher e a sociedade inteira serão transformadas.[8] Dito de outro modo, com o desaparecimento da família burguesa, produto da sociedade capitalista e patriarcal, o contexto sociopsicológico será modificado e o complexo de Édipo será levado a desaparecer. Ao menos é o que anunciam os psicanalistas marxistas Wilhelm Reich, Otto Fenichel, mas também Abraham Kardiner (psicanalista e antropólogo), e os antropólogos Bronisław Malinowski e Margareth Mead, cada um evidenciando, ao seu modo, o caráter fictício e errôneo da universalidade do complexo de Édipo. O complexo de Édipo, segundo eles, manifesta-se diferentemente conforme a sociedade na qual a criança cresce: num livro de psicanálise escrito por Judd Marmor, que Golan cita sem referência precisa, o autor procura demonstrar que são muitos os fatores econômicos, sociais, culturais, assim como os costumes sexuais (variando de uma sociedade a outra), que estruturam o psiquismo humano — e não somente a sexualidade infantil, como pretendia Freud. A questão é então saber se as mudanças operadas na estrutura da família permitirão fazer com que desapareçam os comportamentos edipianos observáveis nas crianças, ou mesmo fazer o complexo de Édipo desaparecer.

Aqui, porém, surpreendentemente, Golan sustenta que nem a organização social do kibutz, nem a educação coletiva poderão erradicar completamente o Édipo e as neuroses

---

8 Golan, S. (n.d.). Notas e reflexões diversas destinadas à redação de um artigo de Golan. Vários pontos: 1) "Ha-psykhoanalyza be-shévi ha-shkafát Yiotzrá" [A psicanálise prisioneira das concepções de seu criador]; 2) "Ha-psykhoanalyza ve-trumatá la-mad'á ha-psykhologuit" [A psicanálise e sua contribuição para a ciência psicológica]. A.K.M.H., G/11/3.

infantis. A educação coletiva não suprimirá o Édipo, mas poderá atenuar sua influência e tornar as relações entre pais e filhos mais harmoniosas. Para Golan, em relação à educação coletiva, a psicanálise desempenhou e ainda desempenha um papel fundamental tanto na prevenção dos distúrbios psicológicos quanto no atendimento de crianças em sofrimento. É também a partir dos desenvolvimentos da psicanálise que "fomos capazes de educar os pais", escreve ele, assim como de elaborar programas educacionais rigorosos, adaptados às crianças do kibutz.

Um outro conceito está no centro dos debates: o de pulsão. A pulsão, compreendida como natureza biológica, hereditária e imutável — numa visão deformada da concepção freudiana —, alimenta a crítica dos adversários da psicanálise, para quem o marxismo não admite nada que seja não dialetizável, ultrapassável. Na apresentação proposta por Golan, a pulsão freudiana é um "empuxo instintual" autônomo e imutável, que os representantes da sociedade — isto é, a família, a educação e as instituições — se colocam a missão de refrear, conter e reprimir.[9] Freud não acredita muito na possibilidade de que, sob influência do social, a pulsão possa mudar de natureza. E, de uma maneira mais geral, ele é pessimista quanto às possibilidades de o ser humano conseguir mudar em essência. Nesse sentido, não há nenhum acordo possível entre a teoria freudiana e o socialismo. Golan conclui que o conceito de pulsão, "mito" da psicanálise segundo o próprio Freud, não é um pivô

9 Golan, S. (1953). Le-bayiát ha-dkhafím ha-yietzarím be-psykhoanalyza. *Ofakím*, *7*(7), pp. 6-9.

especulativo que Freud utiliza para estear seu edifício teórico. Contudo, o conceito de pulsão, que atravessa toda a doutrina freudiana, como dispensá-lo sem que todo o edifício freudiano desabe? A teoria das pulsões, ponto fraco da teoria psicanalítica, já foi alvo de críticas mordazes, especialmente por parte dos psicólogos marxistas na União Soviética.[10] O materialismo dialético, portanto, não procura negar a incidência do biológico sobre o psiquismo; e não se trata de fazer tábula rasa, precisa Golan. Pois se de fato existem fatores biológicos atuando na estruturação do psiquismo humano, essa dimensão pode ser transformada pela educação. Não se trata de declarar guerra ao biológico, pois o homem não vem ao mundo como uma página em branco. O materialismo dialético é o único sistema de pensamento capaz de estabelecer a parte efetiva do biológico na constituição do psiquismo humano. Como vimos, a concepção dialética admite a ideia da existência de uma interação do biológico, inato e hereditário com o ambiente social.[11]

A psicanálise se engana ao ignorar a maneira como as pulsões respondem também à influência do social: as pulsões de agressão e de destruição, as tendências egoístas e narcísicas do homem, sua tendência a dominar e explorar o próximo, são resultado do regime capitalista no campo social, especialmente por intermédio da educação clássica, "seu servo fiel". A educação clássica não ignora, no entanto, a existência das

10 Golan, S. (1953). Le-bayiát ha-dkhafím ha-yietzarím be-psykhoanalyza. *Ofakím*, *7*(7), pp. 6-9.

11 Golan, S. (1953). Le-bayiát ha-dkhafím ha-yietzarím be-psykhoanalyza. *Ofakím*, *7*(7), p. 7.

pulsões, mas ela as reprime; ela repreende a criança à menor manifestação pulsional. Logo, se o regime político muda, acarretando o desaparecimento do sistema de educação em curso, as modalidades da expressão pulsional também mudarão.

Golan também critica a pulsão de morte: ao introduzir assim, num sistema de pensamento, o conceito de pulsão de morte, Freud provocou novos mal-entendidos e muita confusão em seu entorno, e radicalizou sua visão pessimista e errônea da natureza humana e do destino da humanidade.[12]

A pulsão de morte não pode ser considerada nem como um conceito clínico, nem como um conceito que possui um valor científico qualquer; ela não passa de uma "hipótese de trabalho", uma "especulação deliberadamente assumida", nos próprios termos de Freud, que foi rejeitada por vários discípulos seus, aliás, e que nós também rejeitamos, escreve ele.[13] Após essas críticas virulentas, Shmuel Golan, no final de seu artigo, mostra-se mais conciliatório. Se ele se sentia obrigado a demonstrar severidade para com os aspectos da teoria freudiana inaceitáveis para os representantes de um marxismo ultradogmático, como o da direção do Ha-Shomer Ha-Tza'ir no início dos anos 1950, ele de fato não tinha intenção alguma de banir a reflexão psicanalítica de seu movimento e da educação coletiva, pedra angular da sociedade kibutziana.

---

12 Golan, S. (1953). Le-bayiát ha-dkhafím ha-yietzarím be-psykhoanalyza. *Ofakím*, *7*(7), p. 7.

13 Golan, S. (1953). Le-bayiát ha-dkhafím ha-yietzarím be-psykhoanalyza. *Ofakím*, *7*(7), p. 9.

Assim, num repentino gesto de simpatia para com Freud, Golan reconhece à psicanálise o mérito de ter chamado a atenção para a "pulsão à posse", que impele o homem a comprar, acumular e consumir objetos; essa pulsão que permanece sempre tão ameaçadora para o kibutz — fundamentado em valores coletivos, lutando contra a propriedade privada, e onde se compartilham até mesmo as roupas e os brinquedos. A psicanálise, lembra ele uma vez mais, faz parte de nossa história, e suas contribuições para a psicologia do bebê são consideráveis. Ela tira suas conclusões a partir da observação de milhares de crianças e constitui um verdadeiro laboratório a partir do qual podemos elaborar nossos princípios educacionais e desenvolver os instrumentos necessários para aplicá-los.

O tempo do desencanto

No momento da fundação do Ha-Shomer Ha-Tza'ir na Europa, durante a Primeira Guerra Mundial, e depois nos anos 1920 na Palestina, os ideólogos do movimento acreditam verdadeiramente que um dia, na nova sociedade fundada em Eretz Israel, iria nascer o "tipo shomriano": o homem ideal do Ha-Shomer Ha-Tza'ir. Influenciados pela filosofia nietzschiana, pelas teorias blüherianas, pelo misticismo buberiano e, depois, pelos ideais marxistas da União Soviética stalinista, os dirigentes e militantes shomrianos continuavam esperando, nos anos 1940 e no início dos anos 1950, o advento do homem ideal do kibutz.

Um documento tipografado, encontrado entre os papéis pessoais de Shmuel Golan,[14] datando provavelmente desses anos, informa-nos o seu posicionamento acerca da noção de "homem ideal do kibutz". Golan, de sua parte, recusa-se a falar numa "psicologia específica ao homem do kibutz", noção que qualifica como "despropositada". Ele considera que esta ideia de que o homem do kibutz possuiria faculdades psicológicas específicas, pretensão muito difundida nas fileiras do Ha-Shomer Ha-Tza'ir, é "uma tendência narcísica e perigosa" que corre o risco de afundar a comunidade kibutziana num sentimento de autossatisfação e retração.

> Se é verdade que, num período de tempo muito curto, fomos capazes de operar [nos kibutzim] importantes mudanças nos planos social, econômico, cultural, educacional etc., não é menos verdade que fracassamos em operar qualquer mudança na estrutura psíquica do ser humano. O homem ideal com que sonhamos é pura ilusão; e o psiquismo dos membros do kibutz pouco difere do psiquismo do homem médio da sociedade que nos cerca.

As representações certamente podem mudar, a inteligência e a visão de mundo podem evoluir de geração em geração. Mas não existe homem ideal por vir; não somente porque a própria representação do que é o homem ideal não para de mudar, mas também porque a estrutura do psiquismo humano permanece fundamentalmente inalterável. É justamente

14 Golan, S. (n.d.). Psykhologuia shel kibutz. A.K.M.H., G/2 novembro.

na medida em que o homem se mostra capaz de renunciar à imagem ideal que ele tem de si mesmo que poderá ter acesso ao conhecimento de seu próprio psiquismo.

É após esses comentários que, não sem ironia, Golan se dirigirá a seus camaradas para convencê-los a renunciar às suas fantasias relativas ao advento do "homem ideal" do kibutz:

> Acaso o kibutz aspira engendrar um homem dotado de capacidades psicológicas e espirituais exemplares; um ser esclarecido, um Jesus, capaz de perdoar, de perdoar sobretudo os seus inimigos; capaz de renunciar, de ceder, e de só fazer o bem ao seu semelhante? Pois bem, [...] é justamente da ausência dessas qualidades humanas em seus membros que o kibutz sofre terrivelmente! Será que o kibutz também aspira fazer de seus membros o Super-Homem de Nietzsche, com capacidades intelectuais extraordinárias? Alguns de nós, como sabemos, ainda vislumbram essa possibilidade. Talvez valesse a pena tentar fazer um retrato ideal dos membros, respondendo às expectativas de nosso sistema educacional, isto é, aos valores humanos pregados pelo nosso movimento? Misericórdia! Uma tentativa como essa seria estéril e ilusória. Pois todos sabemos, há tempos, que o homem do kibutz pode se mostrar agressivo, maldoso, capaz de lesar o próximo, de tirar proveito dele e de feri-lo; ele também pode engajar-se em calúnias, dar provas de um espírito de vingança e se mostrar cruel [...]. Eis aí os defeitos muitíssimo difundidos entre os membros dos nossos kibutzim e que não tivemos sucesso em erradicar. Decerto é mais cômodo

> não ver essa realidade; porém continuar ocultando e não admitindo o nosso fracasso não será benefício algum para nós.

Golan admite que esses comportamentos estão menos presentes no kibutz que nas outras sociedades. Não porque a constituição psíquica do homem do kibutz seria diferente dos demais, mas porque a sociedade kibutziana exerce sobre seus membros um controle maior, porque ela lhes impõe o respeito a leis e regras bem definidas; de fato, precisa ele, porque ela lhes propõe uma "moral do kibutz" que cada membro se sente obrigado a respeitar. Se essa moral viesse a desaparecer, o homem do kibutz não tardaria a se comportar como o mais comum dos mortais e a dar rédea solta aos seus pendores mais primários. A "psicologia coletiva" no kibutz difere das demais sociedades apenas porque os seus dirigentes brigam com um pouco mais de coragem — e nem sempre o suficiente — para ajudar seus membros a encontrar modalidades de satisfação pulsional nos campos social e cultural, para obrigá-los a renunciar a modalidades de satisfação direta… e, por fim, exclama ele, pessimista, "para resultados tão franzinos!".

Da psicanálise freudiana à ego psychology

Após ter purgado a teoria freudiana de um certo número de conceitos fundamentais, criticado pelos marxistas de todos os lados, Shmuel Golan deixa para trás a tradição freudiana europeia a fim de se voltar para a *ego psychology*.

"A *ego psychology*", escrevem Michel Plon e Élisabeth Roudinesco em seu *Dicionário da psicanálise*,

> tem em comum com todas as outras correntes do freudismo norte- americano o fato de ter sido fundamentada na ideia de uma possível integração do homem numa sociedade, numa "comunidade", ou até, a partir de 1970, numa identidade sexual, numa diferença (loucura, marginalidade), numa cor ou numa etnia.[15]

A *ego psychology* possui claramente uma visada adaptativa do homem à sociedade. Portanto, segundo Golan, ela está mais em conformidade com os objetivos da educação coletiva no kibutz, que visa adaptar o melhor possível a criança e o adolescente às condições de vida nesses princípios, ao "eu coletivo do kibutz". A partir de 1954, Shmuel Golan vai fazer da *ego psychology* a sua nova ponta de lança para, diante dos outros marxistas do movimento, defender a psicanálise como psicologia da educação coletiva. É igualmente notável que essa psicologia destinada a aprimorar o sistema de educação do kibutz shomriano seja justamente importada da América do Norte imperialista, macarthista e ferozmente anticomunista.

A morte de Stálin, em 6 de março de 1953, e depois a descoberta dos crimes perpetrados durante o seu regime vão levar os shomrianos a guardar progressivamente as suas distâncias com a União Soviética, outrora considerada a "segun-

---

15 Roudinesco, É., & Plon, M. (1997/1998). Ego psychology. In *Dicionário de psicanálise* (V. Ribeiro, trad.). Rio de Janeiro: Zahar, p. 170.

da pátria do Povo judeu". Esse distanciamento, assim como a progressiva aproximação do Estado de Israel com os Estados Unidos, tem repercussões indiretas sobre as posições então muito dogmáticas dos ideólogos do Ha-Shomer Ha-Tza'ir. A adesão de Shmuel Golan à *ego psychology* é, por outro lado, parte indissociável da forte e longa amizade que o ligava, desde a juventude, a David Rappaport, um dos fundadores dessa nova corrente psicanalítica.

De origem húngara, David Rappaport viveu um tempo num kibutz no norte da Palestina durante os anos 1930, antes de emigrar para os Estados Unidos. Junto com Heinz Hartmann, Rudolph Loewenstein e Ernst Kris, é um dos fundadores da *ego psychology*. Em 1953, Rappaport volta ao país a fim de ministrar uma série de conferências sobre psicanálise na Universidade Hebraica de Jerusalém.[16] É em 1954 que Shmuel Golan apresenta, num artigo publicado na revista *Ofakím*, a *ego psychology* e seus princípios. Foi ao psicanalista americano Heinz Hartmann, escreve Golan, que coube definir os objetivos e funções do eu na economia psíquica do homem.[17]

Num de seus artigos dedicados a esse tema e intitulado "A teoria psicanalítica do eu",[18] Hartmann explica que a psicaná-

---

16 L.O.C., David Rappaport Papers, AI/37, Correspondência David Rappaport – Erich Gumbel.

17 Golan, S. (1954). 'Iuním be-psykhologuia shel ha-Aní [Observações sobre a psicologia do eu]. *Ofakím*, *26*(2), pp. 122-134.

18 Hartmann, H. (1939/1958). *Ego psychology and the problem of adaptation* (D. Rappaport, trad.). New York: International Universities Press. Em francês: Hartmann, H. (1939/1968). *La psychologie du moi et le problème de l'adaptation*. Paris: PUF. O título original é *Ich-Psychologie und Anpassungsproblem*.

lise freudiana não levou em conta um determinado número de funções do eu que desempenham um importante papel na constituição de um psiquismo sadio. Assim, a psicologia geral pôde considerar o eu como objeto. Hartmann critica igualmente o conceito de pulsão, o biologismo excessivo de Freud e o fato de que ele não tenha levado em conta a incidência do ambiente social na formação do psiquismo.

Após ter apresentado um panorama histórico das diferentes teorizações do eu,[19] Golan declara que a psicanálise freudiana se engana em considerar que a maturação psicológica da criança normal é tributária tão somente da atividade das pulsões e de suas transformações. A *ego psychology* permite demonstrar que a atividade do aparelho psíquico não pode ser reduzida apenas ao funcionamento pulsional. Ela tira suas conclusões de observações sistemáticas de crianças evoluindo em diversos ambientes: jardins de infância, escolas, hospitais etc. Ela inaugura uma nova página da história da psicologia definindo um eu sadio, que escapa aos conflitos entre o isso e o supereu, que tem os seus próprios objetivos e uma energia autônoma, separada do isso, considerado por Freud como o reservatório das pulsões.[20]

Golan se esforça por enfatizar as funções adaptativas de um eu autônomo, possuindo capacidades de autorregulação, de autoafirmação, bem como capacidades cognitivas negligen-

---

19 Golan, S. (1954). 'Iuním be-psykhologuia shel ha-Aní [Observações sobre a psicologia do eu]. *Ofakím*, *26*(2), pp. 122 -123.

20 Golan, S. (1954). 'Iuním be-psykhologuia shel ha-Aní [Observações sobre a psicologia do eu]. *Ofakím*, *26*(2), p. 125.

ciadas pela psicanálise. Apoiar-se nessas funções permitirá que a criança pequena escape da neurose, tenha acesso à realidade e encoraje a sua curiosidade pelo mundo externo a fim de nele encontrar modalidades de satisfação e proteção. Por exemplo, um adolescente que possui um eu forte não se irá deixar levar pela pressão social e não sucumbirá à delinquência — vista como consequência direta de um eu fraco.

A salvação da psicanálise passa, então, pela *ego psychology*. A psicologia soviética, sugere Golan, deveria se interessar mais de perto pela psicologia do eu, em especial por partilhar dos mesmos objetivos e servir aos mesmos interesses, especialmente no campo da educação: a motivação, as necessidades, os interesses, o ideal e o dever são termos para explanar diferentes funções do eu, operando em total autonomia.[21] A *ego psychology* substitui a consciência no centro do debate, enunciando que ela não é produto do inconsciente, mas moldada pelo social.[22] Golan se diz persuadido de que, ao reorientar suas pesquisas para a consciência, avançando na compreensão das funções reguladoras do eu, a psicanálise contribuirá não somente para o desenvolvimento da psicologia em sentido amplo, mas também à psicologia soviético-marxista.[23] Assim, os representantes da corrente "culturalista", como Erich Fromm,

---

21 Golan, S. (1954). 'Iuním be-psykhologuia shel ha-Aní [Observações sobre a psicologia do eu]. *Ofakím*, *26*(2), pp. 125-126.

22 Golan, S. (1954). 'Iuním be-psykhologuia shel ha-Aní [Observações sobre a psicologia do eu]. *Ofakím*, *26*(2), p. 126.

23 Golan, S. (1954). 'Iuním be-psykhologuia shel ha-Aní [Observações sobre a psicologia do eu], *Ofakím*, *26*(2), p. 127.

Karen Horney e Harry Stark Sullivan, bem como os teóricos da *ego psychology*, abrem novas perspectivas à psicanálise.

A *ego psychology* também pode ajudar as crianças que padecem de um eu perturbado:[24] ela oferece à educação coletiva novos métodos que visam ao reforço egoico das crianças do kibutz, ao desenvolvimento de suas capacidades psicológicas, afetivas e cognitivas. E Golan conclui: "Contrariamente à psicanálise freudiana, a *ego psychology* está em maior conformidade com os objetivos da educação coletiva no kibutz, pois é mais apta a adaptar a criança e o adolescente às condições de vida e aos princípios do kibutz".

Os últimos anos de Shmuel Golan

A leitura das cartas que Shmuel Golan endereça a seu amigo David Rappaport (vulgo "Duzi"), entre 1956 e 1958,[25] oferece um panorama das preocupações deste que foi o grande pioneiro da educação coletiva no kibutz. Ligados por uma profunda amizade, eles falam sobre assuntos diversos, da evolução da situação política no Oriente Médio, bem como de psicologia, psicanálise e educação coletiva.

David Rappaport aconselha e informa Shmuel Golan sobre as últimas publicações nos domínios da psicologia e da

24 Golan, S. (1954). 'Iuním be-psykhologuia shel ha-Aní [Observações sobre a psicologia do eu]. *Ofakím*, *26*(2), p. 132.

25 Correspondência Shmuel Golan – "Duzi" (David Rappaport), A.K.M.H., Golan, G/3/9.

psicanálise. Ele também se encarrega de tornar conhecida nos Estados Unidos a experiência da educação coletiva no kibutz. Nos anos de 1950, os meios da psicologia, da psiquiatria e da psicanálise mostram um interesse muito grande pelas experiências conduzidas por Golan em Mishmar Ha-Émek,[26] contrariamente aos europeus, que, para a grande decepção do líder da educação coletiva, permanecem indiferentes.[27] No decorrer dos anos 1950, Golan vai várias vezes para a Europa.[28] Em Paris, por exemplo, encontra o célebre psiquiatra comunista Georges Daumezon, então chefe de departamento no Hospital Sainte-Anne e desempenhando um papel importante no jornal *La Raison* [*A Razão*].[29] Visita o Instituto Henri Wallon,[30] mas tem um olhar crítico quanto aos métodos de educação moderna aplicados na França — métodos que, segundo ele, são embasados no conceito de "comunidade" e não se apoiam em nenhuma base ideológica socialista.[31]

---

26 Correspondência Shmuel Golan – "Duzi" (David Rappaport), A.K.M.H., Golan, G/3/9.

27 Gerzson, M. (1960). Be-mekhitzató, Le-zikró shel Shmuel Golan [Homenagem a Shmuel Golan], *Ha-Khinúkh Ha-Meshutáf*, p. 41.

28 A fim de acompanhar seu filho Ran, que teve de passar por várias intervenções cirúrgicas em decorrência de um grave acidente de moto.

29 Carta de Shmuel Golan a Yona de 3 de maio de 1954. A.H.H., Shmuel Golan, (1).1.1-95.

30 Carta de Shmuel Golan a Yona de 2 de maio de 1954. A.H.H., Shmuel Golan, (1).1.1-95.

31 Carta de Shmuel Golan a Yona de 7 de maio de 1954. A.H.H., Shmuel Golan, (1).1.1-95.

Em 1956, David Rappaport convida Shmuel Golan a ir para os Estados Unidos a fim de apresentar a educação coletiva no kibutz em um congresso de psiquiatria infantil.[32] Golan hesita, mas por fim envia a sua comunicação, a qual Rappaport lê no referido congresso. No ano seguinte, este lhe renova a proposta de ir para a América do Norte com vistas a participar de uma série de conferências sobre os seguintes temas: "O complexo de Édipo no kibutz", "A constituição do supereu na educação coletiva",[33] mas Golan jamais irá para os Estados Unidos.[34] Em 1956, ele comunica a Rappaport o seu entusiasmo com o projeto, empreendido com Zvi Sohar, de preparar o número especial de *Ofakím* dedicado a Freud por ocasião de seu centenário.[35] Por outro lado, escreve ao amigo norte-americano e diz que está trabalhando com novas pesquisas a respeito da estruturação do eu e do supereu em crianças que cresceram no contexto da educação coletiva, para verificar se, efetivamente, essa educação pode transformar o psiquismo das crianças nascidas no kibutz, livrando-as do legado parental. Mas Golan se queixa da falta de meios financeiros

---

32 Carta de Shmuel Golan a David Rappaport de 20 de setembro de 1956. A.K.M.H., G/3/9.

33 Carta de Shmuel Golan a David Rappaport de 22 de julho de 1957. A.K.M.H., G/3/9.

34 O governo estadunidense recusou-lhe visto de entrada no país porque ele era um dos dirigentes do Ha-Shomer Ha-Tza'ir. Entrevista com Yona Golan de 16 de agosto de 1999.

35 Carta de Shmuel Golan a David Rappaport de 5 de março de 1956. A.K.M.H., G/3/9.

para conduzir essa pesquisa como ele desejava.[36] Apesar disso, é com um orgulho muito grande que ele conta a Rappaport que, numa população de cerca de duas mil crianças nascidas e criadas nos kibutzim do Ha-Shomer Ha-Tza'ir, não se encontrou nem um caso sequer de furto, de golpe, de homicídio ou de homossexualidade;[37] o que se encontra é um pequena porcentagem de neuroses que, segundo Golan, se devem essencialmente aos "efeitos, sempre patogênicos", de um reforço da conjunção familiar burguesa na sociedade kibutziana.

Quando de uma viagem a Londres — onde vai acompanhar o filho, Ran —, Golan encontra Anna Freud e lhe informa acerca das pesquisas que ele vem conduzindo no kibutz. Anna Freud, para quem o complexo de Édipo continua sendo um fator determinante na estruturação do supereu, lhe propõe estudar as manifestações e a evolução dessa instância psíquica nos sujeitos nascidos no kibutz e criados longe dos pais. Ela lhe aconselha observar sujeitos que pertencem a diferentes grupos etários: crianças pequenas, púberes, grupos de rapazes e moças entre 15 e 18 anos, e grupos compostos por jovens adultos entre 20 e 25 anos de idade. Ela também lhe sugere investigar a respeito da vida sexual atual e pregressa, assim como sobre as reticências em abordar a questão sexual. Mas Golan hesita em se lançar numa empreitada como essa, preferindo esperar a próxima visita de um outro amigo da América do Norte — o psicanalista americano de origem alemã Erik

---

36 Carta de Shmuel Golan a David Rappaport de 5 de março de 1956. A.K.M.H., G/3/9.

37 Os dizeres de Golan parecem considerar a homossexualidade uma patologia.

Erikson — a fim de lhe pedir conselho.[38] Erikson, que estava em Israel para visitar a mãe, habitante de Haifa, não deixou de passar em Mishmar Ha-Émek e conversar com Golan acerca da educação coletiva e dos seus progressos,[39] como faziam várias personalidades do mundo da pedagogia, da psicologia e da psicanálise — a exemplo da antropóloga americana Margareth Mead, que chegou a Israel com o projeto de efetuar uma pesquisa sobre as crianças do kibutz, e que lhe causou uma ótima impressão.[40]

Em suas cartas endereçadas a David Rappaport, Shmuel Golan confirma o seu interesse pela *ego psychology* e diz que vislumbra traduzir para o hebraico os escritos de seus precursores. David Rappaport então lhe envia vários textos publicados pelo seu amigo Heinz Hartmann: *Ego psychology and the problem of adaptation* [*A psicologia do eu e o problema da adaptação*],[41] "Present-day ego psychology" ["A atual psicologia do eu"], e "Discussion on problems of infantile neurosis"

---

38 Carta de Shmuel Golan a David Rappaport de 22 de julho de 1957. A.K.M.H., G/3/9.

39 Entrevista com Yona Golan de 16 de agosto de 1999. Cf. também: Erik Erikson [nascido Homburger] (1902-1994). (1997/1998). In E. Roudinesco & M. Plon, *Dicionário de psicanálise* (V. Ribeiro, trad.). Rio de Janeiro: Zahar, pp. 178-179.

40 Carta de Shmuel Golan a David Rappaport de 6 de agosto de 1956. A.K.M.H., G/3/9.

41 Hartmann, H. (1939/1958). *Ego psychology and the problem of adaptation* (D. Rappaport, trad.). New York: International Universities Press. Em francês: Hartmann, H. (1939/1968). *La psychologie du moi et le problème de l'adaptation*. Paris: PUF. O título original é *Ich-Psychologie und Anpassungsproblem*.

["Discussão sobre os problemas da neurose infantil"].[42] Golan se diz receoso com o fato de que a língua hebraica ainda não dispõe de uma terminologia suficiente para traduzir os conceitos da psicologia do eu. Ele projeta a elaboração de um *Dicionário de pedagogia e psicologia* comportando cerca de 2,5 mil a 3 mil termos científicos, incluindo aqueles utilizados pela *ego psychology*, e solicita a cooperação de David Rappaport. Em correspondências que datam de épocas diferentes, Golan também lhe comunica o interesse por duas célebres obras de psicanálise, *Child care and the growth of love* [*Cuidados infantis e o crescimento do amor*],[43] do psicanalista britânico John Bowlby,[44] e *Infância e sociedade*[45] de Erik Erikson,[46] consideradas como suscetíveis de conhecer um grande sucesso entre os leitores israelenses e merecedoras de tradução.

Rappaport vai para Israel em 1956. Nesse mesmo ano, Golan o informa a respeito das suas dúvidas referentes à situação política na União Soviética, bem como das mudanças ocorridas nas relações entre Leste e Oeste. Ele se diz parti-

---

42 *The psychoanalytic study of the child, IX*, p. 33. Carta de Shmuel Golan a David Rappaport de 16 de abril de 1956. A.K.M.H., G/3/9.

43 Bowlby, J. (1953). *Child care and the growth of love*. London: Penguin Books.

44 Carta de Shmuel Golan a David Rappaport de 20 de abril de 1956. A.K.M.H., G/3/9.

45 Erikson, E. (1976). *Infância e sociedade* (2a ed.; G. Amado, trad.). Rio de Janeiro: Zahar.

46 Carta de Shmuel Golan a David Rappaport de 17 de novembro de 1958. A.K.M.H., G/3/9.

cularmente preocupado com o rumo dos acontecimentos no Oriente Próximo, especialmente pela tensão que reina entre Israel e o Egito, assim como pela situação em Israel depois da campanha do Sinai. O país, escreve ele a Rappaport, está atravessando uma crise, um período estranho; ele fustiga o carreirismo e o esnobismo da pequena burguesia israelense, o chauvinismo dos partidos religiosos teocráticos e reacionários que ameaçam fazer o país cair nesta "Idade Média que conhecemos outrora [na Diáspora], e que nos foi tão insuportável". Golan também não poupa o kibutz, que atravessa uma crise ideológica pela qual se diz muito afetado. Não obstante, ele continua persuadido de que, graças ao seu sistema econômico e aos valores da juventude, a crise acabará sendo superada.[47] Ele falece em razão de uma crise cardíaca em 26 de março de 1960. Em 1963, recebe postumamente o prêmio Jerusalém pelo conjunto de seus escritos.[48]

47 Carta de Shmuel Golan a David Rappaport de 28 de fevereiro de 1958. A.K.M.H., G/3/9. O estado de saúde de seu filho, Ran, continuará sendo uma das principais preocupações de Shmuel Golan no final dos anos 1950. Depois de várias intervenções cirúrgicas, seu estado de saúde não melhora. Em 1958, ele acompanha Ran mais uma vez a Londres. Golan teme que o filho fique inválido pelo resto da vida. Felizmente, quis o futuro que fosse de outra forma! E o jovem Ran continuará dando ao pai outras preocupações, engrenando um relacionamento amoroso com uma moça que não fazia parte da comunidade kibutziana — o que, entre os membros do Ha-Shomer Ha-Tza'ir, e por muito tempo, não será bem-visto. Carta de Shmuel Golan a Yona Golan de 5 de junho de 1958. A.H.H., Shmuel Golan, (1).1.1-95.

48 Dizeres de Yona Golan em *Ha-Shavua ba-Kibutz*, 29 de março de 1963.

Epílogo

No início dos anos 1960, após o falecimento de Shmuel Golan, o centro de pesquisa e formação dos pedagogos do Kibutz Artzí foi transferido de Mishmar Ha-Émek para o Seminar Ha-Kibutzim em Oranim, perto de Kiryath Tiv'on, situado entre Mishmar Ha-Émek e Haifa. A biblioteca dessa instituição, que ainda carrega o nome de Shmuel Golan, herdou o seu riquíssimo arquivo pessoal.

Paralelamente às atividades do Seminar Ha-Kibutzim de Tel Aviv, Oranim formou os futuros pedagogos e docentes do Kibutz Artzí, mas por muito tempo também dispensou ensinamentos a uma população judia laica e religiosa; árabe muçulmana e cristã; drusa, circassiana etc.

Apesar do falecimento de Golan e da reconsideração a respeito da herança freudiana pelos marxistas do Ha-Shomer Ha-Tza'ir nos anos 1950, a psicanálise continuou ocupando um lugar importante na formação dos pedagogos em Oranim, graças à presença destas três figuras da psicanálise israelense que foram Shmuel Nagler, Lizzi Rosemberg e Bertha Grünspan, todos eles oriundos da imigração austríaca que chegou à Palestina britânica depois do *Anschluss* [Anexação]. Por meio de seus cursos, seminários e trabalhos de supervisão, esses três discípulos de Freud e de sua filha Anna continuaram apresentando aos pedagogos do Ha-Shomer Ha-Tza'ir os princípios da psicanálise freudiana e a convencê-los da pertinência de sua aplicação no campo da educação.

Entretanto, nos anos 1960 e no início dos anos 1970, no Departamento de Educação do Kibutz Artzí, outras correntes emergem: a psicologia geral, a psicologia adleriana, a psicologia das profundezas de Jung, a psicologia genética de Jean Piaget e também a psicoterapia familiar, introduzida nas redes educacionais e terapêuticas do Ha-Shomer Ha-Tza'ir pelo psiquiatra Mordechai Kaffman, que se tornou uma das figuras incontornáveis do mundo da psicologia, da psiquiatria e da psicoterapia da comunidade kibutziana em Israel.

Em 1968, por iniciativa de Shmuel Nagler e com o apoio de antigos colaboradores de Shmuel Golan — dentre os quais Menachem Gerzson, Zvi Lavih, Gideon Levin, Rachel Manor, Mony Alon, Grisha Livnat, mas também Mordechai Kaffman —, foram organizadas em Oranim jornadas de discussão sobre os novos desenvolvimentos da psicanálise.[1]

---

1 *Hitpatkhút ba-teoria ha-psykhoanalytit ve-ha-mishtaméa mihen bi-tkhum ha--khinúkh (yiamei 'iún shel ha-makhlaká le-khinúkh shel ha-Kibutz Ha-Artzí)* [Desenvolvimento na teoria psicanalítica e suas conclusões no campo da educação (jornadas organizadas pelo departamento de educação do Kibutz Artzí)], Oranim, Pessach (primavera, março), 1968. Em seguida a esse encontro, a revista *Ha-khinúkh Ha-Meshutáf*, março 1968, n. 64-65, vai publicar vários artigos

A leitura dos relatórios dessas jornadas nos mostra que ali os debates eram muito livres, mas também que as críticas a Freud e à psicanálise não haviam sido silenciadas dentro do Ha-Shomer Ha-Tza'ir — longe disso. Alguns denunciam ainda o "biologismo abusivo de Freud", especialmente Menachem Gerzson, para quem a psicanálise não pode mais ser a psicologia de referência do Ha-Shomer Ha-Tza'ir, pois ela permanece prisioneira de seu biologismo.[2] Além disso, critica-se a psicanálise freudiana por negligenciar a importância dos fatores sociais ou cognitivos evidenciados pela psicologia da Gestalt, pela psicologia dinâmica de Kurt Lewin, pelo behaviorismo, pela psicologia genética dos psicólogos suíços Jean Piaget e Barbel Inhelder. E opõe-se, é claro, a psicanálise freudiana ("ortodoxa e antiquada") à *ego psychology* ("versão moderna e

---

sobre o assunto: Introdução de Zvi Lavih, p. 2; Shmuel Nagler, "Ha-struktura ha-theorétit shel ha-psykhoanalyza" [A estrutura teórica da psicanálise], pp. 3-7; Mordechai Kaffmann, "Psykhoanalyza: ha-horím ve-'ir'urím" [Psicanálise: pais e objeções], pp. 8-20; seguido de debate com intervenções de Menachem Gerzson "Ha-psykhoanalyza madúa?" [Por que a psicanálise?], pp. 21-23, e "'Al ha-miniút ha-yieladít" [Sobre a sexualidade infantil], pp. 24-26; intervenções de Rachel Manor e Joseph Arnon, Sonia, Grisha; Gedeon Levin, "Trumá ha-psykhoanalytit le-khinúkh be-guil harákh" [Contribuição psicanalítica para a educação do lactente e das crianças pequenas], pp. 33-43; debate com intervenções de Grisha Livnat, Miriam Roth, Sonia, Mony Alon, Frida, Dan Giv'on, Gedeon Levin, pp. 44-53; Mony Alon "Ha-psykhologuia shel ha-Aní ve-ha-khinúkh" [A psicologia do eu e a educação], pp. 54-83.

2 *Hitpatkhut ba-theoria ha-psykhoanalytit ve-ha-mishtame'a mihen bi-tkhum ha--khinúkh (yiamei 'yiun shel ha-makhlaká le-khinúkh shel ha-Kibutz Ha-Artzí)* [Desenvolvimento na teoria psicanalítica e suas conclusões no campo da educação (jornadas organizadas pelo departamento de educação do Kibutz Artzí)], *Oranim*, Pessach (primavera, março), 1968, p. 21.

integrativa da psicanálise"). Para Mordechai Kaffman, a psicanálise não é uma disciplina empírica,[3] e Grisha Livnat, fazendo suas as críticas outrora dirigidas a Freud por Adler, repreende Shmuel Golan por ter imposto o seu "paternalismo teórico" no interior do Kibutz Artzí.

A psicanálise, contudo, fez parte do mito fundador do Ha-Shomer Ha-Tza'ir. Ela marcou com o seu carimbo a educação coletiva, por meio da qual o kibutz do Ha-Shomer buscava, não sem dificuldade, preservar valores coletivos no interior de uma sociedade israelense cada vez mais regida pelas regras de um mundo capitalista.

Os nomes de Shmuel "Mílek" Golan, de Zvi Sohar e de "Poli" Padan continuam gravados na memória de alguns nonagenários e octogenários shomrianos que, a bordo de seus veículos motorizados com três rodas, ainda circulam nessas veredas bordejadas por flores e eucaliptos com a mesma segurança que tinham quando, outrora crianças, no alvorecer da experiência kibutziana, iam com pés descalços e convencidos de que seriam os representantes de uma nova geração de judeus.

Essas antigas crianças do kibutz, que trabalharam muito duramente para drenar os pântanos e tornar férteis os desertos; que, durante a Segunda Guerra Mundial, partiram para a Europa para ajudar seus correligionários oprimidos a se liber-

---

3 *Hitpatkhut ba-theoria ha-psykhoanalytit ve-ha-mishtame'a mihen bi-tkhum ha-khinúkh (yiamei 'yiun shel ha-makhlaká le-khinúkh shel ha-Kibutz Ha-Artzí)* [Desenvolvimento na teoria psicanalítica e suas conclusões no campo da educação (jornadas organizadas pelo departamento de educação do Kibutz Artzí)], *Oranim*, Pessach (primavera, março), 1968, p. 26.

tar dos guetos; e que se haviam alistado como voluntários nas tropas britânicas, combatido os nazistas e aberto as portas dos campos de concentração; que se encontraram nas primeiras linhas de combate nas guerras de Israel; que desempenharam um papel importante no mundo da política, da diplomacia, da economia e da cultura no país: esses antigos "filhos do kibutz" possuem, hoje, sentimentos diferentes com relação à experiência da educação coletiva e acerca da validade desse sistema de educação. Entre aqueles que permaneceram membros dos kibutzim, em geral a maioria não guarda nenhuma nostalgia — ainda que possam criticar ou exaltar esse ou aquele aspecto particular. Hoje alguns se aventuram em críticas mordazes e denunciam violentamente esse sistema no qual cresceram. Assim, é impossível — para quem investiga e para quem escuta — pretender captar uma história unívoca.

Os filhos do kibutz que encontramos e entrevistamos olham para o futuro com gravidade e amargor, o futuro de um país e de uma sociedade diferentes daqueles com que eles e seus pais haviam sonhado e pelos quais lutaram. No entanto, mesmo à beira do desaparecimento, o kibutz e sua educação coletiva iluminada pela psicanálise continuam sendo uma bela e louca invenção, da qual é necessário colher testemunho.

Álbum de fotos

1

2

3

1. Os membros da organização de defesa judia Ha-Shomer, criada pelos trabalhadores do Po'aléi Tzíon em 1909. **2.** O "tipul meshutáf" (cuidado coletivo) dos primeiros filhos de trabalhadores e trabalhadoras de Degânia lançado por Miriam Beretz Haiuta Bussel. **3.** Mania Shokhat, pioneira da Kvutzá e da luta pela emancipação da mulher trabalhadora. © Tzur, M., Zevulum, T., & Porat, H. (Org.). (1981). *Kan 'al pnei adamá [The beginning of the Kibbutz]*. Israel: Hotzaat Ha-Kibbutz Ha-Meuhad ve-Sifriát Po'alím.

4

5

6

7

4. Siegfried Bernfeld (esquerda) e Martin Buber. Dois grandes inspiradores do movimento Ha-Shomer Ha-Tza'ir. © Fallend, K., Reichmayr, R. (Org.). (1992). *Siegfried Bernfeld oder die Grenzen der Psychoanalyse: Materialien zu Leben und Werk*. Frankfurt am Main: Stroemfeld/Nexus. **5.** Meir Ya'ari e Ya'akob Hazan (à sua esquerda) durante o 4º Congresso Mundial do Ha-Shomer Ha-Tza'ir na Tchecoslováquia, em 1935. © Halamish, A. (2009). *Meir Yaari. Biografia kibutzit. Jamishim hashanim harishonot 1897-1947 [Meir Yaari. A Collective Biography. The First Fifty Years: 1897-1947]*. Tel-Aviv: Am Oved Publishers Ltd. **6.** Meir Ya'ari com os membros de um Ken (célula), 1928. © Centro Yad Ya'ari. Arquivos do Ha-Shomer Ha--Tz'air, Giv'at Haviva. **7.** Siegfried Bernfeld nos anos 1950. Pioneiro da educação coletiva e mentor freudiano do Ha-Shomer Ha-Tza'ir. © Fallend, K., Reichmayr, R. (Org.). (1992). *Siegfried Bernfeld oder die Grenzen der Psychoanalyse: Materialien zu Leben und Werk*. Frankfurt am Main: Stroemfeld/Nexus.

8. David Idelsohn em 1915. © Reshef, S. (1985). *Kinukh khadash be-Eretz Israel 1915-1929 [Progressive education in Eretz Israel (Palestine) 1915-1929]*. Tel Aviv: Sifriát Po'alím, p. 16. **9.** David Idelsohn na Escola para Meninas de Tel Aviv, 1921. © Arquivos da História da Educação do Povo Judeu, Universidade de Tel Aviv, 5.202/5. **10.** David Idelsohn na Escola Modelo (Dugmá) de Tel Aviv, 1930. © Arquivos da História da Educação do Povo Judeu, Universidade de Tel Aviv, 5.202/5. **11.** David Idelsohn em 1950. Pioneiro da psicanálise na educação, discípulo de Siegfried Bernfeld e de Moshe Wulff. © Arquivos da História da Educação do Povo Judeu, Universidade de Tel Aviv, 5.202/5. **12.** A Sociedade das Crianças no Kibutz Beit Alfa 1928. No centro, de barba, Zvi Sohar; à direita, Shmuel Golan, com os filhos dos trabalhadores das comunas Tel Yosef e Heftzibá. © Arquivos do Kibutz Beit Alfa.

13. Zvi Sohar (de óculos e barba) e Schneur-Zalman Pugatchov (sentado no centro), provavelmente na Escola da comuna de Guiv'át Ha-Moré, próximo de Afula. © Centro Yad Ya'ari. Arquivos do Ha-Shomer Ha-Tza'ir, Giv'at Haviva.

14. Zvi Sohar, o homem de cultura do Ha-Shomer Ha-Tza'ir, grande adepto de Freud e da psicanálise. © Arquivos do Instituto Educacional do Kibutz Mishmar Ha-Émek. **15.** Shmuel Golan, Zvi Sohar e Zeev Bloch numa aldeia da Bucovina. © Acervo particular Ran Golan, Kibutz Mishmar Ha-Émek. **16.** Shmuel Golan, precursor da Educação Coletiva no kibutz, formado em psicanálise pelo Instituto Psicanalítico de Berlim. © Arquivos do Instituto Educacional do Kibutz Mishmar Ha-Émek.

17

18

19

20

17. Yona e Shmuel Golan em Mishmar Ha-Émek. © Acervo particular Ran Golan, Kibutz Mishmar Ha-Émek. **18.** Moshe Wulff. Pioneiro da psicanálise na Rússia e em Israel; analista, mentor e amigo íntimo de Shmuel Golan. © Kloocke, R. (2002). *Moshe Wulff: Zur Geschichte der Psychoanalyse in Russland und Israel.* Tubingen: Diskord. **19.** No alto, da esquerda para a direita: Moshe Wulff e Ernst Simmel; embaixo: Anna Freud, Sigmund Freud e Assia Wulff, no Sanatório Psicanalítico "Schloss-Tegel" de Berlim, 1927. © *The Israel Annals of Psychiatry and Related Disciplines*, vol. 16, n. 1-4, 1978, p. 83. **20.** Mishmar Ha-Émek: um laboratório para a Educação Coletiva no kibutz. © Arquivos do Instituto Educacional do Kibutz Mishmar Ha-Émek.

21. Poli Padan e o primeiro grupo de crianças do Instituto Educacional do Ha-Shomer Ha-Tza'ir em Mishmar Ha-Émek. © Arquivos do Instituto Educacional do Kibutz Mishmar Ha-Émek.

22. Os primeiros pupilos do Instituto Educacional com Poli e outros pedagogos. © Arquivos do Instituto Educacional do Kibutz Mishmar Ha-Émek.

23. Os bebês de Mishmar Ha-Émek e suas *metaplót*. © Arquivos do Instituto Educacional do Kibutz Mishmar Ha-Émek.

24. No Beit-tinokót (Casa de bebês). À esquerda, Rachel Manor, pedagoga e *metapélet* com formação em psicanálise. © Arquivos do Instituto Educacional do Kibutz Mishmar Ha-Émek.

25. As *metaplót* ocupando-se da higiene dos bebês no Beit-tinokót (Casa de bebês). © Arquivos do Instituto Educacional do Kibutz Mishmar Ha-Émek.

26. Desde tenra idade, o trabalho no campo é ferramenta educativa indispensável para forjar o espírito do revolucionário do kibutz. © Arquivos do Instituto Educacional do Kibutz Mishmar Ha-Émek.

24

25

26

27. O trabalho manual, sem diferença de sexos. © Arquivos do Instituto Educacional do Kibutz Mishmar Ha-Émek.
28. Crianças desfilando num encontro do Ha-Shomer Ha-Tza'ir. "O revolucionário do kibutz deverá ser uma pessoa solidária e politicamente comprometida" — Schmuel Golan. © Arquivos do Instituto Educacional do Kibutz Mishmar Ha-Émek.
29. Rachel Manor (esquerda) e Rina Weissmann com as crianças do grupo "Aluma". © Arquivos do Instituto Educacional do Kibutz Mishmar Ha-Émek.

30. Shimon Sómekh com as crianças de Mishmar Ha-Émek brincando com seus vizinhos árabes na área jogos do kibutz. © Arquivos do Instituto Educacional do Kibutz Mishmar Ha-Émek.

31. As crianças de Mishmar Ha-Émek brincando com seus vizinhos árabes na área de jogos do kibutz. © Arquivos do Instituto Educacional do Kibutz Mishmar Ha-Émek.

32. Crianças do Instituto Educacional entregando um ramo de flores ao dirigente sionista Chaim Weizmann, futuro primeiro presidente do Estado de Israel, durante sua visita a Mishmar Ha-Émek. Poli Padan e Ya'akob Hazan à sua direita. © Arquivos do Instituto Educacional do Kibutz Mishmar Ha-Émek.

33. Adolescentes de Mishmar Ha-Émek instruindo-se em tarefas agrícolas. © Arquivos do Instituto Educacional do Kibutz Mishmar Ha-Émek.

34. Olhando do interior do Instituto Educacional (Shomriya) rumo ao noroeste: o bíblico vale de Jezreel e o monte Tabor ao fundo. © Arquivos do Instituto Educacional do Kibutz Mishmar Ha-Émek.

35. Schmuel Golan em caminhada com seus pupilos. As longas caminhadas e passeios na natureza eram parte integrante da formação do Shomer, o militante do Ha-Shomer Ha-Tza'ir. © Arquivos do Instituto Educacional do Kibutz Mishmar Ha-Émek.

36. Adolescentes sobre uma carroça desfilando na festa de Shavuot. © Arquivos do Instituto Educacional do Kibutz Mishmar Ha-Émek. **37.** Amor e romantismo shomrianos. À direita: Efraim Reiner, filho do célebre engenheiro Markus Reiner e de Grete Obernik-Reiner, a primeira freudiana da Palestina/Eretz Israel. © Arquivos do Instituto Educacional do Kibutz Mishmar Ha-Émek. **38.** Adolescentes dos dois sexos dividindo a limpeza das duchas compartilhadas (*Miklákhat meshutéfet*). © Arquivos do Instituto Educacional do Kibutz Mishmar Ha-Émek.

39. Shmuel Golan e os membros do Grupo 'Olím (Kvutzát 'Olím), pioneiros das duchas compartilhadas a partir de 1935. © Arquivos do Instituto Educacional do Kibutz Mishmar Ha-Émek. **40.** Josef Karl Friedjung. Discípulo de Freud, parlamentar social-democrata austríaco, conselheiro de Shmuel Golan e formador de *madrikhím* no campo da educação sexual. © www.psyalpha.net/de/biografien/josef-karl-friedjung. **41.** Shmuel Nagler, o jovem psicanalista austríaco formador de *metaplót* e pedagogos no Kibutz Artzí, a Federação Nacional dos Kibutzim do Ha-Shomer Ha-Tza'ir. © Arquivos do Seminário Oranim, Kiryat Tiv'on.

42. Bertha "Betty" Grünspan. Psicanalista aluna de Anna Freud e formadora de pedagogos no Kibutz Artzí. © Acervo particular de Hanna Hadar, Kibutz Yif'at.

43. Moshe e Assia Wulff descansando em sua residência em Tel Aviv. Os inseparáveis amigos de Yona e Shmuel Golan. © Kloocke, R. (2002). *Moshe Wulff: Zur Geschichte der Psychoanalyse in Russland und Israel.* Tubingen: Diskord.

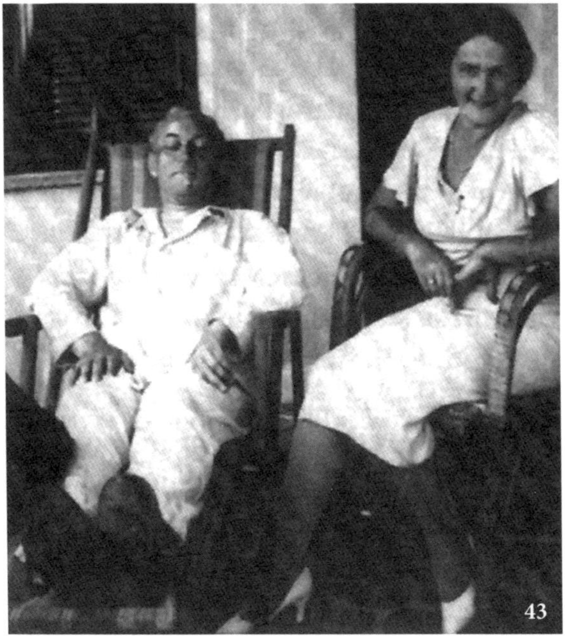

44. Da esquerda para a direita: Bertha Hazan, Ya'akob Hazan e Meir Ya'ari. © Centro Yad Ya'ari. Arquivos do Ha-Shomer Ha-Tza'ir, Giv'at Haviva. **45.** Poli Padan, o lisonjeado e inesquecível educador das crianças do Instituto Educacional de Mishmar Ha-Émek. © Arquivos do Kibutz Mishmar Ha-Émek. **46.** Rachel Manor, *metapélet* e educadora com formação psicanalítica. © Arquivos do Kibutz Mishmar Ha-Émek.

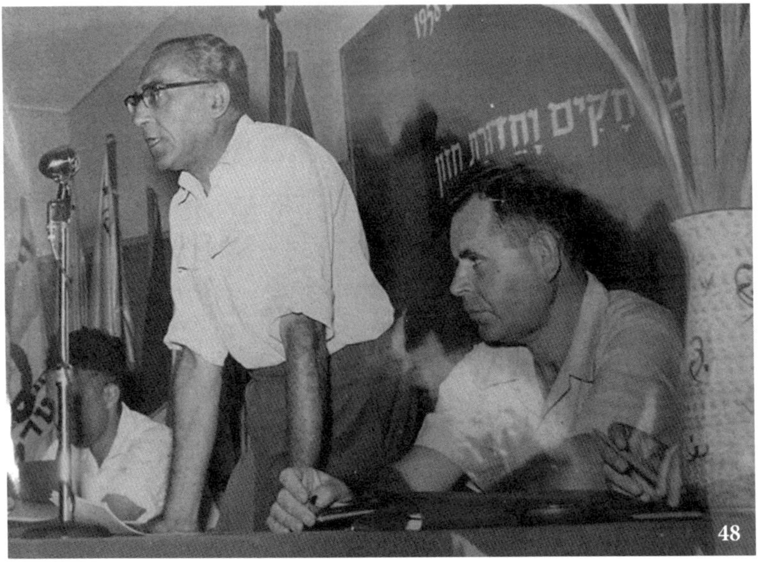

47. Zvi Sohar. © Centro Yad Ya'ari. Arquivos do Ha-Shomer Ha-Tza'ir, Giv'at Ha-viva. **48.** Shmuel Golan em 1958. © Arquivos do Instituto Educacional do Kibutz Mishmar Ha-Émek.

49. Shmuel Golan (1901- 1960). O grande arquiteto da Educação Coletiva no kibutz. © Arquivos do Instituto Educacional do Kibutz Mishmar Ha-Émek.

50. Crianças de Mishmar Ha-Émek em dia de festa. © Arquivos do Instituto Educacional do Kibutz Mishmar Ha-Émek.

51. Shomriya. Celebração do 25º aniversário da chegada dos primeiros *shomrím* (militantes do Ha-Shomer Ha-Tza'ir) à Palestina/Eretz Israel.

GRÁFICA PAYM
Tel. [11] 4392-3344
paym@graficapaym.com.br